Fitn

健身百科全书

精编口袋版

一本书让你搞懂
健身这个事儿

剑眉同学

——

著

人民邮电出版社
北 京

图书在版编目（CIP）数据

健身百科全书：一本书让你搞懂健身这个事儿：精

编口袋版 / 剑眉同学著. -- 北京 ：人民邮电出版社，

2025. -- ISBN 978-7-115-67629-0

Ⅰ．G883

中国国家版本馆 CIP 数据核字第 20251NS019 号

免 责 声 明

内 容 提 要

本书是《健身百科全书：一本书让你搞懂健身这个事儿》的精编口袋版，是由具有十余年健身科普写作经验的健身科普作者、中体国职健身科技院签约导师剑眉同学，结合其指导职业健美、健体运动员比赛及备赛的丰富经验，为大家创作的健身科普书。本书"狠"抠训练动作细节，并系统拆解了健身有关的营养知识，几乎告诉了你关于健身的一切！

不论你是健身新手，还是有一定经验的健身爱好者、健身教练，本书对于你来说都是一本不容错过的"健身百科全书"。

- ◆ 著　　　　剑眉同学
  责任编辑　林振英
  责任印制　彭志环

- ◆ 人民邮电出版社出版发行　　北京市丰台区成寿寺路 11 号
  邮编 100164　　电子邮件 315@ptpress.com.cn
  网址 https://www.ptpress.com.cn
  北京瑞禾彩色印刷有限公司印刷

- ◆ 开本：787×1092　1/32
  印张：11.5　　　　　　　2025 年 9 月第 1 版
  字数：305 千字　　　　　2025 年 10 月北京第 2 次印刷

定价：55.00 元（附小册子）

读者服务热线：(010)81055296　印装质量热线：(010)81055316
反盗版热线：(010)81055315

目录
CONTENTS

第1章　开始锻炼　　　　　　　　　　　　　**001**

1.1　运动只分适合自己的和不适合自己的　　　002
1.2　运动前小贴士　　　003

第2章　肩部肌肉训练　　　　　　　　　　　**005**

2.1　认识三角肌　　　007
2.2　杠铃推肩　　　011
2.3　杠铃推肩的动作变化　　　013
2.4　哑铃侧平举　　　014
2.5　做侧平举时如何减少斜方肌（上部）代偿　　　015
2.6　哑铃侧平举的动作变化　　　016
2.7　哑铃前平举　　　018
2.8　哑铃前平举的动作变化　　　018
2.9　站立杠铃提拉（站立杠铃划船式上拉）　　　019
2.10　站立杠铃提拉的动作变化　　　020
2.11　俯身哑铃侧平举　　　021
2.12　俯身哑铃侧平举的动作变化　　　022
2.13　飞鸟机肩外展　　　024
2.14　飞鸟机肩外展的动作变化　　　025
2.15　斜板单手侧平举　　　026

第3章 胸部肌肉训练 027

3.1 认识胸大肌	028
3.2 杠铃平板卧推	029
3.3 杠铃平板卧推的动作变化——哑铃平板卧推	032
3.4 杠铃平板卧推的动作变化——坐姿胸部推举（固定器械）	032
3.5 卧推练习时的常见问题	034
3.6 上斜板杠铃、哑铃卧推	035
3.7 仰卧哑铃飞鸟	036
3.8 仰卧哑铃飞鸟的动作变化——龙门架平板夹胸	037
3.9 站姿龙门架夹胸	038
3.10 站姿龙门架夹胸的动作变化以及手柄的高度	039
3.11 双杠臂屈伸	041
3.12 双杠臂屈伸中的常见问题	042
3.13 双杠臂屈伸的动作变化——固定器械坐姿臂屈伸	044

第4章 背部肌肉训练 046

4.1 认识你的背	047
4.2 引体向上	051
4.3 引体向上的动作变化——不同握法和双手的距离	052
4.4 如何从零开始完成引体向上	053
4.5 引体练习中是否应该采用助力带	058
4.6 俯身杠铃划船	059
4.7 俯身杠铃划船的动作变化——反手、握距以及背阔肌的基础知识	060
4.8 俯身杠铃划船的动作变化——T杆划船	061
4.9 俯身杠铃划船的动作变化——哑铃划船	062
4.10 俯身杠铃划船的动作变化——坐姿划船	063
4.11 俯身单臂哑铃划船	064
4.12 俯身单臂哑铃划船的动作变化	066
4.13 高位下拉	068

4.14　高位下拉的动作变化——握法、握距等变化　069

4.15　山羊挺身（背部屈伸）　072

4.16　硬拉　073

4.17　硬拉的动作变化——直腿硬拉、宽站距（相扑）硬拉等　075

4.18　硬拉的握法、护具与安全　078

第5章　腿部肌肉训练　079

5.1　认识腿部　080

5.2　杠铃颈后深蹲　083

5.3　下蹲动作（深蹲）中的常见问题　084

5.4　杠铃颈后深蹲的动作变化——杠铃颈前深蹲　087

5.5　腿举（仰卧倒蹬）　089

5.6　腿举中常见的一些细节问题　090

5.7　腿举的动作变化——哈克深蹲　092

5.8　坐姿腿屈伸　093

5.9　俯卧腿屈伸　094

5.10　俯卧腿屈伸的动作变化——坐姿和站姿　095

5.11　哑铃箭步蹲　095

5.12　哑铃箭步蹲的动作变化　096

5.13　坐姿提踵　097

5.14　坐姿提踵的动作变化　098

第6章　手臂肌肉训练　099

6.1　认识手臂　100

6.2　肱二头肌——杠铃弯举　101

6.3　肱二头肌训练的动作变化和细节　102

6.4　肱二头肌——坐姿单侧托臂哑铃弯举　107

6.5　肱三头肌——龙门架直杆臂屈伸　108

6.6　肱三头肌——握距、握法和动作变化　108

6.7　肱三头肌——坐姿哑铃颈后臂屈伸　111

6.8　肱三头肌哑铃颈后臂屈伸动作的细节　112

第7章　核心区训练　113

7.1　认识腹部　114

7.2　仰卧卷腹　115

7.3　卷腹和仰卧起坐　116

7.4　悬体抬腿卷腹　119

7.5　俯卧正登山（俯卧正提膝）及其动作变化　120

第8章　认识营养标签　122

8.1　看营养标签有用吗　123

8.2　少数食品不强制标示营养标签　124

8.3　糖、脂、蛋，营养标签上的热量来源　124

8.4　能量和营养的"密度"——NRV　126

8.5　营养成分表上的数据来源可靠吗　130

8.6　营养的来源——配料表　131

8.7　高钙、低脂、零热量这些词，商家可以随便说吗　133

第9章　决定你体重的能量　140

9.1　为了获取热量，我们天生就爱吃　141

9.2　最长"待机时间"——基础代谢　142

9.3　如何知道自己的基础代谢　144

9.4　什么因素会影响基础代谢　146

9.5　想过吗？吃饭也会让你增加热量消耗　148

9.6　变化空间很大的活动量、运动量　149

9.7　如何评估一天的能量消耗　150

9.8　如何估算运动消耗的能量　152

9.9　热量的摄入和支出　153

9.10　人体三大供能系统　154

9.11　供能系统和运动能力　157

第10章　热量与减肥　158

10.1　下丘脑，让你知道自己吃饱了　159
10.2　瘦素可以用来减肥吗　159
10.3　为什么节食减肥很难实施　161
10.4　减肥：饮食控制是关键，运动没你想得那么重要　162
10.5　没有"垃圾食品"，只有更糟的选择　164
10.6　吃不胖？先排除病理性因素　165
10.7　吃不胖？可能你天生如此　165
10.8　年轻时吃不胖，中年后为何变得臃肿　166

第11章　生命的基础物质——蛋白质　168

11.1　什么是蛋白质？它有什么用　169
11.2　供能只是蛋白质的"兼职"　169
11.3　人体需要多少克蛋白质　171
11.4　运动人群需要多少蛋白质　172
11.5　为什么运动和体力活动要增加蛋白质　174
11.6　什么会影响蛋白质的需求量　175
11.7　蛋白质的质量也会影响摄入量　178
11.8　蛋白质的消化吸收与利用　179

第12章　甜蜜的诱惑——碳水化合物　182

12.1　生活中碳水化合物的种类　183
12.2　抗性淀粉和纤维　186
12.3　我们需要多少膳食纤维　188
12.4　碳水化合物有什么用　189
12.5　碳水化合物和糖代谢紊乱　193
12.6　GI（升糖指数）和碳水化合物升糖速度的"快"与"慢"　194

12.7	升糖指数的实际运用	196
12.8	似糖非糖的代糖	201
12.9	代糖安全吗	202
12.10	代糖和减肥	203

第13章　让你又爱又恨的脂肪　206

13.1	认识脂肪	207
13.2	了解脂肪家族	208
13.3	必需脂肪酸	215
13.4	胆固醇——类固醇的原料	215
13.5	脂肪与糖谁是健康"杀手"	217
13.6	脂肪消化吸收迁移	219

第14章　女性健身　221

14.1	女性的运动生理学特点	222
14.2	在月经期间能不能运动	223
14.3	运动以后为什么生理周期不规律	224
14.4	产后何时可以运动（减肥）	226
14.5	"产后恢复"	227
14.6	无深蹲不翘臀？怎么练出"蜜桃臀"	229
14.7	腋下的小肉球是副乳，还是肥肉	230
14.8	穿高跟鞋对形体有什么影响	230
14.9	是否可以局部减脂	231

第15章　训练与饮食　233

15.1	可持续的饮食方案才有用	234
15.2	饮食行为习惯的养成	236
15.3	和减脂相关的因素	244
15.4	饥饿感与饱腹感	247

15.5	反复减脂对健康不利	248
15.6	你知道什么是减肥吗	249
15.7	地中海饮食结构	250
15.8	不吃碳水化合物的生酮饮食	252
15.9	碳水循环的优与劣	257
15.10	低热量饮食与极低热量饮食	262
15.11	轻断食和一日三餐	264
15.12	食物的能量密度	267
15.13	"旧石器饮食法"带给我们的反思	267
15.14	碳水化合物与耐力运动	269
15.15	糖原消耗和运动	273
15.16	训练后应该怎么吃	275

第16章　运动补充剂　277

16.1	如何知道一个补剂是有效的	278
16.2	蛋白粉的问题基本在这里	280
16.3	几种常见的蛋白粉种类和衍生品	286
16.4	肌酸	289
16.5	不同种类的肌酸有什么区别	291
16.6	服用肌酸的同时能喝咖啡吗	291
16.7	肌酸有什么副作用吗	292
16.8	氮泵	293
16.9	为什么有的人喝氮泵没有什么用	295
16.10	是不是每次训练都要服用氮泵	295
16.11	氮泵中有违规添加吗	296
16.12	喝氮泵后感觉针扎刺痛说明有效	297
16.13	左旋肉碱	297
16.14	谷氨酰胺	299
16.15	支链氨基酸	300
16.16	HMβ（β-羟基β-甲基丁酸盐）	302

16.17　共轭亚油酸　303
16.18　几款声称可以"减肥"的添加剂　304
16.19　ZMA锌镁威力素　305
16.20　市面上那些"促睾"补剂靠谱吗　306

第17章　微量营养素——维生素、矿物质　307

17.1　可以通过食物补充微量营养素吗　308
17.2　自由基与抗氧化剂　309
17.3　微量营养素相关名词解释　310
17.4　认识微量营养素　311
17.5　AIS运动补剂纲要　322

第18章　你可能想了解的问题　324

18.1　刚开始锻炼，应该减脂还是增肌　325
18.2　新手如何入门　326
18.3　几分化训练更好　326
18.4　决定力量大小的因素是什么　328
18.5　选择大重量还是多次数　330
18.6　组间歇多久合适　331
18.7　什么是绝对力量和相对力量　332
18.8　举铁会把肌肉练"死"吗　333
18.9　训练计划是否需要经常改变　333
18.10　为什么有的人增肌很快　333
18.11　几天没锻炼，力量会减弱吗　334
18.12　深蹲可以促进雄激素（睾酮）分泌吗　335
18.13　什么是开握与闭握　336
18.14　选自由重量还是固定器械　336
18.15　什么是功能性训练　337
18.16　什么是乳酸阈　337
18.17　肌糖原在什么情况下会被耗尽　338

18.18	运动导致的肠胃不适	338
18.19	锻炼后为什么容易感冒	340
18.20	为什么健身后体检报告结果有问题	341
18.21	第二天肌肉不痛，没有练到位吗	342
18.22	热身很必要吗	342
18.23	拉伸是必须的吗	343
18.24	糖尿病患者健身需要注意什么	344
18.25	血压异常人群在运动中需要注意什么	345
18.26	跑步伤膝盖吗	346
18.27	关节弹响（发出响声）是怎么回事	347
18.28	什么是横纹肌溶解	348
18.29	什么是扳机点	349
18.30	运动引起关节疼痛，吃"关节宝"行吗	350
18.31	睾酮偏低是不是影响增肌	351
18.32	训练和睡眠	352
18.33	抽烟、喝酒对训练有影响吗	352
18.34	圆肩驼背的原因是什么	353
18.35	心率	354

1

开始锻炼

　　不论你是否喜欢运动，运动这件事始终都是人的本能。有的人运动目标是塑形、减肥，而有的人运动目标是举起更大的重量，或者只是想出出汗。不同的运动目标决定了运动的难度，但不论是何种形式的运动，本质上都是在对抗阻力，是对自身力量、爆发力、协调性、平衡性和反应等的训练。从第1章开始，我们将会尽可能详尽地讲述健身中的一些问题。

1.1 运动只分适合自己的和不适合自己的

很多人会有这样的疑问：我应该练什么，怎么练？

在网络相对来说不发达的年代，这个问题显得没那么突出，很多人甚至不会纠结这个问题。而现如今网络发达以后，人们获取信息的方式更多样了，反而不知道怎么运动了。

例如，你会刷到"每天几个动作，瘦××斤"的文章；你还会发现有的教练会告诉学员这么练会把腿练粗，有的教练则告诉学员这么练没事；甚至连你想做有氧运动时，也会听到不同的声音，有的人会告诉你跑步好，也会有人告诉你跑步伤膝盖……似乎你掌握的信息越多，越不知道怎么练，甚至在还没有开始练的时候，你就已经被各种观点吵得不知道如何选择，并且为此产生了焦虑情绪。

选择适合自己的锻炼形式，就算你没有多热爱它，但起码它是你尝试以后不排斥的。运动对于绝大多数人来说，只是生活的一部分，所以开始运动之前，可以在安全的前提下大胆地尝试，找到适合自己的运动方式，哪怕只是快走、散步。

整体来说，运动包含的关键词有力量、耐力（心肺耐力）、爆发力、速度、平衡性、柔韧性、协调性、稳定性、灵活性、反应能力等。不同的运动项目，乃至不同的动作都会涉及上述关键词。不同类型的运动都建立在运动力学和解剖学的基础上，而运动目标不同，关于运动所需要掌握的知识有很大的差别，需要花费在运动上的时间也千差万别。

以拳击这类格斗运动为例，拳击练习者在与对手近身对抗中需要较强的力量，击打、反击、破坏对手平衡时还需要较强的爆发力。为了增加这些方面的优势，对拳击练习者来说，力量和爆发力训练是必不可少的。同时，拳击练习者身体的躲闪、扭转又与反应能力、协调性、柔韧性相关。拳击练习者的抗击打能力取决于平时的专项训练，肌肉在其中发挥了积极的保护身体的作用。持续多回合的拳击比赛需要运动员具有很好的耐力（心肺耐力）。由此可见，任何一项运动都是对上述关键词的演绎。

不同项目的练习者在运动表现上也有差异，例如马拉松爱好者的心肺耐力强于健美爱好者，但力量可能远不如后者；举重运动员的力量比健美运动员强，但是形体外观不如健美运动员。这就是术业有专攻的结果，虽然这些运动爱好者都会做阻力训练，但在各自的专项训练内容上有很大区别。

因此，运动前你需要做的事情很简单，就是明确自己现阶段的目标。目标不同，所需要的运动时间也是不同的（见表1.1）。

表1.1 达到不同运动目标每周预计花费的时间

运动目标	每周预计花费的时间
保持健康	每周2~3次，每次60分钟以上
塑形、增肌、增强力量	每周3~4次，每次60~90分钟（包含热身）
健美运动员非赛季减脂	每周4~5次，每次60~90分钟以上（包含偶尔的中低强度有氧运动）
健美运动员赛季减脂	每周7次，每次90分钟以上（阻力训练内容改变，有氧运动频率增加） 赛前一个月，每周7次，每次（天）120分钟以上

需要注意的是，表1.1仅为示例，不一定适合所有人（有的职业健美运动员平时体脂状态维持得很好，只需花4~6周备赛就可以）。

1.2 运动前小贴士

运动前建议养成以下良好的习惯。

每次运动前要做好热身，包括适度的动态拉伸，这些会在本书后面的内容进行介绍。

要穿运动服和运动鞋。运动服的延展性、吸汗性好，运动鞋防滑性、保护性好，运动时身着运动装备可以更好地降低运动风险。

运动要循序渐进，并客观评估自己的能力。在掌握正确的动作、发力顺序之前，不要盲目地增加阻力（重量）。很多人运动没多久就弄得一身伤病，绝大多数问题都出在不重视热身、动作不规范，而盲目增加阻力上。

每次运动前要有一个计划，不要开始运动后再去想先做什么、后做什么。对于绝大多数人来说运动的时间也就只有一个小时左右，要专注于运动。很多人运动质量不高的原因在于，运动当中做了太多和运动无关的事，例如聊天、玩手机、打电话。

2

肩部肌肉训练

在运动解剖学中，当我们提及肩关节运动时，指的并不是一个关节的运动，而是由四个独立的关节构成的肩关节复合体的运动。上肢手臂参与的所有运动，大多是肩关节复合体之间相互协同完成的。本章将系统讲解肩部肌肉的训练方法。

表2.1和表2.2介绍了与肩关节相关的动作、肩部动作和完成这些动作会用到的肌肉。

表2.1　与肩关节相关的动作和肌肉

上提	下降（下压）
斜方肌上部、肩胛提肌、大小菱形肌	斜方肌下部、前锯肌（下半部肌纤维）、胸小肌
前突（肩胛骨远离脊柱）	后缩（肩胛骨靠近脊柱）
胸大肌、胸小肌、前锯肌	斜方肌中部、大小菱形肌
上回旋（向上旋转）	下回旋（向下旋转）
斜方肌上部和下部、前锯肌	大小菱形肌、肩胛提肌

表2.2　肩部动作和肌肉

屈曲（手臂向前伸）	伸展（整个手臂向后）
三角肌前部（前束）、胸大肌（锁骨部）、肱二头肌（肱二头肌本身也参与肘关节旋后和屈曲，对于肩关节来说，短头协同内旋和水平内收，长头协同外展）、喙肱肌（和肱二头肌短头一样，起点都在喙突上）	三角肌后束、背阔肌、大圆肌、肱三头肌长头
水平外展（水平后伸）	水平内收（水平屈曲）
三角肌后束、肱三头肌长头、背阔肌、大圆肌	三角肌前束、胸大肌、肱二头肌短头、喙肱肌
外展	内收
三角肌中束和后束、冈上肌、肱二头肌长头	胸大肌、背阔肌、大圆肌、肱三头肌长头
旋外	旋内
三角肌后束、冈下肌、小圆肌、冈上肌	肩胛下肌、胸大肌、大圆肌、背阔肌

2.1 认识三角肌

三角肌由3部分组成，分别是三角肌前束、中束和后束。运动时肩关节所在的角度不同，三角肌的3部分收缩程度也不同。

将手臂向前抬起时可以摸到三角肌前束，它连接着锁骨；三角肌中束连接着肩峰；三角肌后束连接着肩胛骨。

肩关节的运动需要上臂肌肉群协同作用。在肩部肌肉训练中，肩关节的稳定性至关重要，否则十分容易导致伤病。

想要增强肩关节稳定性，需要认识到肩关节周围肌肉群对肩部稳定起着重要的作用，尤其是肩袖肌群，它包括冈上肌、冈下肌、小圆肌和肩胛下肌，是一组围绕着肩关节的肌肉（深层肌肉）。通常在进行与上半身相关的运动前需要激活肩袖肌群。

想要了解肩关节复合体和运动之间的关系，就要简单了解一下肩肱节律。

肩肱节律指肩关节向上抬起时，始终遵循着2∶1的原则。例如，当我们将手臂向上抬起，一直到肩外展180度时，盂肱关节只外展了120度，肩胛骨则上旋60度，这是它们之间的运动规律，也就是刚好2∶1的关系。实际上在近现代解剖学研究中，也有人认为这个比例平均为2.34∶1，这种差异主要取决于测量的方式。目前关于肩肱节律的主流观点依旧是2∶1，也就是盂肱关节（可以理解为肩关节）每外展2度，肩胛骨随之向上转动1度。

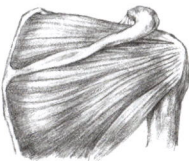

肩关节相关解剖学知识

绝大多数训练动作都需要肩关节的参与。肩关节骨骼肌的功能不同，整体来说分为三大类。

第一类肩关节骨骼肌起到稳定关节的作用，例如肩袖肌群。

第二类肩关节骨骼肌"承上启下"，是给肩关节提供动力的肌肉，例如肩袖肌群中的冈上肌可以使肩关节外展，同时三角肌中束也可以让肩关节外展，但三角肌中束属于浅层肌肉，它的发达程度和收缩产生的力量要明显大于冈上肌。

第三类肩关节骨骼肌兼具上述两种功能。肩关节的各种运动需要协同肌群共同完成。例如在奥林匹克运动中的抓举，不论是双手提握杠铃下蹲，还是在举起杠铃的同时起身，都需要极强的肩关节稳定性，这需要三角肌及其他肩关节周围的肌群发挥作用。我们在健身房做卧推时，如果肩关节稳定性不好，那么在下放杠铃阶段就容易出现运动轨迹的变化，轻则练成大小胸，重则产生伤病。简单理解，如果动作做得标准，那么肩部肌肉就是供给关节动力的肌肉；如果动作做得不标准，那么肩关节则不得不承担额外的压力。

与肩部相关的运动是较为复杂的，其关系到多个关节的运动，它们协同活动才得以让肩部完成各种动作。胸锁关节、肩胛胸廓关节、肩锁关节、盂肱关节，被称为肩关节复合体。

胸骨最上方的部分是胸骨柄和锁骨形成了胸锁关节。这部分用手就可以触摸到，它对肩部在推、拉动作过程中的承重至关重要。

锁骨基本上呈现一个"S"形：一端连接着胸骨；另一端则连接着肩峰端，形成肩锁关节，它是由锁骨外侧和肩胛骨肩峰形成的关节。

通常我们说的肩关节，多指盂肱关节，也就是肱骨头和肩胛骨的关节盂形成的关节。肱骨头像一个球形，再想象下肩关节的运动范围，配合球形的另一部分肯定是凹陷的，这部分就叫关节盂。但从解剖学上严谨地讲，肩关节和盂肱关节之间是不能画等号的，因为盂肱关节往往指的就是肱骨和关节盂形成的部位，而肩关节所指的范围更大。

前面反复提到的肩袖肌群和盂肱关节相关。肩袖肌群也叫旋转肌袖、旋转袖、肌腱袖，指的是冈上肌、冈下肌、小圆肌和肩胛下肌4块肌肉组成的肌肉群，它们的肌腱组成肩袖，这些肌肉包围着肱骨头，并且将肱骨头拉向关节盂，有加强肩关节稳定性的作用，肩袖肌群是肩关节最容易受伤的部位。

肩胛骨在所有肩部相关活动中起着至关重要的作用。肩胛骨位于胸廓后侧，是一块活动度较大的扁骨，呈三角形，位置介于第二至第七根肋骨，从前面看有一部分凹陷，正好可以贴合在胸廓上，并且可以较为平顺地滑动。从后面看右侧肩胛骨，最下面是肩胛骨下角，左边是内侧缘，右边是外侧缘。进行体态评估和物理治疗评估的时候，通常都需要找到肩胛骨下角。

外侧角的关节盂和肱骨头相连接，背侧凸起的部分称为肩胛冈。肩胛冈上部被称为冈上窝，下部被称为冈下窝。

肩胛冈的外侧端称为肩峰，它的关节面与锁骨肩峰端相连，肩峰在肱骨头上方，类似屋顶，起一定的功能性保护作用。很多人都听说过"肩峰下撞击"或"撞击肩"，其指的就是肩峰下间隙内结构与喙肩弓之间反复摩擦、撞击。可以将其理解为肩关节外展时这部分空间变得狭小，从而骨头和骨头之间产生了碰撞，最终导致了一系列疼痛、无菌性炎症。

Bigliani在1986年，通过观察冈上肌周围的X光片，总结出了3种肩峰的类型（图2.1）。

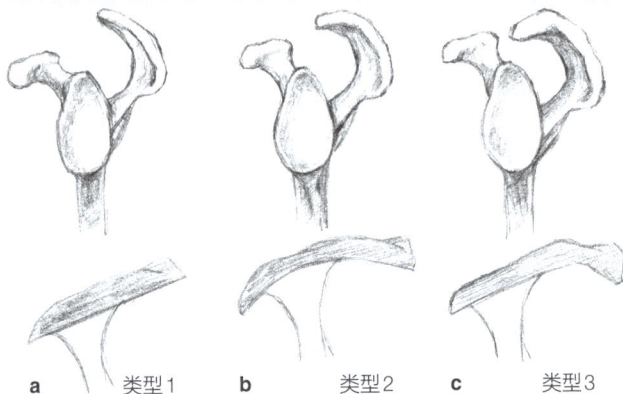

a 类型1 b 类型2 c 类型3

图2.1 肩峰的3种类型

类型1：肩峰平坦，肩峰下空间较大，肩峰下撞击和肩袖损伤的风险较小。

类型2：肩峰底面呈弧形，肩峰下撞击及肩袖损伤风险略高。

类型3：肩峰底面呈钩状，肩峰下撞击及肩袖损伤风险最高。

从锁骨远端最凹处下方2.5厘米处可以触摸到喙突，从正面看肩胛骨，喙突向前方突出。喙突是肩关节上很多肌肉和韧带的附着处，喙突上有胸小肌止点、喙肱肌起点和肱二头肌短头的起点，所以它与多个肌肉组织有关。

肩外展180度=盂肱关节外展120度+肩胛胸廓关节（肩胛骨）上旋60度。

但是，肩部并不是只有一个关节，而是一个肩关节复合体（肩锁关节、胸锁关节、盂肱关节和肩胛胸廓关节），所以肩胛胸廓关节上旋

60度=胸锁关节上抬（锁骨）25度+肩锁关节转动35度。也就是说，手臂外展的时候，锁骨（肩锁关节）向上抬起，并且肩外展到一定角度以后，还会向后转动，即锁骨上抬的同时发生转动。

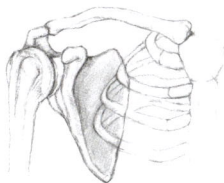

肩关节外展至30度或前屈至60度时，肩胛骨基本上没有位移，锁骨抬高0~5度，但当肩关节外展超过30度或者前屈超过60度时，肩胛骨开始向上转动。

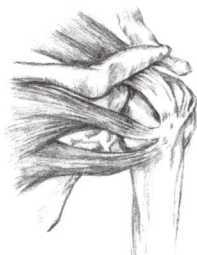

肩关节外展到60度时，肱骨抬高40度，肩胛骨向上旋转20度，此时由于肩胛骨转动，所以锁骨抬高15度，但并未发生旋转。

最后让我们简单了解一下肩关节的运动。

肩关节水平外展时：肱骨水平外展，肩胛骨后缩，锁骨后缩。

肩关节水平内收时：肱骨水平内收，肩胛骨前伸，锁骨前伸。

肩关节屈（屈曲）时：肱骨屈，肩胛骨向上转动，锁骨上抬到一定角度后向后转动。

肩关节由屈曲90度到伸展10度时（前屈90度、后伸10度）：肱骨伸展，肩胛骨向下转动随后后缩，锁骨下压随后后缩。

肩关节外展时：肱骨外展，肩胛骨向上转动，锁骨上抬以及向后旋转。

2.2 杠铃推肩

准备器械：杠铃、可调节座椅

主要涉及肌肉群：三角肌（中束、前束参与更多）、冈上肌

主要辅助肌肉群：肱三头肌、斜方肌、胸大肌上部（锁骨部）、前锯肌

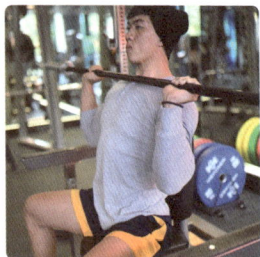

MEMO

不要刻意地后缩肩胛骨，握距不宜过宽。刚开始学习动作时应该用轻重量调节好握距，以及肩关节旋外、旋内的角度，肩外展不宜过多。

MEMO

每个人的柔韧性有差异，如果你将杠铃下放到嘴唇附近已经出现肌肉拉扯感，那就暂时不要下放过多，以免肌肉拉伤。

动作要领和步骤 ●

❶ 坐在可调节座椅上，手握杠铃，握距略比肩宽，前臂与地面基本垂直。

❷ 将杠铃慢慢下放至锁骨附近，此时前臂依旧尽量与地面保持垂直。

❸ 慢慢向上推起，肘关节在伸直的过程中会旋转，前臂依旧尽量与地面保持垂直，向上推起杠铃，直到手臂伸直。

❹ 慢慢下放，回到动作开始的位置，重复刚才的动作。

有靠背的座椅可以起到支撑躯干的作用，相对来说安全性更高，适合初学者或者举起较重杠铃的训练者；无靠背座椅（平板凳）增加了协同肌肉群的参与度，对核心力量要求更高；站姿推举难度最大，对躯干的稳定性要求更高。有腰椎伤病的人不建议选无靠背座椅以及站姿进行推举练习。

训练搭配建议：适合女生练习。

训练者可以单独做三角肌训练，也可以将其和胸部训练放在一起。杠铃推肩是典型的力量训练动作，所以尽量放在训练的开始，轻

作者注：MEMO指"备忘录"。

重量可以放在训练后期。

2.3 杠铃推肩的动作变化

2.3.1 杠铃颈后推举

一般不建议新手做杠铃颈后推举，主要原因是很多新手的肩关节活动范围有限，而做杠铃颈后推举的常见错误就是在杠铃靠近身体的时候，肩外展过多。很多新手做杠铃颈后推举时感觉肌肉收缩明显，实际上通过观察动作不难发现，这是由于肩外展角度过大，在杠铃靠近身体时，身体在杠铃重力的作用下做了一个拉伸肩膀的动作。

杠铃颈前推举和杠铃颈后推举相对于杠铃推肩的变化仅在于颈部前伸或者颈部略微后伸，肩关节和肘关节动作变化不大。做杠铃颈前推举时，很多人也有肩外展过多的问题，一部分人将下放杠铃时肩锁关节和盂肱关节的拉扯感当作"充血感"，实际上这种拉扯很容易使某侧关节囊或韧带松弛。

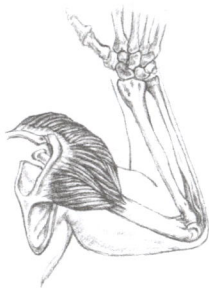

2.3.2 哑铃推举

哑铃推举的动作要领与杠铃推举的基本一致，但也有一些区别。

首先，相对来说，哑铃推举对三角肌（肩关节）的稳定性要求更高。

其次，做哑铃推举时，肘关节、腕关节更灵活，这就意味着可以用传统的正手握（掌心朝前）方式，也可以在动作起始位置锤握哑铃（中立握法、掌心相对），或者以最舒服的方式抓握哑铃。

还有一种"旋转"的推法，在初始推举位置手背完全朝前，或者掌心相对，然后在上举的过程中逐渐旋转肘关节，在肘关节旋转和上臂上举的过程中，前臂依旧尽量和地面保持垂直。这种动作变化对肩膀稳定性要求最高，建议用轻重量练习，同时有肩袖损伤的人不适合做这个动作。

2.4　哑铃侧平举

准备器械：哑铃

主要涉及肌肉群：三角肌（中束为主）

主要辅助肌肉群：斜方肌、冈上肌

动作要领和步骤 ●▶

❶ 站姿（脊柱处于正常生理曲度），双手握紧哑铃，手臂自然下垂，肩膀不要过于紧张，头不要过多前伸。

❷ 手臂自然向两侧抬起，直至肘关节接近肩膀的高度。

❸ 手臂慢慢下放至起始位置。

MEMO

前臂并非必须伸直，可以略微弯曲，有些人习惯把动作做成"向两侧抬前臂"，这样做不仅效率低，还会增加肩关节的负荷。前臂主要负责承重，做动作时想着肘关节（肱骨）"先动"。

2.5　做侧平举时如何减少斜方肌（上部）代偿

三角肌的前束、中束、后束止点一致，都是三角肌粗隆，起点分别在不同的地方。

三角肌前束起点在锁骨外侧的前表面，主要负责肩关节的屈曲和旋内（向心）、肩关节伸展和旋外（离心）。

三角肌中束起点在肩峰上方外表面，主要负责肩外展（向心）、肩内收（离心）。

三角肌后束起点在肩胛冈，主要负责肩关节伸展和旋外（向心）、肩关节屈曲和旋内（离心）。

三角肌起点的位置基本上和肩关节复合体的所有关节都有联系，做三角肌相关动作时，如果发力顺序有误，则有可能影响目标肌群的发力，导致协同肌群参与度增加。例如练三角肌时，斜方肌就是重要的协同肌群，其产生代偿的常见原因有以下6种。

一是体态问题，例如上交叉综合征（圆肩

驼背）。有类似体态问题的人，做侧平举时很容易让斜方肌代偿增加，一部分原因是上交叉综合征会导致斜方肌（上部）过于紧张，如果从侧面观察，由于胸大肌、胸小肌等肌肉的紧张，肱骨的位置比正常人更靠前。因此有这类体态问题的人，最好先解决肌张力不平衡的问题，再进行训练。

二是发力习惯。肩外展的过程中，三角肌中束在向心收缩，内收过程中三角肌中束在离心收缩，稳定肩胛骨时几乎在等长收缩，而斜方肌（上部）在向心收缩时则会导致肩胛骨上提。很多人在做侧平举时，第一个动作并不是肩外展，而是肩胛骨上提，然后带动肩外展，而斜方肌的止点在锁骨外三分之一处，延伸至肩胛骨的肩峰，如果肩胛过多地上提，则会导致手臂还未向左右两边伸，斜方肌就已经开始收缩。

三是选择的重量过大。当哑铃过重时，如果强迫自己完成侧平举动作，那么协同肌群的发力则会大于目标肌群。

四是过高地侧平举，肘关节高于肩关节（盂肱关节），导致斜方肌的参与度增加。我们前面说过肩峰有3种类型，除了类型1之外，类型2和类型3在肩外展时重量过重导致代偿发力的话，会增加肩峰下撞击的风险。

五是手臂在侧平举的过程中实际上肩胛骨在向后位移，并且肩关节有些后伸，所以从后面看"挤压肩胛骨"的动作很明显。这样的训练者在调整动作时往往感觉自己的手臂向前伸，这时可以从侧面观察自己的动作，整个过程中手臂（上臂）基本上与身体在一个平面上。

六是头（颈部）在侧平举时歪向一侧。颈部侧屈时，单侧的斜方肌上部也会收缩，因此很多训练者下意识都有歪头的习惯。

2.6 哑铃侧平举的动作变化

站姿与坐姿：坐姿肩外展时，三角肌收缩更为孤立，因为躯干（髋关节）可移动角度很小，站姿侧平举时躯干可以通过略微伸髋为侧平举增加一个从下向上的力，所以站姿侧平举可以举起的重量相对来说更大。

　　龙门架侧平举：龙门架侧平举运动轨迹更大，因为手臂起始点并不在身体同侧，例如左手做龙门架侧平举时，左手的起始位置在右边大腿处（髋关节附近），同时和使用自由重量侧平举相比，龙门架侧平举对肌肉抗阻来说，从动作的起点到止点，阻力始终一致。

　　侧平举训练搭配建议：适合女生训练。

　　可以单独做三角肌训练，也可以放在胸部训练日作为主要协同肌群的训练。由于三角肌解剖学上起点位置的差异，中束和前束训练可以放在胸部、肩部训练日，后束训练可以放在背部训练日。

2.7 哑铃前平举

准备器械：哑铃

主要涉及肌肉群：三角肌前束（后束为拮抗肌）

主要辅助肌肉群：胸大肌上部、斜方肌、肱二头肌

MEMO

手臂前伸过程中不要含胸，肱骨过于前移会影响肩膀的稳定性以及增加锁骨的压力。

动作要领和步骤 ●▶

❶ 站姿（脊柱处于正常生理曲度），双手握紧哑铃，手臂自然下垂，肩膀、斜方肌不要过于紧张，头部不要向前探，骨盆不要前倾。

❷ 双手向前伸，举起哑铃至与肩膀同高的位置，或者略低于肩关节的位置。

❸ 手臂慢慢下放至起始位置。

2.8 哑铃前平举的动作变化

单侧交替抬起手臂：先抬起左臂，然后放下，再抬起右臂，动作要领与双臂前平举一致。

哑铃握法的差异：可以选择锤握（对握/中立握法），也可以选择正手握，二者对三角肌前束的刺激略有差异，选择自己舒服的方式即可。

站姿与坐姿的变化：在站姿下核心区参与度增加，在坐姿下核心区的参与度相对减少。

器械的选择差异：杠铃、哑铃片（有一种哑铃片边缘有镂空设计，方便持握）前平举时往往采用站姿，核心区在前平举的过程中参与度也会增加，同时在动作"顶峰"（前举至肩关节高度附近时），胸大肌（锁骨部）参与增加，躯干部分前锯肌参与也会增加。整个腹壁前侧肌肉几乎都是以离心收缩为主，所以骨盆的位置是略微后倾的。很多人在做这个动作时，骨盆处于前倾位，这是错的。

训练搭配建议：适合女生训练。

可以单独放在三角肌训练日，也可以放在胸部训练日作为非主要肌肉群训练动作，前平举训练可以增加肩关节的稳定性。

2.9　站立杠铃提拉（站立杠铃划船式上拉）

准备器械：杠铃

主要涉及肌肉群：三角肌（中束为主）、斜方肌

主要辅助肌肉群：三角肌前束、冈上肌、冈下肌、小圆肌、肩胛提肌、竖脊肌、腹直肌

020

第2章 肩部肌肉训练

MEMO

肘关节高于肩关节时，斜方肌参与度增加，在学习动作阶段不要选择过大的重量，很多初学者选择的重量过大，提拉过程中为了完成动作会采用身体后仰的方式，这有别于很多举重选手采用爆发力训练时的提拉或者高翻，后者难度更大。

动作要领和步骤 ●

❶ 正手抓握杠铃，握距大致与肩同宽，手臂自然下垂。

❷ 垂直向上提拉杠铃，同时抬起肘关节，双手提拉杠铃至锁骨附近即可。

MEMO

保持核心区肌肉的张力，骨盆不要前倾，脊柱处于正常的生理曲度，肘关节朝向改变（肘关节旋外增加）时，动作变形会增加锁骨压力。

常见的错误动作是，在动作初始阶段，骨盆前倾过多，导致腹部肌肉在整个动作过程中几乎没有参与，在接下来向上提拉杠铃的过程中下背部压力过大，对腰椎十分不友好，尤其是杠铃过重，或者在错误动作下爆发力过大时。

❸ 慢慢放下至初始位置。

2.10 站立杠铃提拉的动作变化

龙门架提拉：可以将龙门架单侧滑轮调至最低，换上直杆完成这个动作。动作细节、要领与站立杠铃提拉一致，龙门架提拉的优点是，

对腰椎形成的压力相对较小。

握法：根据自己的习惯开握或者闭握。

训练搭配建议：不建议女生做该练习，动作不对的话，很容易导致斜方肌肥大，职业选手或者对形体有要求的女生除外。

可以放在三角肌训练日，也可以放在背部训练日作为协同肌群训练，也可以和硬拉动作组合。当硬拉动作完成之后，在身体站直的状态下做提拉，同时也可以使用壶铃完成上述动作。这个动作的发力模式（顺序）与划船机动作类似，"提拉"是高翻学习中的一个必要动作。

做龙门架提拉的时候，可以根据自己的习惯，选择绳索或者提拉带等辅助工具。

2.11　俯身哑铃侧平举

准备器械：哑铃

主要涉及肌肉群：三角肌后束

主要辅助肌肉群：三角肌中束、斜方肌、菱形肌、冈下肌、小圆肌、大圆肌

MEMO
躯干前倾时头不要向上抬起，肚子过大有可能无法很好地完成这个动作。

动作要领和步骤 ▶

❶双手持握哑铃，然后躯干向前倾，尽量缩短躯干与大腿之间的距离。

❷双手手掌相对（锤式/对握/中立握法），手臂逐渐抬高至接近耳朵的高度。

❸慢慢下放到初始位置。

头部支撑下的俯身哑铃侧平举：初学者在做俯身哑铃侧平举时，抬起手臂时躯干容易晃动，这时可以找一个方便支撑头部的东西，很多人选择借助健身椅的靠背，动作要领不变，只是头部依靠在座椅靠背上，同时躯干尽量与地面平行，这样在头部支撑下脊柱的运动受到限制，可以更好地完成动作。

2.12　俯身哑铃侧平举的动作变化

握法：哑铃的握法主要影响肩关节的旋转程度，手掌相对时，三角肌中束参与度增加；正握时（双手大拇指相对），因为肩关节旋内增加，所以三角肌后束更孤立。握法并不是绝对的，每个人的身体比例、关节活动度等有差异，以自己最舒服的方式持握哑铃。

坐姿俯身屈体哑铃侧平举：坐姿动作不适合腹腔较大（肚子大）的人，动作要领如下。

❶坐在一把健身椅上，双腿分开与肩同宽，双手持哑铃（建议正手持握），俯身前屈至胸部贴近大腿，手臂自然下垂。

❷将哑铃侧平举至接近耳朵的高度。

❸慢慢下放至初始位置。

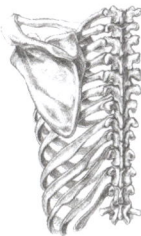

　　龙门架拉力器俯身交叉侧平举：龙门架拉力器俯身交叉侧平举不太适合初学者，而且使用感受与龙门架的质量（主要是滑轮和线）有关，做这个动作时可完成单侧后，再做另外一侧，但左右肌肉发展不均衡的人不建议做单侧。

　　龙门架拉力器俯身交叉侧平举的动作要领如下。

❶将龙门架滚轴调至最低。

❷双手交叉持握手柄，也就是左手持握右边的手柄，右手持握左边的手柄，手柄大约在脚尖的正上方。

❸从镜子中确认自己是否在龙门架中间的位置，确认完毕后俯身，尽可能让躯干与地面平行，同时尽量站在手臂与龙门架拉力线同侧的位置，此时手臂依旧处于交叉状。

❹同时抬起双臂，至接近肩膀高度即可，此时龙门架拉力器的线呈X形。

❺慢慢回放至初始位置。

　　训练搭配建议：不建议女生做俯身哑铃侧平举，血压有问题的人也不建议做这个动作。

　　可以单独做三角肌训练，也可以放在背部训练日作为非主要肌肉群训练动作。

2.13　飞鸟机肩外展

MEMO

不同品牌的机器高度设计不一样，有些机器的杆是双轴（两个旋转点）的，灵活性较强，训练者在坐姿下就可以使用；有些机器则是单轴的，座椅高度固定，无法调节。总之，手抓握的位置与肩膀约在一条线上，高于肩膀则斜方肌参与度增加。

飞鸟机可以用来锻炼胸大肌。使用飞鸟机时，身体从外展向内收方向发力。现在绝大多数的飞鸟机可以调节初始位置，也就是允许从内收向外展方向发力，所以也可以锻炼到三角肌后束。

准备器械：飞鸟机

主要涉及肌肉群：三角肌后束

主要辅助肌肉群：三角肌中束、斜方肌、菱形肌、冈下肌、小圆肌、大圆肌

MEMO

当肩关节处于内收位置时，三角肌中束和前束协同对抗阻力；当肩关节处于外展位置时，三角肌中束协同后束同时对抗阻力。所以如果想加强三角肌后束的训练，可以选择在练背日也增加三角肌后束的训练（后束是重要的协同肌群），也可以和胸部、肩部放在同一训练计划中。

动作要领和步骤 ●

❶ 站立或者坐着或者半站立于飞鸟机前。

❷ 双手握住把手，双臂发力向外展，此时肩关节基本上水平外展，肘关节的角度尽量保持不变。

❸ 双臂慢慢回放至初始位置。

握法：因为关节活动度的差异，加上器械设计的差异，所以训练时要按照自身情况选择握法。

掌心相对握

2.14 飞鸟机肩外展的动作变化

针对以三角肌后束为主的训练，相比于俯身动作，在站姿下更容易训练，动作要领如下。

❶将龙门架滑轮调整至高于肩膀，或者与肩同高的位置（可以以锁骨高度为参考）。

❷站在龙门架中间位置（或者略微靠后的位置），双手交叉持握手柄，也就是左手持握右边的手柄，右手持握左边的手柄，此时肘关节处于弯曲状态，前臂置于腹前保持交叉状，肘关节高度在锁骨正前方附近。

❸在肱骨的带动下，肩关节向外展方向位移，肘关节逐渐由弯曲变成伸展，手臂在拉直的过程中基本与肩膀在一个平面，整个身体呈T形。

❹双臂慢慢回放至初始位置。

训练搭配建议：新手可能很难熟练掌握发力的技巧，重量不宜选择过大，可以单独做三角肌训练，也可以放在背部训练日作为非主要肌肉群训练动作。

2.15　斜板单手侧平举

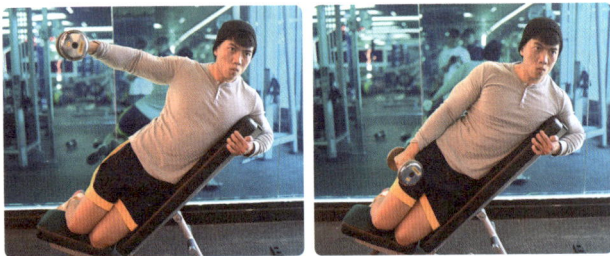

MEMO

在动作步骤 ❶ 中，哑铃自然放置于髋关节前方附近，如果肩关节疼痛，请停止做这个动作。

准备器械：可调节座椅或者斜板座椅、哑铃
主要涉及肌肉群：三角肌、冈上肌

动作要领和步骤 ●

❶ 将上斜板调整至夹角为135度左右，侧身（跪姿）依靠上斜板。

❷ 单手持握哑铃，向外展方向运动，外展至肱骨接近锁骨（肩锁端）延长线附近即可。

❸ 慢慢回放至初始位置。

训练搭配建议：适合女生。

可以单独放在三角肌训练日，肩关节不好、脊柱侧弯、患有上交叉综合征、"肱骨前移"的人请不要做这个动作，或者在专业教练的指导下进行。

3

胸部肌肉训练

胸椎有12节椎体，12根肋骨的后端均与其相连。其中，10根肋骨的连接结构是从脊柱胸椎段，到肋骨，再通过肋软骨延伸至前侧的胸骨，另外2根肋骨（第十一、十二肋）不与胸骨相连，被称为浮肋。本章将系统讲解胸部肌肉的训练方法。

胸部的运动基本上都是靠肩胛骨、肱骨（盂肱关节）来完成的，同时胸椎虽是脊柱中最长的部分，但是活动度远不如腰椎。一方面，胸椎的椎间盘比较薄；另一方面，胸椎的椎体间由肋骨和前侧的胸骨相连，形成了胸廓，这样的结构意味着更稳定，同时也意味着活动度小，所以胸椎虽然也可以完成屈曲、伸展、旋转、侧屈等动作，但是胸部的运动通常是胸椎和腰椎共同完成的，腰椎对完成动作的贡献更多，单说胸椎，活动度最大的动作是旋转。

3.1 认识胸大肌

胸大肌是浅层肌肉，位于胸廓前上部，整体来说呈扇形。

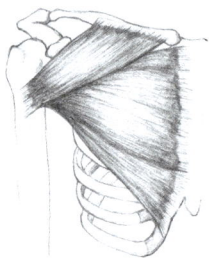

胸大肌主要由两部分组成，胸大肌上部起始于锁骨内侧三分之二处止于胸骨，另一部分起始于第1至第6肋骨下面与腹直肌腱鞘前壁止于肱骨大结节嵴，所以胸大肌的运动和肩胛骨、肱骨、锁骨都有关系。当胸大肌向心收缩的时候，肩关节可以完成屈曲以及水平内收和旋内动作；胸大肌离心收缩的时候，肩关节可以完成伸展、水平外展和旋外；胸大肌等长收缩的时候可以稳定肩胛骨与锁骨。

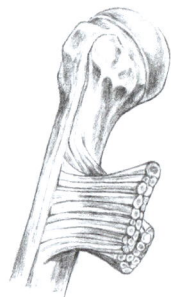

尽管看上去胸大肌由两部分构成，但因为胸大肌运动时会带动肩关节一起运动，所以根据手臂（肱骨）移动的角度，很多人习惯把胸大肌分为上胸、中胸和下胸3部分。圆肩驼背的人往往都伴随着胸大肌（以及胸小肌）紧张，这样的情况可能直接影响肩屈和肩外展动作。从侧面看这部分人的肱骨位置也是靠前的，这样的情况下卧推可能会让肩部不稳定的状况恶化，并且在推的过程中肩屈过多，胸椎屈曲也会增加，导致胸大肌中间"空"的情况（胸大肌靠近起点的位置不够饱满）。这是因为绝大多数胸大肌训练都会要求全程（尤其是推的动作）挺胸，这是为了让整个胸大肌更好地收缩，如果过于含胸，那么胸大肌起点的拉力则会减弱，最终导致整个胸部受力点更靠近肱骨端（上臂）。

另外，如果肱骨比正常位更靠前，在胸大肌离心收缩阶段则有可能导致盂肱关节压力增加（被挤压），容易出现肩关节疼痛。

还有一种常见的肩关节疼痛发生于上斜板的卧推中（在平板卧推中也有可能发生），主要原因有可能依旧是胸大肌紧张（关节活动度受限），因为胸大肌上部附着在锁骨下方，如果胸大肌紧张则会造成锁骨的活动受限，当肩屈（例如卧推向上举起手臂时）时锁骨必定会移动（肩锁端），如果锁骨移动出现问题，肩胛骨上回旋的功能就会受限，导致肩关节压力增加。一般来说，做完卧推之后肩膀抬起困难并伴随疼痛的话，那么不排除会有这种可能性。

提到胸部肌肉训练，不得不说的一块肌肉就是前锯肌，它在胸腔侧壁位置，也就是我们常说的"肋条骨"附近，尽管它在身体正面，但（部分）却是从肩胛骨（肩胛骨内侧缘和肩胛骨下角）处长出的，通过胸壁与第一至九肋相连。前锯肌可以将肩胛骨向前拉伸，大多数动作都有前锯肌的参与，在卧推、俯卧撑、推举等动作完成过程中，前锯肌起到稳定的作用。

前锯肌的主要功能就是让肩胛骨前突，同时也负责肩胛骨的上回旋（向上转动），几乎所有"推"的动作，都是前锯肌向心收缩，然后将力通过肩胛骨传递到肱骨的结果。

练习所有"推"的动作时，手臂超伸的人需要注意，不要把手臂伸得过直，从镜子或者视频中确定手臂伸直即可。

029

第3章 胸部肌肉训练

3.2　杠铃平板卧推

准备器械：卧推架或者可调节座椅、杠铃

主要涉及肌肉群：胸大肌

主要辅助肌肉群：肱三头肌、三角肌（前束参与更多）和前锯肌

动作要领和步骤 ●▶

❶ 仰卧在健身椅上，双手宽握杠铃，抬起杠铃，此时应该略微挺胸，头部、上背部、臀部（部分下背部）、双脚支撑身体。

握距： 每个人身体的骨骼结构比例存在差异，所以很难给出具体握距上的建议，大致握距是略宽于肩膀。在下放过程中前臂相对平行，同时要保证前臂和地面几乎垂直，握距变窄对胸大肌内侧以及肱三头肌的刺激更大。

肩关节的角度： 一般来说，手臂和躯干的角度（也就是腋窝的角度）通常在45度左右。

❷ 慢慢下放杠铃至靠近胸腔位置。

❸ 身体（躯干）保持稳定，向上推起杠铃到肘关节完全伸展开，全程尽量挺胸，不要含胸弓背。

❹ 慢慢回放至起始位置。

3.2.1　卧推是否应该触胸

实际上卧推触胸并不是一个硬性的标准，并且每个人的身体比例、关节活动度、肌肉紧张程度是不同的，如果你进行力量举训练是为了日后参加力量举比赛，那么你必须触胸，因为这是比赛规则的硬性规定。

　　如果你只是为了塑形增肌，在握距没有问题的前提下，肱骨和肩胛骨在一个平面，或者略低于肩胛骨的位置即可。同时不应该把触胸当作一个标准，真正需要重视的是卧推过程中肩关节复合体的稳定性。相反，有些人可能关节活动度有问题，现阶段训练中强行触胸反而不好，而关节稳定性在运动中几乎和产生伤病的概率正相关，尤其是在卧推中。

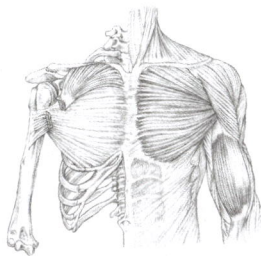

3.2.2　关于腕关节的角度和腕关节活动的解剖知识

　　腕关节的活动基本上就是屈伸和尺偏、桡偏。

　　很多新手抓握杠铃时，腕关节的角度甚至可以小于90度（伸腕过度），腕部几乎处于"被迫承压"的状态，这样容易造成腕关节、韧带损伤，尤其是负重较大时。

　　腕关节的屈伸。在正中位，腕关节可以屈曲70~80度，伸直60~65度。整体来说，腕关节的活动度是130~145度，屈曲一般比伸直多15度。桡腕－掌侧－韧带本身就会限制腕关节过多伸直，你可以尝试慢慢地伸直腕关节接近极限，这时你会发现桡骨会和腕骨略微触碰。

　　腕关节额状面外展、内收（左右摆动）。在正中位（右手为例），腕关节可以桡偏15~20度，尺偏30~35度，总共45~55度的活动范围。最大的尺侧位移（尺骨）是桡侧（桡骨）位移的两倍，桡侧位移会因为桡骨茎突触碰腕骨的桡侧面而受到阻碍。所以，如果你卧推后腕关节不舒服，主要原因是卧推时腕关节在承重增加时后伸过多（向手掌背面弯曲），这样不仅不利于力量的传导（从前臂到上臂到躯干），而且会造成腕管空间更加狭小，一般建议腕关节后伸10~15度，也可以佩戴护腕来增强腕关节的承重力。

3.3　杠铃平板卧推的动作变化——哑铃平板卧推

哑铃平板卧推的动作要领与杠铃平板卧推基本一致，只是哑铃平板卧推对平衡性要求更高，所以对肩关节的稳定性要求也更高。可以完成杠铃平板卧推100千克，不代表可以完成双手各持握50千克的哑铃平板卧推。在下放哑铃阶段，胸大肌有一定的拉伸感，但不要过度拉伸（拉长肌肉）。

相较于杠铃平板卧推，哑铃平板卧推有以下优点。

❶哑铃平板卧推时肘关节（腕关节）更为自由，训练者可以依据自身需求，以令自己感觉最舒服的腕关节和肘关节的角度完成动作。

❷杠铃平板卧推时握距是固定的，而哑铃平板卧推时双手间距是有变化的，所以对于胸大肌塑形来说，哑铃平板卧推略优于杠铃平板卧推。

3.4　杠铃平板卧推的动作变化——坐姿胸部推举（固定器械）

哑铃、杠铃的卧推练习，俗称为"自由重量"，很多人开始练习卧推的时候无法很有效地找到感觉，也就是除了胸部没感觉之外，其他部位（协同肌群）基本上都有充血的感觉，甚至觉得做卧推不如做俯卧撑的充血感强。这个时候可以选择一些固定器械练习，这些器械有助于胸大肌单独发力，因为运动轨迹、阻力是固定的。固定器械的优势是轨迹固定，方便上手，但这并不意味着它更安全，如果重量过重，器械调节不好，或者动作不标准，容易上手和固定轨迹则从优势成了劣势，更容易伤到关节。

动作要领和步骤 ▶

❶调节好座椅位置（高度），让手柄（推柄）位置略低于肩关节，两个手柄延长线的位置基本为乳头正前方，坐在座椅上，依旧是头、上背部、臀部（部分下背部）、双脚支撑身体。

❷发力，将手柄推离身体直到手臂伸直。

❸慢慢将手柄回放靠近身体。

033

第3章 胸部肌肉训练

MEMO

固定器械之间存在差异。有些固定器械椅子靠背处只到腰椎、胸椎附近，上背部需挺直。有些固定器械考虑到个人的柔韧性差异，手柄和身体的距离可以依据自己的柔韧性调节。如果在准备阶段无法顺畅地握住手柄，将手柄位置向前调节。一部分器械采用脚蹬的方式改变手柄距离，这需要训练者坐在座椅上先踩住踏板，再双手持握住手柄进行推举。

MEMO

保持身体稳定，推的过程中不要因发力增加胸椎曲度（含胸），如果阻力过大导致含胸驼背，那么就要减小阻力。对腕关节的角度要求与自由重量一致。

MEMO

如果固定器械调节出现问题，胸大肌离心收缩阶段（手柄靠近身体），最容易出现的问题是肩胛骨上提（耸肩）。

3.5 卧推练习时的常见问题

协同肌群发力较多。做卧推动作时，协同肌群和拮抗肌远比本书标注的多，对于大多数人而言，最常见的就是肱三头肌感受强烈。如果肱三头肌和三角肌充血感远远强于胸大肌，那么说明你卧推的动作还需要练习，最常见的原因就是无法很好地控制卧推时的运动轨迹，在动作不熟练的前提下，力量也会减弱，因为身体会下意识地保护自己，防止被杠铃砸到（在胸大肌离心收缩阶段），再加上通常在这个状态下肩关节稳定性偏弱，所以肱三头肌参与度增加；如果熟练掌握动作，不论负重多少，卧推的运动轨迹都应该是一致的。

重量选择过大。有些人以动作扭曲变形为代价完成试举，导致目标肌肉群（胸大肌）受到的刺激并不大，只是协同肌群发力增加，并且关节、韧带、肌腱承担了较大风险。通常建议在增肌、力量训练阶段，尽量选择更大的重量，但请牢记，这里指的是标准动作下可以举起的重量。

卧推造成的大小胸。抛开脊柱侧弯等左右不平衡因素外，部分人的大小胸是动作不熟练、不标准、滥用爆发力、试举重量过大导致的。例如在卧推过程中，本章反复强调"力的控制"，如果杠铃下放阶段采用杠铃"自由落体"方式，那么这时躯干的承重很有可能是失衡的，在这样的状态下推起杠铃，有可能依旧发力不平衡。应该耐心把动作做标准，重新学习动作的发力顺序，不要贪恋重量，也不建议做单侧练习，只有发力顺序和力偶关系正确，才能相对平衡地发展肌肉、肌力。

为什么有些职业选手只推到"一半"？

在很多健美职业选手的卧推视频中，他们卧推只推到一半，这主要是因为他们的胸大肌已经足够发达（肌纤维足够肥大），看似只推到一半，实际上肌肉收缩已经足够了。我们一般看一个人是否可以完成某重量的卧推，观察的是他是否明显出现"黏滞点"。所谓的黏滞点你可以理解为运动轨迹的卡顿，黏滞点通常出现在离心、向心"转化"

的一瞬间，例如卧推中黏滞点常见于触胸以后推起时。

训练搭配建议：不论是杠铃平板卧推还是哑铃平板卧推，女性都可以练习，需要注意掌握动作的时间成本较大；也可以选择坐姿胸部推举。但肩关节不稳定、脊柱侧弯、"溜肩"的人请不要选择这个动作，或者在专业教练的指导下进行练习。

可以作为胸部训练日的动作，也可以作为训练后增加三角肌、肱三头肌的训练（胸+肱三头肌、胸+三角肌或者胸+肱三头肌和三角肌）。

3.6　上斜板杠铃、哑铃卧推

胸大肌上部起点在锁骨，止点在肱骨大结节嵴，观察整个胸大肌肌纤维走向（肌拉力线）后不难发现，锁骨处和腹部的肌束上下交叉，所以要让整个胸大肌饱满起来，应该从不同的角度来锻炼。我们很难只锻炼上胸或者只锻炼中胸，角度上调节的更大意义在于侧重于锻炼胸大肌的某个部分。

> **MEMO**
> 坐垫部分如果可调节，最好也上抬一部分角度（座椅和靠背呈90度），防止身体下滑。

直观上看，上斜板卧推与平板卧推的最大差异在于座椅角度。一般来说，靠背角度在30~45度，针对胸大肌上部的刺激更多；靠背角度大于等于60度的时候，对三角肌的刺激更大。

准备器械：可调节座椅或者座椅、杠铃、哑铃
主要涉及肌肉群：胸大肌上部

主要辅助肌肉群：肱三头肌、三角肌前束

动作要领和步骤 ●▶

❶ 调整好座椅靠背角度，对躯干支撑的要求和平板卧推一致，挺胸，举起杠铃或者哑铃，杠铃握距略宽于肩膀即可。

❷ 保持身体（躯干）的稳定，同时挺胸，慢慢下放，缩短杠铃或哑铃和躯干的距离。

❸ 保持身体的稳定，保持挺胸，同时向上推起杠铃或者哑铃，直到手臂伸直。

哑铃与杠铃的选择：哑铃上斜卧推运动中肘关节、腕关节更加灵活，杠铃、哑铃的差异同平板卧推一样，但是上斜板卧推中对三角肌稳定性要求更高，所以不建议有肩部（以及锁骨、颈部）伤病的人进行上斜板卧推训练。上斜板卧推的负重整体比平板卧推小。上斜板卧推时下放至下巴附近即可，是否触胸依据自身关节活动度以及身体结构比例而定。

训练搭配建议：与平板卧推一致，也适合女性进行塑形训练，尤其是上斜板哑铃卧推。

可以作为胸部训练日的动作，也可以和三角肌训练搭配。

3.7 仰卧哑铃飞鸟

准备器械：可调节座椅或者座椅、哑铃

主要涉及肌肉群：胸大肌

主要辅助肌肉群：三角肌前束

动作要领和步骤 ●

❶双手持握哑铃，仰卧于座椅之上，掌心相对，挺直胸部。

❷动作类似扩胸运动，手臂慢慢向两边伸直，并不需要完全伸直，肘关节夹角大约为120度，下放位置不要过低，胸部有轻微的拉扯感即可，此时腕关节应该"收紧"，手腕不应该有拉伸感（如果有，说明伸腕过度）。

❸双臂向身体中线方向移动夹胸，手臂靠近中线时逐渐伸直，此时手臂基本上与地面垂直。

动作步骤❸过程中如果出现肩关节不适，请停止这个动作。

❹慢慢回落到初始位置。

手部变化：手握哑铃时可以手掌相对，也可以呈"八"字形，也可以呈"倒八"字形（手肘旋内），不同握法对胸大肌中部的刺激略有差异。

训练搭配建议：肩关节健康的女性可以训练。

健身爱好者建议将该动作放在胸部训练日，通常这个动作放在整个计划的中后期。

MEMO

哑铃在胸大肌外侧延长线附近位置，不要过低。同时，不建议此动作在学习阶段采用过大的重量，这不是一个可以使用大重量的动作。

MEMO

个人建议上举（内收）的过程中想象自己用双手在画一个等腰三角形，这样的思维引导比想象自己画弧线更好。

3.8 仰卧哑铃飞鸟的动作变化——龙门架平板夹胸

龙门架平板夹胸与仰卧哑铃飞鸟的动作基本一致，但在细节上有以下几点差异。

❶在龙门架平板夹胸的准备工作中，需要把座椅放置在龙门架中间，否则容易造成重心的偏差。

❷龙门架手柄高度要向下调节，一般来说调节到最下方即可。市面上龙门架存在品牌之间的设计差异，总之，调节好龙门架位置，双手持握手柄的时候，肘关节可以稍微弯曲，同时手柄位置（动作起始点）在胸部外侧的左右延长线上即可，胸大肌略有拉伸感。

❸有些龙门架宽度较小，躺在座椅上展开双臂就可以抓住手柄，但若采用较宽的龙门架，最好有人帮你拿手柄，在无人的情况下，可以先抓住任意一边的手柄，手肘保持弯曲，然后去抓另一边手柄，最后回到座椅上仰卧即可。手肘最好全程保持弯曲，不要在伸直的情况下强行把手柄拉过来，否则可能会导致伤病。

❹做龙门架平板夹胸时不宜采用过大的重量，使用前应检查器械滑轮线是否完好，滑轮线断裂或者松开，十分危险。

训练搭配建议：男女都可以做所有夹胸动作，在动作学习阶段不宜选择过大的重量，常见的错误是肩内收的过程中含胸。

3.9　站姿龙门架夹胸

准备器械：龙门架

主要涉及肌肉群：胸大肌

主要辅助肌肉群：三角肌前束、肱三头肌

动作要领和步骤 ●

❶ 确认站在龙门架中间位置，双手各持一个手柄，屈肘关节，同时挺胸，身体略微前倾（屈髋），核心不要放松，保持躯干稳定。

❷ 肩向内收方向发力，肘关节逐渐伸直，缩短双手间的距离。此时胸大肌处于收紧的状态，停留2~3秒，同时保持挺胸。

❸ 手臂慢慢回到起始位置。

MEMO
每个人的身体比例存在差异，练习时应该以目标肌群（胸大肌）产生最大收缩为主，而不是以双手互相触碰为主。

MEMO
找一个参照物（例如龙门架中间的引体向上架子，一般龙门架都有这个设计），目的是确保自己位于龙门架居中的位置。同时身体略微前倾、微屈髋关节，这样可以更好地稳定躯干。

3.10 站姿龙门架夹胸的动作变化以及手柄的高度

夹胸的过程中，龙门架手柄高度是可以调节的，不同高度对胸大肌的锻炼部位不同。例如，手柄位置较高的时候（明显高于肩关节），夹胸动作止点在腰部或者肚脐前方，胸大肌下部（肋骨部）收缩更多。

龙门架手柄略低于肩关节，但几乎和肩膀在同一水平线时，夹胸动作止点在胸部正前方，整个胸大肌的参与度很高。当然，也可以调节龙门架手柄高度高于肩关节，屈髋让躯干几乎与地面平行来完成夹胸动作。

将龙门架手柄调至最低点，夹胸动作止点在胸前锁骨前方延长线上，这个时候胸大肌中上部收缩更多。

夹胸时站姿的位置。建议双脚在一个平面站立，但是有的人双脚平行站立反而会出现左右肩关节屈曲角度不同的问题，这主要是髋关节向一侧旋转造成的，通常采用右脚向前、左脚向后的弓步站位即可（依据自己不平衡的问题，也可能是左脚在前、右脚在后）。

扩胸、夹胸以及身体角度的变化

做夹胸动作时手臂与身体的夹角较小，肘关节的夹角几乎是90度。动作完成过程中肘关节伸，以及肩内收，让胸大肌更好地收缩。

做扩胸动作时手臂与身体的夹角通常大于90度，一般为120度，动作看上去类似飞翔的动作，所以"扩胸"通常被称为"飞鸟"。在动作起始位置胸大肌的拉伸感更强，扩胸动作通常会放在训练的后期，也有针对扩胸的专门固定器械，例如夹胸机，通过调节还可以做针对三角肌后束的训练。

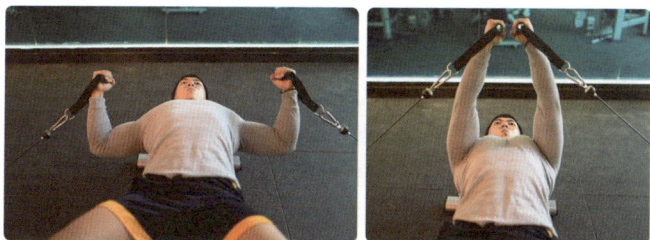

在卧推、扩胸、夹胸的过程中，上半身的角度变化可以使胸大肌上部、中部、下部受到的刺激不同。健身爱好者应该依据自身特点，多尝试上斜、平板、下斜等角度。

3.11 双杠臂屈伸

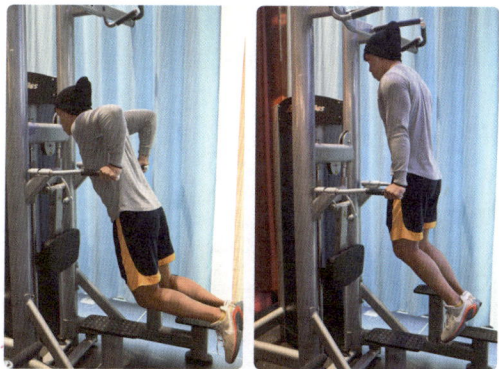

MEMO
新手在学习过程中不要选择过高的双杠。如果必须采用跳跃的方式才能握住双杠（通常户外的双杠是这样），建议采用一些能垫高的辅助设备。

准备器械：双杠

主要涉及肌肉群：胸大肌（一般来说，下胸肋骨部参与更多）

主要辅助肌肉群：三角肌、肱三头肌

❶ 双手握紧双杠两侧，手臂伸直（肘关节伸直），并且支撑身体。

❷ 弯曲肘关节，逐渐降低身体，整个过程中前臂尽量与双杠垂直。

❸ 伸直肘关节，身体向上移，回到起始位置。

3.12 双杠臂屈伸中的常见问题

做双杠臂屈伸时躯干、下肢晃动。刚开始学习动作时，容易出现身体晃动的问题，主要原因是动作掌握得不熟练、上肢力量偏弱以及核心没有协同参与。

做双杠臂屈伸较为熟练的人，基本上可以很好地控制运动轨迹。初学者在"身体架空"的状态下，需要兼顾的问题很多。动作发力不习惯导致蹬腿；核心参与较少，导致重心在位移中无法稳定；如果上肢力量偏弱，在肘关节弯曲过程中可以勉强完成动作，但在接下来肘关节伸直的过程中通常无法完成；还有体重过重。

应该挺胸还是含胸？这主要取决于核心肌肉群的参与度。如果你可以熟练掌握双杠臂屈伸技巧，那么挺胸或者含胸都可以。

肱三头肌先力竭。双杠臂屈伸中，肱三头肌力量或者耐力偏弱都会影响动作的完成，初期学习的时候不要追求完成的次数，以能够完成标准动作为目标。体重过重，会导致肘伸肌的肱三头肌参与度增加。

正常　　　超伸

肘关节超伸。肘关节伸直以后，角度基本上接近180度，超过180度就是超伸。如果有肘关节超伸的问题，那么建议在做所有需要手臂支撑的动作时一定不要依据木体的感觉，应该从镜子中确认手臂几乎是伸直（接近180度）的。

手臂是否应该伸直？一些健身老手在做双杠臂屈伸的时候，肘关节从弯曲到伸直夹角基本上在90～120度，这是因为他们已经十分熟练地掌握动作了，这个区间可以很好地让胸部肌肉群收缩，也可以把动作位移变长，也就是手臂基本上伸直，这样肱三头肌的参与度也会更高。每种方式都有各自的好处，应该按照自己的训练目标灵活运用。

不要让身体"自由落体"。一些刚入门的健身爱好者在做双杠臂屈伸的时候比较容易出现的问题就是，在身体靠近地面时（肘关节屈曲时），几乎处于自由落体的状态，这样做有两点危害。首先，极其容易伤到肩关节和周围的肌肉群、韧带、肌腱、关节囊等。其次，虽然完成了臂屈伸，但这种没有控制的动作完成度不高，相当于舍弃了一半的肌肉做功（离心收缩）。

利用固定器械辅助配重片减轻体重的方式可取吗？健身房有一种固定器械，利用负重片减轻体重，与一般插片选择重量后增加阻力不同的是，选择这种器械的负重片后，你可以跪在器械上，以此来减轻身体的重量，利用这种器械可以做双杠臂屈伸或者引体向上。个人不建议使用这样的器械，因为和实际做双杠臂屈伸以及引体向上的差异较大，主要问题在于不容易找到重心。

双杠臂屈伸时如何负重。一般有5种负重方式，这5种负重方式同样也可以用于引体向上。

一是系负重腰带。负重腰带一般系在腰间，下面有一根负重绳，可以悬挂杠铃片或者哑铃。这种负重方式的好处是负重较大；缺点是穿戴不方便，移动行走也不方便。购买的时候一定要问清楚产品的最大载重。

二是穿负重背心。负重背心通常是"马甲"的形式，优点是方便佩戴，移动起来也十分方便，同时可以满足完成多种动作的要求，如引体向上、俯卧撑、拳击、冲刺跑等；缺点则是配重有限，基本上在2~15千克。

三是背书包。选择一个比较结实的双肩背包，将哑铃片或者其他可以增加配重的物品放入，可以选择传统的后面背包的方式，也可以直接从正面套进去（比较适合做引体向上）。这种负重方式的优点是经济实惠；缺点是运动时书包内的配重物品会晃动，影响运动体验，在健身房使用时需要注意，不要让人误以为你要"偷"器械，同时要考虑书包的载重上限，以免发生意外。

四是足踝部沙袋负重。足踝部沙袋负重的缺点是足踝部无法承受太大的重量，同时沙袋局限于材质，使用久了容易磨损，导致漏沙。

五是铁链挂脖子上。需要注意的是，这种负重方式对颈椎不好。个人不推荐这种负重方式。

腕关节疼。和卧推时出现的腕关节疼痛类似，都是伸腕过度造成的，并且现在人们经常用计算机、手机，对腕关节十分不友好，如果腕关节有伤病（例如腕管综合征），应该尽量避免做所有"推"的动作。

3.13 双杠臂屈伸的动作变化——固定器械坐姿臂屈伸

固定器械坐姿臂屈伸（推胸）的动作原理和所有卧推是一致的，如果可以熟练掌握卧推的技巧，那么该动作可以轻松上手。

固定器械通常有两种：一种是利用插片负重的固定器械；另一

种则是挂杠铃片负重的"免维护"固定器械。训练者通常采用坐姿完成推胸的动作，相比于利用自重做动作，采用固定器械的优点是更为安全，同时手柄的握法和运动轨迹的变化更多；缺点是通常一个器械只有一种运动轨迹，健身房很难把各种器械都买全，同时固定器械尽管上手容易，但是因为轨迹固定，再加上每个人身体比例的差异，所以需要特别注意座椅调节等细节。

训练搭配建议：适合女生。

不建议肩关节有伤病的人做该动作，健身爱好者可以将其放在胸部训练日，也可以与肱三头肌、手臂训练放在一起。

4

背部肌肉训练

　　人体的脊柱从上至下分为5部分，分别是颈椎、胸椎、腰椎、骶骨和尾骨。其中，颈椎7节，胸椎12节，腰椎5节，而骶骨、尾骨的骨连接方式较为特殊，通常当作一块来看，但实际上它们分别由5块骶椎和4块尾椎组合而成。要研究整个背部训练的运动力学基础，不可避免地要将整个脊柱的运动考虑在内。本章将系统讲解背部肌肉的训练方法。

4.1 认识你的背

了解背部肌肉群之前，必须了解关于脊柱的一些基础知识。

脊柱由多块椎骨构成，椎骨一般由椎体和椎弓组成，我们常说的椎间盘位于椎体之间，是厚实且充满液体的纤维软骨环，这样的结构可以承载脊柱受到的压力和剪切力。

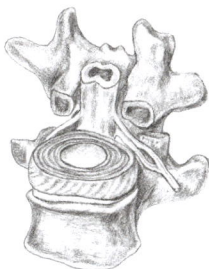

椎间盘主要由2部分组成，即髓核和纤维环。髓核是椎间盘中央部分的柔软而富有弹性的胶状物，水分占到70%~90%，能帮助椎间盘减震。纤维环由10~20个向心的纤维软骨构成，包围髓核。仔细观察纤维环，不难发现它是一层层的环状结构，这样的结构可以更有效地强化椎间盘。

每一块椎体的后方有一个小孔，称之为椎孔，保护着脊髓。

当两块椎骨被外力挤压的时候，髓核会被向外挤压，我们通常讲的椎间盘突出指的就是髓核流出。整体来说，椎间盘突出分为以下几种情况。

膨出型。这种椎间盘突出大多是可以自愈的，因为纤维环并没有破裂。如果把纤维环比喻成一个装满黏稠液体的气球，里面的液体就相当于髓核，膨出只是气球被挤压，但是气球并没有破，液体没有流出。

突出型。这种情况下纤维环已经破裂，髓核突出向椎管，可以理解为气球被挤压破了，黏稠液体流出来了，但是椎骨间的韧带依旧完好。

脱出型。这种情况下不光纤维环破裂、髓核流出，并且髓核穿破韧带（后纵韧带），部分髓核进入椎管，可以理解为气球破了，液体不光流出，还流进了周围组织。

游离型。游离型一般不常见，即髓核完全脱离椎间盘，并且穿破纤维环和后纵韧带，几乎完全进入椎管，可以理解为气球破了，液体全被挤出，并且流进周围组织。

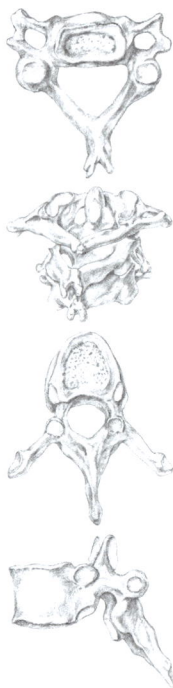

椎弓如果从左右方向来看，像一把弓箭（椎弓因此得名）。椎弓上一共有3个突起。

椎弓向身体两侧突出的部位称为横突。

椎体之间的连接方式是上下连接，所以上下结构的脊椎成对的形成上、下关节小面（节突），脊柱的下关节小面和下一节脊柱的上关节小面连接，上下排列之间的间隙就是椎间孔。

椎弓向身体后方突起的部位称为棘突。

脊柱基本上分为4大段，从上至下分别是颈椎、胸椎、腰椎和尾骶，尾骶就是尾骨和骶骨，但由于它们可活动范围很小，所以通常被当作一块骨头。

颈椎一共有7节，是脊柱中椎体最小的，却是活动范围最大的。通常我们讲颈椎活动，指的是第三到第七颈椎，它们被称为"典型颈椎"，因为第一和第二颈椎（寰椎和枢椎）几乎没有办法移动，同时第七颈椎被称为隆椎，低头的时候可以触摸到，所谓的富贵包指的就是这个部位过度隆起。

胸椎一共有12节，椎体和椎弓根交接部位的上缘和下缘处各有一个半圆形的凹面，即上、下肋凹。这种结构也决定了胸椎的活动范围。同时胸椎的椎体有个特点，那就是从上到下逐渐增大，整个排布方式类似瓦片叠加。

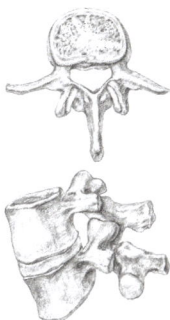

腰椎一共有5节，因为不与肋骨相连，所以腰椎没有肋凹，同时腰椎也没有横突孔。骶椎是一块三角形的骨头，可以将重量由脊柱传递到骨盆。成人的骶骨由5块骶椎融合而成，第五腰椎和第一骶骨形成一个关节。尾骨是一块小型的三角骨，由4块尾椎融合而成，尾椎的基部和骶椎形成骶尾关节，尾椎最下端有一个凸起，就是我们俗称的"尾巴根"，实际上是尾骨尖，瘦的人可以触摸到。

颅颈区域、脊柱的活动范围见表4.1。

表4.1 颅颈区域、脊柱的活动范围

关节/区域	屈曲、伸直 （矢状面）	水平面转动	侧弯 （额状面）
寰枕关节	屈曲5度 伸直10度 总共15度	小到可以忽略	大约5度
寰枢关节	屈曲5度 伸直10度 总共15度	40~45度	小到可以忽略
第二至七颈椎	屈曲35度 伸直70度 总共105度	45度	35度
整个颅颈区域	屈曲40~50度 伸直85度 总共125~135度	90度	大约40度

关节/区域	屈曲、伸直（矢状面）	水平面转动	侧弯（额状面）
胸椎	屈曲30~40度 伸直20~25度 总共50~65度	30度	25度
腰椎	屈曲50度 伸直15度 总共65度	5度	20度

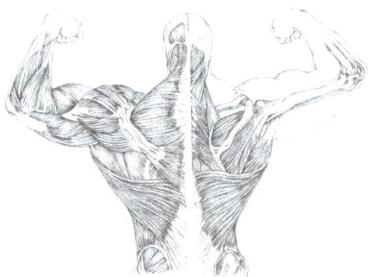

健美爱好者习惯把背部分为上背部、中背部以及下背部。

上背部：主要由斜方肌构成，斜方肌是上背部及中背部的表层肌肉，沿着脊柱上方生长，从头骨下方（颈椎）一直延伸到最后一根肋骨（胸椎）。斜方肌上部肌肉附着在锁骨（外侧三分之一）、枕外隆突以及项韧带上，能够帮助肩胛骨上提（耸肩）以及上回旋，斜方肌中部肌肉还可以帮助肩部做拉的动作（后缩）。

中下部斜方肌则主要在上背部与肩胛骨相连，中部斜方肌可以让肩胛骨后缩（向后拉），下部斜方肌则可以使肩胛骨下降和上回旋。

斜方肌的下面（深层）还有3块肌肉，分别是大菱形肌、小菱形肌以及肩胛提肌，它们将肩胛骨牢牢固定在脊柱上。前面我们说到中部斜方肌可以让肩胛骨后缩，这一动作就需要大菱形肌、小菱形肌和斜方肌协作完成。而肩胛提肌从名称上就可以看出，主要帮助上部和下部斜方肌提升肩胛骨。

中背部：中背部主要由背阔肌构成，背阔肌位于胸背区（脊柱）下部胸外侧皮下，到腰背部盆骨后脊（髂嵴后部）。背阔肌起到了"承

"上启下"的作用，向上可连接至肱骨，向下可至胸腰筋膜，下胸椎和腰椎的棘突，髂嵴后1/3，第9至第12肋骨，因此背阔肌收缩与肩关节十分密切。例如做俯身杠铃划船时，背阔肌收缩可以让肱骨后伸，同时也可以拉动上臂向背内侧移动。

下背部： 下背部主要由竖脊肌构成，竖脊肌并不是一块肌肉，而是肌肉群，主要由3部分构成，即髂肋肌、最长肌以及棘肌，它们从枕骨到骶骨连接了整个脊柱，所以竖脊肌可以保持脊柱的稳定，帮助躯干伸展，同时在运动中负责支撑下背部。

4.2　引体向上

准备器械：单双杠训练器

主要涉及肌肉群：背阔肌

主要辅助肌肉群：前臂肌肉群（相对新手来说）、肱二头肌、斜方肌中下部、三角肌后束、大菱形肌、小菱形肌

动作要领和步骤 ▶

❶正手宽握（略宽于肩膀），抓住单杠，让身体悬空。

❷双臂用力，肘关节由伸直到弯曲，向上拉至下巴与单杠平齐或者下巴高于单杠的位置。

MEMO
新手在学习阶段不建议采用跳跃式上杠的方式（出于安全考虑），即便是健身老手也不建议采用这种上杠方式。

MEMO
下放速度不宜过快。

❸缓慢下降，直到肘关节接近伸直的状态（起始点）。

4.3 引体向上的动作变化——不同握法和双手的距离

窄距离引体（握距等肩宽，或者略窄于肩膀）。宽握距时更侧重于锻炼背阔肌外侧；握距变窄时，背阔肌中下部受力更多。另外，宽握距时，依据自己的身体比例调整握距，并不是握距越宽越好，宽握距时肩膀处于外展的状态，肘关节旋内，同时握距越宽，肘屈的角度可能变小，但基本上可以完成肘屈90度，这样背阔肌的收缩更多一点儿。

反手引体向上。反手引体向上和正手引体向上的动作要领类似，相较于正手引体向上，反手引体向上更容易完成，因为绝大多数人在完成反手引体向上时，肱二头肌参与度增加，更容易发力。

反手引体向上握距略宽于肩膀时，肩部外展更多，此时背阔肌外侧依旧受力，但内侧受力更多，相较于正手来说，肱二头肌参与度也高了一些。当握距变窄时（例如握距与肩同宽），肘关节旋内加强，肱二头肌参与度也会增加。

使用一些引体向上器械时还可以采用掌心相对的握法，不同的握法对背部刺激的侧重不同，建议健身爱好者采用不同的握法刺激背部肌肉群。

训练搭配建议：该动作对女生来说难度较大，可以依照自身运动目标酌情选择。

不适合肩部有伤病的人群，不建议做颈后引体，因为很容易让肩关节和肘关节过度旋外，这会增加伤病的风险。

可以放在背部训练日，也可以放在肱二头肌训练日。

4.4 如何从零开始完成引体向上

无法完成引体向上主要原因有三点。

第一，自身体重过重，这个通常是主要因素。如果本身体脂较高，应该合理饮食，减轻体重。

第二，手臂力量和背部力量薄弱，这可以通过运动改善。

第三，未掌握发力方法，也就是动作生疏。很多人抓握单杠身体悬空后，不知道如何发力带动身体靠近单杠。

接下来我将依据个人经验介绍一些从零开始锻炼引体向上的方法。

首先，增加力量训练。

❶手臂和肱二头肌的训练在初期比较重要，很多训练者的肱二头肌肌力和耐力较差。肌肉力量影响动作的完成度和质量，肌肉耐力影响每组完成的次数。在初期学习引体向上时，很容易出现肱二头肌（以及前臂）先疲劳，从而导致无法高效地完成引体，好在这些都是可以通过训练改善的。

❷增加其他背部肌群的训练动作。个人建议多练习坐姿高位下拉（宽握、正手）和站姿杠铃划船（正手），这两个动作在本书接下来的内容中有详细介绍。

❸如果将背部训练和肱二头肌训练放在一天，应该先做背部训练，然后做肱二头肌训练。

其次，增加模拟引体向上的训练。

有两个不错的动作，第一个动作类似于划船，所以称之为反向划船。该动作需要高度较低的单杠，在健身房可以用史密斯机（有些人习惯写成SMS），将高度调节到胸部以下，确保左右两端的挂钩固定好，或者直接把横杆放在安全垫上（需要调节安全垫的高度）。

双手抓住史密斯机的横杆，抓握稳定后，手臂慢慢伸直，然后再次调整脚的位置，双腿前伸，此时身体处于仰卧并且向后倾斜的状态，脊柱基本处于正常位，双臂与地面几乎垂直，然后双臂（肘关节）弯曲发力，将身体拉近史密斯机的横杆，直到横杆靠近锁骨下方与乳头之间的位置。

另一个动作为膝关节屈伸引体，也需要借助史密斯机，除此之外还需要一个长凳。

注意，在第一次尝试这个动作的时候，你可能需要多次调整史密斯机横杆的高度以及长凳和横杆的距离，同样需要确保史密斯机两端的挂钩固定好。

练习时，先将史密斯机的横杆高度调节到头部附近，然后将长凳放置在身体后方，长凳与史密斯机横杆（正下方延长线）的距离与小腿的长度差不多。之后，双手抓握横杆，握距可以等肩宽，或者略宽于肩膀，膝关节弯曲，将脚面放在长凳上，此时躯干（大腿）与地面基本垂直，双臂发力，这时腿部可以通过屈伸借力来完成这个动作，屈伸的同时也可以调整髋关节角度，更好地感受引体时的重心。

　　这个动作也可以不借助长凳，腿部直接向后弯曲，然后前脚掌蹬地完成，只是史密斯机横杆的高度需要调节得更低。

　　训练计划安排建议：可以把反向划船放在最后训练，先做腿部借力引体，每组10个，4~5组；反向划船每组10~15个，4~5组；组间间歇不超过1分钟。

　　最后，辅助完成引体。

MEMO

务必额外注意4点。

1. 脚踩住弹力带，让弹力带的位置处于脚底1/3处或者1/2处，总之要固定好。

2. 引体向上的过程中，腿部要保持尽量伸直，否则弹力带容易脱落。

3. 引体向上完成后不要直接下来，否则会被弹力带抽打。需要双手（或单手）下拉（拉住）弹力带，然后分别抽出双脚再慢慢松开弹力带。

4. 如果单杠过高，请先找一个高度合适的踏板（一般在健身房）。

辅助完成引体的原理就是减少引体向上过程中的阻力，一般在可以完成半程引体，或者已经初步掌握引体的动作，但是肌力无法完成全程动作时采用这种辅助手段。

弹力带辅助引体。弹力带是"闭环"圆形设计，橡胶材质，具有很强的收缩性、延展性，通常建议购买阻力为15千克的，具体选择需要参考自身体重和力量。

使用弹力带辅助的时候将弹力带的一端挂在引体向上单杠中间的位置，然后把另一端从悬挂端口的圆形中穿过来拉紧（一端系死挂在单杠上，另一端自然下垂），这样弹力带就很好地固定在引体向上单杠上了。

双手抓住下垂的弹力带（中间或者上1/3处），用力下拉，然后一只脚从弹力带下端圆环处踩下，等到脚可以接触地面以后另一只脚再踩入，双手抓住单杠做引体即可。弹力带的特点是拉长以后阻力增加，利用这个特点可以减小引体向上下拉过程中的阻力。

辅助托举引体。需要教练员或者训练伙伴辅助你完成，一般建议在完成引体向上运动轨迹一半（也就是拉半程引体）时再找人辅助做托举。因为辅助人员也很累，如果你无法完成半程引体，全靠辅助人员，很可能他三角肌充血情况比你背阔肌还好。

一般来说，引体向上在手臂（肘关节）夹角接近90度时难度增大，所以辅助人员并不用全程托举，只需在训练者下拉过程中，手臂（肘关节）夹角接近90度时，双手托住训练者的背阔肌附近，然后稍微向上推一下即可。同时训练者在手臂伸直时（身体远离单杠时）要控制下放的速度，不要"自由落体"。

当训练者无法标准完成动作（动作变形、左右发力不均）时，或者辅助人员助力明显增加时，训练者应停止动作。

辅助托腿引体。托腿引体和前面讲的模拟引体向上的动作原理是一样的，只是不需要长凳，而是需要辅助人员托着训练者的双腿，大腿和小腿夹角为90度或者小于90度，躯干尽量和地面垂直，下拉过程中腿部屈伸可以起到辅助的作用。需要注意的是辅助人员不要突然松手，否则容易出现意外。

其他有用的辅助练习。

抓握训练。引体向上对于抓握力（前臂肌肉群）也是一种考验，所以初期学习的时候可以增加一些抓握单杠悬体的练习，也就是抓着单杠身体悬空，10~30秒一组，做4~5组，可以放在背部、手臂、肩膀甚至胸部训练日最后做，因为这个动作对肩、背部肌肉拉伸也有一定的作用。

抓握训练+核心锻炼（悬体卷腹）。单杠悬体卷腹时，有些人会不由自主地前后晃动身体，就像荡秋千一样，这主要是因为核心区没有起到很好的控制作用。如果你学会控制核心发力，晃动幅度可以由自己控制。

直接在膝关节微屈的前提下抬腿（屈髋），或者抬高大腿时小腿弯曲（屈髋、屈膝），前者对髋关节的稳定性要求更高，难度相对大一些，同时不适合腰椎不好的人群，后者可以在负重（双脚夹住哑铃）的状态下进行。

4.5 引体练习中是否应该采用助力带

助力带通常在背部训练中使用，例如引体向上、高位下拉、硬拉、杠铃耸肩等动作。

是否采用助力带属于个人选择，但你有必要知道助力带的优点以及缺点。

助力带的优点。助力带可以辅助增加抓握力，例如在训练过程中手臂（前臂）先力竭，手掌抓不住器械，导致目标肌肉群的训练质量下降，如果用助力带则可以避免这个问题，让目标肌肉群（背部）被更好地锻炼。

助力带的缺点。过于依赖助力带等于舍弃了手部、手臂（尤其是前臂）等肌肉群的训练。

个人建议如果可以独立完成引体向上，那么做引体向上时不要使用助力带，做其他动作，如高位下拉时可以采用助力带，尤其是选择较大重量时。

抓握力不足的时候还容易出现手滑的情况，这个时候可以戴手套或者涂镁粉防滑。

引体向上过程中很容易出现手掌磨损的情况，久而久之容易磨出茧子，戴手套的好处是可以有效地保护手掌，缺点是有些手套本身材质的抗磨性差，戴上手套对训练帮助不大，而抗磨性好的手套往往手掌处较厚，这有可能影响抓握。

镁粉的防滑性是很好的，缺点则是不方便在公共训练场所使用，很少有健身房会提供镁粉，如果自己在公共健身房使用镁粉，训练后要清扫干净。或者使用液态镁粉。

另外，在使用镁粉过程中，由于摩擦力较大，很容易让手掌的茧子在做单杠过程中被磨掉、撕扯，甚至流血。

4.6　俯身杠铃划船

准备器械：杠铃

主要涉及肌肉群：背阔肌

主要辅助肌肉群：前臂肌群、肱二头肌、三角肌后束、竖脊肌、斜方肌、大菱形肌、小菱形肌

动作要领和步骤 ●

❶正手抓住杠铃，双脚站距基本与肩同宽，屈髋俯身，双臂自然下垂。

❷屈肘，将杠铃拉近身体，同时脊柱保持正常生理曲度。

> **MEMO**
> 下放杠铃的速度不宜过快，整个提拉的过程中髋关节角度变化不大。

> **MEMO**
> 提拉的高度与上半身的倾斜角度及关节活动范围有一定关系。一般提拉到胸部以下至肚脐区域，整体动作看上去像是俯身，手臂屈伸，在斜方肌和菱形肌的帮助下，肩胛骨要完成一个后缩的动作，所以应该想象手臂的主要功能是"负重"，也就是肱骨带动肩胛骨向后缩方向为主的同时肘关节屈曲。

❸保持脊柱正常生理曲度，手臂慢慢下放伸直，回到动作起始位置。

训练搭配建议：女生可以做该动作，一般负重5～30千克都可以，依据自身训练水平选择。

男生可以在背部训练日做杠铃俯身划船，也可以在三角肌（肩膀）训练日将其当作锻炼三角肌后束的辅助动作。肱骨有"前移"问题的人，严格来说不适合做这个动作，有可能肩胛骨上提过多，斜方肌参与度增加。

4.7 俯身杠铃划船的动作变化——反手、握距以及背阔肌的基础知识

背阔肌位于腰背部和胸部后外侧，背阔肌的起点十分"丰富"（或者说背阔肌的面积很广），包括胸腰筋膜（也就是很多人说的"圣诞树背"的位置）、下胸椎和所有腰椎的棘突、骨盆的髂嵴、最下方四根肋骨和肩胛骨下角，止点在肱骨的小结节底部。不难发现，背阔肌的附着点涉及肱骨、肩胛骨以及脊柱，它对于稳定腰椎－髋关节复合体以及肩部起着至关重要的作用，所以在完成肩内收和伸肩时，背阔肌起到了辅助协调的作用，伴随肱骨旋转（内收）和伸直时，让肩胛骨向下转动（下回旋），这也是做引体向上和划船时，背阔肌的重要运动。

提及背阔肌，就不得不说它最主要的协同肌——大圆肌，大圆肌在肩胛冈下方、小圆肌之下，起点在肩胛骨下角背面，止点在肱骨小结节嵴，几乎和部分背阔肌重叠。大圆肌除了无法让肩胛骨下压之外（背阔肌可以让肩胛骨沿着胸廓表面下压），作为背阔肌的主要协同肌，它与背阔肌的执行动作是相同的，对肩关节内收和伸展都有很大的作用。

俯身杠铃划船反手：肱二头肌参与度更高，对大部分人来说可以

提起更大的重量，肩部外展加强，对背阔肌内侧（起点）的刺激增加。

握距变化：相对来说，宽握距更容易刺激背阔肌的起点，也就是靠近脊柱的肌纤维；窄握距则更容易刺激背阔肌止点，也就是靠近肱骨的肌纤维。但这并不绝对，有人感觉可能正好相反，这与每个人肩关节、肘关节旋外方向，以及胸椎、腰椎段伸直的情况有关。一般建议划船的时候不用刻意挺胸，脊柱保持正常生理曲度即可。锻炼背部肌肉时，上半身的角度调整，基本上都是通过保持脊柱正常生理曲度的同时，调整髋关节的角度来实现的。

4.8　俯身杠铃划船的动作变化——T杆划船

T杆划船器械基本结构是一端固定，另一端由一个横杆或者握柄构成，负重片在横杆上方，看上去整个杆子是T形的。

一般这种固定器械有两种使用方式，一种是需要站姿俯卧，另一种则需要趴在一个斜垫上。相对来说，趴在斜板上对脊柱造成的压力小一些，缺点则是很容易给胸腔、腹腔增加压力，造成不适。

T杆划船的动作要领和俯身杠铃划船是一样的，俯身、屈髋、膝关节微屈，脊柱尽量保持正常生理曲度，肩胛后缩和屈肘几乎是同时完成的，双臂弯曲将负重杆拉近身体。在学习动作阶段不建议负重过大，相较于俯身杠铃划船，T杆划船给人更容易负重的错觉，训练者容易高估自己的能力，造成伤病。

训练搭配建议：适合女生的训练，但不论男女，如果有较为明显的斜方肌上部代偿的问题，或者"富贵包"，那么则需要用较小的负重练习这个动作，再逐渐增加负重。

4.9 俯身杠铃划船的动作变化——哑铃划船

哑铃划船的动作要领与杠铃划船并无大的区别，只是在哑铃划船时，腕关节和肘关节更为灵活。在刚开始学习动作阶段，如果杠铃划船掌握得不好，通常换成哑铃划船动作，整个背部肌群感受会好一些。主要原因在于，所有划船的动作对肩胛骨灵活性有一定要求，绝大多数人的单侧（右侧为主）肩胛后缩的能力会好一些。

双手持握哑铃做俯身划船时，整体的平衡并不像在俯身杠铃划船中那样可以直观地感受到，因为杠铃杆是长直杆，如果左右不平衡较为明显，可以观察到杠铃杆在水平面和垂直面的偏移，从而发现问题。如果两侧肌肉不平衡问题较为严重，做哑铃划船时尽管感受会好一些，但是两侧（主要是肩胛骨和盂肱关节）关节活动度偏差的那一侧肌肉代偿会多一些，导致一侧肩胛在尽量后缩，而另一侧肩胛则上提更多（通常这一侧关节活动度偏差）。而且这种代偿也会造成脊柱向一侧旋转以及侧屈，即便是不考虑伤病的情况下，这种训练对塑形也不太好。

并不是说哑铃划船不好，只是作为一个健身爱好者，你应该明确地知道哪个训练动作更适合现阶段的自己。

4.10 俯身杠铃划船的动作变化——坐姿划船

坐姿划船是在固定器械上完成，也可以使用龙门架通过降低单侧手柄的高度完成。坐姿划船通常容易掌握，除了角度不同之外，基本动作原理与其他划船动作原理并无本质区别，但需要注意以下几点。

❶坐姿划船器上有个脚蹬踏板，应该先确认自己双脚平稳地踩住踏板，再确认腿的弯曲程度（膝关节的角度）可以让躯干平稳地承受训练的重量，而不是拉起拉力器手柄以后再调整。坐姿划船时，如果双脚踩得不稳，那么髋关节的角度也不会稳定，发力时力量就无法高效地传递。

❷通常坐姿划船的拉力器手柄呈H形，训练者需采用掌心相对、拇指朝上的握法，在抓握中确保手处于手柄的中间。

❸脊柱依旧尽量保持正常的生理曲度，腰椎不要过于“反弓”，髋关节角度可以接近90度，也可以小于90度，还可以大于90度，也可以在踩住踏板的时候，髋关节由屈到伸，同时肩胛后缩、屈肘。整体来说，不同的角度对背部肌肉群刺激的侧重不同，主要原因在于不同

角度的变化，让肌拉力线更靠近起点或者止点。

❹ 很多教练在教课时，习惯用膝盖顶住训练者的胸椎或者腰椎，这样做是绝对不可取的。大部分人动作感受不好的原因在于，含胸太多（胸椎）、肱骨位置靠前，以及肩胛骨不灵活。如果要调整训练者躯干的位置，应该在不负重或者低负重的状态下，而不是在训练者做动作的时候，强制给他一个外力支撑，这样做对他掌握动作并没有太大的帮助。

❺ 拉力器拉向身体的时候，通常拉至肚脐附近，拉力器的拉线基本上和地面是平行的，如果座椅位置是倾斜的，那么拉力器的拉线应该和座椅位置基本平行。

❻ 坐姿划船的手柄有多种选择，处于肩关节活动范围较小的人，选择握距较宽的手柄感受会略好一些。

坐姿划船的器械或者手柄变化本质上对动作要领影响不大，只是影响某个关节的活动范围，训练者可以依据自己训练的感受灵活选择器械或者手柄。

训练搭配建议：适合女生训练。

可以放在背部训练日，在学习动作阶段可以尝试不同角度下的坐姿划船，选择更适合现阶段自己的角度以及手柄。

4.11 俯身单臂哑铃划船

MEMO

握法为"锤式握法"，初期训练时不要选择过大重量，甚至不用负重都能感受到目标肌肉的收缩。

准备器械：哑铃、长凳

主要涉及肌肉群：背阔肌

主要辅助肌肉群：前臂肌群、肱二头肌、三角肌后束、竖脊肌、斜方肌、大菱形肌、小菱形肌

MEMO

身体以脊柱为中心向发力一侧旋转，但脊柱整体还是处于平直状态。如果选择重量过大，会让脊柱在颈椎-胸椎段弯曲过多。

MEMO

背阔肌的起点很大部分离脊柱较近，相比于对称的背部训练（如高位下拉、杠铃划船等），该动作下脊柱可以小幅度转动和弯曲，对目标肌群的中间区域刺激更多。

动作要领和步骤 ●

❶ 站在长凳一侧，俯身，单侧手扶在长凳上，同侧的腿屈膝跪在长凳上，另一侧手拿起哑铃，手臂（肘关节）伸直（不要改变阻力的方向），脊柱保持正常生理曲度，注意头不要向上抬起过多，躯干与长凳基本平行，略微上挺也可以。

基本上是三点支撑躯干，分别是长凳上的手和膝盖，以及对侧的腿，它们的作用就是在动作整个完成阶段，支撑躯干。

❷ 脊柱保持正常生理曲度，单侧肩胛后缩的同时屈肘，可以尝试让上臂尽量贴近身体，哑铃基本接近胸部。

对于老手来说，并不用刻意在意上臂是否贴近身体。健身老手往往通过肘关节旋内、旋外的变化刺激中背部和下背部。新手只需掌握背部肌肉收缩的感觉，以及协同肌群收缩不要强于目标肌群即可。

前臂在单臂哑铃划船这个动作中，只负责"载重"。在初学动作阶段，训练者应该把注意力放在上臂（肱骨、肩胛骨）的正确位移上。

❸ 下放哑铃，回到初始位置。

MEMO

新手如果出现以下动作，可能是因为哑铃过重。

1. 动作开始时，脊柱在正常生理曲度，但提拉过程中出现含胸，也就是胸椎弯曲增加（也伴随腰椎弯曲增加）。

2. 提拉过程中，随着屈肘，上半身开始晃动，即随着提拉屈肘的完成，髋关节角度增加（伸髋）。如果一边提拉一边挺身，那么建议减小哑铃重量。

3. 运动轨迹过小，肘关节小幅度屈伸后，依靠身体倾斜完成动作。

训练搭配建议：这是一个适合女生做的动作，可以用小哑铃甚至装水的矿泉水瓶做轻负重的阻力训练，也可以和肱三头肌的俯身臂屈伸组合在一起完成，例如做10次俯身单臂哑铃划船，然后再完成10次俯身臂屈伸。

可以在背部训练日做俯身单臂哑铃划船，熟练掌握技巧后，可以负重大一些。该动作应该放在训练前期或者中期。

4.12　俯身单臂哑铃划船的动作变化

俯身单臂哑铃划船的动作变化主要有以下几种，区别主要在于身体支撑方式不同。

❶弓步支撑俯身单臂划船。

动作原理与利用长凳做单臂划船类似，不需要单腿跪在长凳上，而是弓步站立，采用俯身的方式，手部（与弯曲腿在同侧）放在支撑物上。

优点：方便，不需要使用长凳，支撑力更强一些，所以试举的重量也更大一些。

缺点：左右弓步时间距容易不一致，躯干倾斜角度受支撑物（手部）高度影响。

❷正常站立俯身单臂划船。

所谓正常站立就是两脚平行站立。

优先：不容易出现弓步支撑时左右不平衡的问题。

缺点：不够稳定，对腘绳肌和臀大肌有一定要求，如果腘绳肌和臀大肌力量不够，运动中身体容易较大幅度晃动。

❸ 坐姿划船机——单臂划船。

使用坐姿划船机，单手持握器械手柄。

优点：在坐姿状态下做动作更容易一些，支撑身体（脚踩在踏板上）也更容易一些。

缺点：在坐姿状态下单侧提拉，胸椎－腰椎段容易向单侧侧弯过多，也就是两侧侧屈角度可能存在很大差异，如果固定器械上有依靠物体（通常在胸前）或者身体中线位置有手柄（单车手支撑位置），情况则会好一些。

❹ 单臂龙门架划船。

MEMO

正手宽握下拉杆，握距略宽于肩膀，要全程抓牢。在学习动作阶段，该握距在整个运动轨迹中基本可以保证前臂相互平行。大腿要卡住，并且注意骨盆不要向一侧旋转，脊柱尽量维持正常生理曲度，躯干后仰时，躯干和大腿的角度（也就是髋关节角度）增加，骨盆不要刻意前倾。

MEMO

新手在学习动作过程中如果重量选择过大，会导致发力的顺序错误。例如先直臂做躯干后仰（骨盆刻意前倾），然后利用惯性再完成下拉，这样做对目标肌群的锻炼不大；另外，重量选择过大，屈肘下拉时也容易出现耸肩的情况，也就是肩胛上提过多，这个通过观察动作就可以发现（耸肩的同时头前伸）。

将龙门架手柄调至最低点，然后做俯身单臂划船。

优点：初期训练比较容易找到背部发力的感觉。

缺点：缺少参照物，很容易发生单侧脊柱侧弯过多的问题，同时无法负重过大，躯干缺乏很好的支撑。

4.13 高位下拉

准备器械：高位下拉器

主要涉及肌肉群：背阔肌

主要辅助肌肉群：前臂肌群、三角肌后束、斜方肌中下部、菱形肌、大圆肌

动作要领和步骤

❶坐姿，抓住高位下拉杆。

❷肘关节略微旋外，躯干略微后仰，腰部伸展不宜过多。

❸保持躯干稳定的同时屈肘，沿着高位下拉器的拉力线的延长方向下拉，下拉至肘关节的夹

角呈90度，或者小于90度，以自己目标肌群的收缩状态为主要判断依据。

❹慢慢回放高位下拉杆到起始点，然后重复完成下拉。

训练搭配建议：这个动作适合女性做背部训练，同时也是很好的"替代"引体向上的动作。

健身爱好者可以在背部训练日安排高位下拉，如果做负重较大的训练，可以放在训练计划开始阶段，也可以作为收尾动作再次锻炼背部肌肉群。

4.14 高位下拉的动作变化——握法、握距等变化

握距的变化。熟练掌握高位下拉动作之后，可以尝试不同的握距，但并不是说宽握练背部宽度，窄握练背部厚度，不同握距对背部尤其是背阔肌起点、止点的锻炼侧重不同。每个人身体比例有区别，所以要在动作熟练掌握之后再尝试不同握距以及躯干的角度，感受目标肌肉群收缩更为重要。很多人在动作没有熟练掌握的前提下使用宽握距，下拉几乎是在用外力挤压肩胛骨。

握法的变化。现在可以买到很多不同的手柄，健身爱好者可以依据自身的身体比例、关节活动度等，寻找适合自己的手柄。一般来说，采用掌心相对的握法时，整个背部中下部以及斜方肌中下部的参与度

会增加，反手握的时候，除了背阔肌、菱形肌、三角肌后束的参与度增加之外，肱二头肌的参与度也会增加。

轨迹与角度的变化。一般来说，建议下拉的过程中，器械拉力线保持与地面基本垂直。也可以尝试躯干后倾30度左右（主要是髋关节角度增加，并不是增加骨盆前倾的角度或腰椎后伸的角度），这个时候肩部外展加强，下拉收缩的时候背阔肌下方胸腰筋膜的参与度增加。另外，如果座椅较长，也可以尝试合适重量下身体略微前倾（髋关节角度减小），总之不同躯干倾斜的角度和握法，对背部肌肉的整体刺激略有差异。

曲杆与直杆。高位下拉的直杆通常有两种，在健身房中都较为常见。相比于直杆，曲杆一般呈 W 形或者 T 形，手一般握在两端弯曲处，整体来说曲杆可以下拉得更低。训练者可以依据自己的使用感受自由选择。

颈后高位下拉。很多训练者喜欢做颈后高位下拉。颈前高位下拉和颈后高位下拉的区别仅在于头部位置。颈前高位下拉是下拉到锁骨附近，而颈后高位下拉时，肩膀外展的角度和下拉的角度与颈前高位下拉并无大的区别，仅仅是下拉动作的止点放在了颈后。很多人在颈后高位下拉的时候，肩外展、旋内过多，下拉的轨迹又是向后倾斜的，极其容易造成肩关节的损伤。

是否应该选择助力带？很多人在练习的时候会有这样的感觉，背部还有力气，但是抓不住横杆，这个时候就会面临是否应该选择助力带的问题。用助力带的优点是可以更好地刺激目标肌肉群，缺点则是依旧抓不住横杆，整体肌肉协调的力量并未得到锻炼。

为什么有人能做高位下拉却做不了引体向上？

高位下拉和引体向上十分类似，也是很多人学习引体向上的预备动作。有人会有这样的疑问，自己体重80千克，明明可以做80千克的高位下拉，却做不了引体向上。

首先，高位下拉是用固定器械完成的动作，高位下拉器是由滑轮

070

第 4 章　背部肌肉训练

组和拉力线构成的器械，整个运动轨迹中对抗的阻力是一致的。例如，你选择80千克高位下拉，那么在动作的起点和止点对抗的阻力都是80千克，而且大腿固定以后，重心基本无变化。但引体向上则不同，尽管你的体重是80千克，但在拉起身体的时候不仅要克服重心的变化，还要克服肌肉收缩的过程中对抗的阻力的变化。

引体向上属于远固定动作（闭链动作），而高位下拉属于近固定动作（开链动作）。所谓远、近固定指的是与身体中线的距离，你也可以理解为脊柱上下延伸的一条线，离这条线近的肌肉就是近端，而离这条线较远的则是远端。

让我们分析一些运动模式，例如高位下拉，固定端在脊柱周围，所以发力从中心开始，然后再延伸到远端，你也可以简单理解为躯干是固定的，然后肘关节屈曲，将下拉杆拉至靠近躯干的位置。而引体向上则是相反的，固定端在手臂，通过肘关节屈伸将躯干拉向单杠。

对运动来说，开链动作和闭链动作都有独特的优势。而对康复来说，绝大多数康复训练都以闭链动作为主，同时人的一生中闭链动作一直存在，例如蹲起站立、行走、奔跑等。而在一些单功能训练中，开链动作更为直接、高效。

直臂下拉（直臂下压）。双手抓住直杆，握距基本与肩同宽，然后屈髋稳定住躯干，将直杆逐渐拉到下腹部肚脐附近。整个运动轨迹可以分为两部分，但在做动作的时候并不用刻意地停顿。

第一部分运动轨迹基本上是直线，你可以理解为动作起始阶段，也就是屈髋固定躯干的时候，手臂和上肢的角度（从侧面看）接近180度，下拉到接近90度，这个时候背阔肌和大圆肌收缩更多一些，同时运动轨迹近乎直线，龙门架器械的线几乎垂直于地面。

第二部分就是从近乎90度，拉向下腹的位置，这个时候轨迹是弧线的，同时背阔肌的肌肉收缩更靠近起点的位置，也就是胸腰筋膜附近。

　　大圆肌是背阔肌最主要的协同肌群，直臂下拉这个动作可以很好地锻炼背阔肌和大圆肌，同时这个动作在完成阶段，肩关节逐渐向后伸方向位移，所以肱三头肌也是重要的协同肌群，很多新手在练习阶段可能肱三头肌的感受要好于背部。

　　自重单杠训练中有个动作叫双力臂（muscle up），这个动作是远固定，而直臂下拉的整个运动轨迹，很像是近固定的双力臂。

4.15　山羊挺身（背部屈伸）

MEMO

一般来说，罗马凳的倾斜角度是固定的，只有高度能调节，通常高度固定在髋关节附近，刚好可以顺利地完成俯身、屈髋的动作，同时双脚稳稳地踩在罗马凳底端（踝关节可以在此固定）。

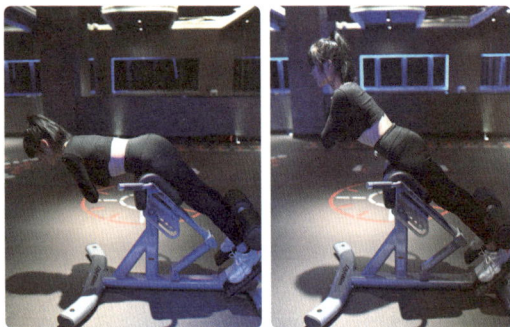

准备器械：罗马凳
主要涉及肌肉群：竖脊肌

主要辅助肌肉群：臀大肌、背阔肌、腹直肌和腘绳肌（股二头肌、半腱肌和半膜肌）

动作要领和步骤 ●

❶ 调节好罗马凳，面部朝下，固定好下肢（髋关节以下），脊柱尽量保持正常生理曲度。

❷ 躯干向斜下方"弯曲"（实际上是前倾），直到躯干与下肢基本成90度。

❸ 躯干逐渐抬起，直到躯干与下肢基本成180度，也就是和正常站立时髋关节角度一致。

训练搭配建议：这是一个适合女生训练的动作，可以放在臀、腿训练日，也可以单独训练，如果不喜欢硬拉，也可以将其当作硬拉的替代动作。

健身爱好者可以将其放在背部训练日，也可以安排在核心训练日，请注意尽量做得慢一些，不建议用爆发力完成这个动作。

有一种罗马凳在crossfit馆常见，和传统罗马凳相比，使用这种罗马凳时身体几乎是与地面平行的，动作要领与使用传统罗马凳的类似，但是动作难度有所增加，不适合新手；相比于传统罗马凳，腘绳肌和臀部肌肉（臀中肌）的参与度减小。

4.16 硬拉

硬拉可以安排在背部训练日，也可以安排在腿部训练日，甚至可以单独安排只做硬拉单项的力量训练。本书之所以把硬拉放在"背部肌肉训练"，是因为硬拉这个动作是杠铃、哑铃划船的基础。

准备器械：杠铃、杠铃片

第4章 背部肌肉训练

MEMO

很多新手在练习时容易出现两个问题。

问题1：身体前倾的过程中担心自己会掉下去，这需要慢慢适应练习，如果强行训练，会导致腘绳肌过于紧张甚至抽筋。

问题2：脊柱应尽量保持正常生理曲度，这需要腰腹处前侧、后侧肌肉很好地配合，主要是腹直肌和竖脊肌，同时注意保持呼吸顺畅。

MEMO

躯干不要后仰太多，常见的错误就是腰椎伸展过多，甚至躯干和地面垂直，这样做对腰椎十分不好。

主要涉及肌肉群：竖脊肌、臀大肌、臀中肌和腘绳肌

主要辅助肌肉群：腹直肌、斜方肌、背阔肌、股四头肌（股直肌、股外侧肌、股中间肌、股内侧肌）、前臂肌群（腕屈肌、指屈肌）

MEMO

双手抓握距离基本与肩同宽，但每个人身体比例存在差异，整体上的抓握的原则是尽量保持手臂与地面垂直。通常双手握在大腿外侧附近，杠铃不应该离身体过远，基本上位于踝关节上方附近位置即可。

MEMO

硬拉动作启动阶段类似深蹲，腿部肌肉群参与更多，膝关节和髋关节从屈曲到伸直的过程中，杠铃逐渐远离地面，这个时候承载杠铃重量的主要是腰腹核心区域，所以需要脊柱尽量保持在正常生理曲度，很多人腰部伤病都是在这个阶段发生的。

动作要领和步骤 ●

❶ 正手抓握杠铃，基本与肩同宽，手臂自然下垂，然后屈髋屈膝。

❷ 下肢呈蹲位，双手握紧杠铃，同时挺直躯干，腿发力（伸膝伸髋），脊柱尽量保持正常生理曲度，逐渐将杠铃拉高至髋关节的高度，此时身体已经站直 。

新手在练习硬拉时，身体站直以后，骨盆处于前倾的状态，甚至有些训练者在骨盆前倾时刻意后缩肩胛，导致骨盆前倾角度更大。实际上整个硬拉的过程中脊柱都应该尽量保持在正常生理曲度，骨盆前倾过多对脊柱尤其是腰椎段及骶骨

造成的压力太大。

❸ 屈膝的同时屈髋，将杠铃缓慢放回地面。

训练搭配建议：建议女生练习直腿硬拉，女性运动员另当别论。

训练者可以将其放在背部训练日，也可以安排在核心训练日，也可以单独以力量训练的方式来安排，同时硬拉也可以放在腿部训练日。因为硬拉通常负重较大，所以尽量安排在运动前期和中期，状态不好的时候不要盲目做硬拉，有脊柱问题的人不建议做，或者在专业人士指导下进行。

4.17 硬拉的动作变化——直腿硬拉、宽站距（相扑）硬拉等

直腿硬拉。直腿硬拉的动作要领和屈腿硬拉类似，但直腿硬拉并不是真的把腿伸直，依旧需要屈髋、屈膝，只是屈膝角度没有那么大。直腿硬拉与山羊挺身十分类似，屈膝和屈髋几乎同步进行，脚尖和膝关节朝向尽量保持一致。

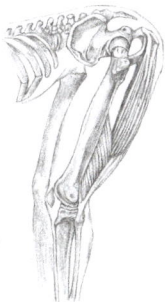

直腿硬拉的过程中，脊柱依旧尽量保持正常生理曲度。和屈腿硬拉相比，直腿硬拉时臀大肌、腘绳肌的参与更多。在屈髋的过程中，新手练习阶段，杠铃下放的位置靠近膝盖即可，小腿尽量和地面垂直。

一般来说，直腿硬拉时的双脚站距基本与肩同宽，站距略宽（宽于肩），腘绳肌内侧参与更多。

宽站距（相扑）硬拉。宽站距硬拉，因为动作看上去很像相扑选手在角力，因此又称为相扑硬拉。从某些方面来说，宽站距硬拉和宽站位深蹲有些类似，与传统硬拉和直腿硬拉相比，宽站距硬拉对身高手长的人来说更容易拉起更大重量。

动作规范的前提下，相较于传统硬拉，宽站距硬拉因为髋外展角度增加，所以对整个内收肌群要求会更高，臀大肌参与度也会增加，对膝关节和腰椎压力相对更小。所以有下背部疼痛问题的健身爱好者，如果非要练硬拉，那么宽站距硬拉是一个不错的选择，但是因为下背部伤病的成因较为复杂，所以最好在专业人士的评估下进行训练。

另外，宽站距硬拉也分为以屈髋为主和以屈膝为主，健身爱好者在练习阶段可以依据身体比例和肌力情况选择。

拉力器硬拉（绳索硬拉）。做拉力器硬拉时，训练者需要在龙门架上使用绳索或者方便持物的手带，然后将器械手柄位置降低，同时背对着拉力器。通常选择宽于肩膀的站位，动作要领和硬拉类似，只是阻力的方向不同，所以向后屈髋的角度可能会更大。很多人在做传统硬拉（包括直腿硬拉）的时候不容易找到核心区发力的感觉，可以试试拉力器硬拉。

　　相对来说，拉力器硬拉是一个较为温和的动作，适合女生训练，也容易找到臀部收缩的感觉，不想做臀桥的也可以试试这个动作。如果觉得背对着拉力器不方便，在学习动作发力阶段也可以尝试正对着拉力器，但要注意保持身体稳定，以免摔倒。

　　负重体前屈（低杆深蹲）。为什么把低杆深蹲放在背部肌肉训练中讨论呢？因为低杆深蹲本质上和直腿硬拉很像。

　　做传统意义上的深蹲时，杠铃位于斜方肌附近；而做低杆深蹲时，杠铃几乎放在三角肌后束的位置，如果沿位移时杠铃的轨迹垂直向下画一条线，基本上就是直腿硬拉杠铃阻力的作用线，所以低杆深蹲更像是负重状态下身体做的前屈动作。

　　哑铃硬拉。做哑铃硬拉时手腕、手肘、肩膀更为灵活，运动轨迹更多，范围也更加广，一般在训练中作为收尾的动作，或者用于热身，通常不会选择过重的哑铃。

4.18　硬拉的握法、护具与安全

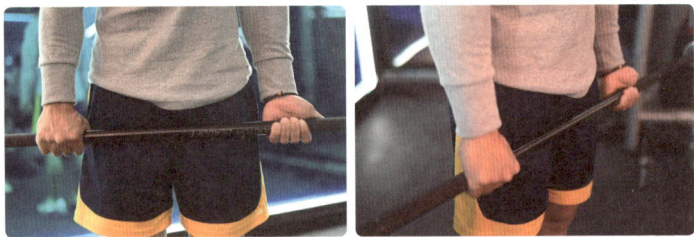

❶ 在没有熟练掌握硬拉动作时不建议用助力带。

❷ 采用正反手的握法可以有效地增加硬拉过程中的抓握力，但是如果硬拉过程中发生杠铃脱手的情况，那么极其容易出现肱二头肌肌腱撕裂的情况，所以在动作学习阶段，训练者应该选择安全合理的重量，不习惯用助力带的训练者也可以采用液态镁粉或者镁粉。

❸ 喜欢大重量训练的训练者请注意，助力带也有可能出现断裂的情况，应该定期更换助力带。

❹ 健身腰带对稳定腰椎很有帮助，但在学习动作的时候应该选择适合自己的重量。肌肉一部分作用就是稳定和保护关节，中低重量训练的时候，不要过于依赖护具。

❺ 一些职业力量举选手会选择"弓腰"的硬拉方式，并没有使脊柱处于中立位，一些力量举选手也会采用这样的做法。但普通健身爱好者要清楚一点，职业选手的腹部肌肉力量是足够支撑他完成这个动作的，并且力量举选手通常采用瓦式呼吸的方式，更有助于整个脊柱的稳定，并且他们已经娴熟地掌握了相关的发力模式。有些职业力量举选手甚至会依据自身的比例特点设计适合自己的硬拉动作。

5

腿部肌肉训练

腿部的骨骼结构其实并不复杂，腿部由大腿和小腿两部分组成。连接髋关节的骨骼称为股骨，我们熟悉的股四头肌、股二头肌，就是附着在股骨上的骨骼肌。小腿则由两部分骨骼构成，即胫骨和腓骨，它们分别位于大脚趾一侧以及小脚趾一侧。很多人跑步或者跳跃以后，小腿正面那块肌肉会酸痛，那块肌肉就是胫骨前肌。本章将系统讲解腿部肌肉的训练方法。

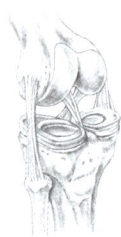

膝关节连接着大腿和小腿，主要负责屈曲和伸展。我们锻炼股四头肌和股二头肌的时候，经常做膝关节屈伸的动作。膝关节是一个铰链关节，只能朝一个方向运动。

髋关节连接着躯干和大腿，由3部分组成，即髂骨、坐骨和耻骨。髋关节的活动范围见表5.1。

表5.1　髋关节的活动范围

动作	活动范围	平面
屈曲	0~120度	矢状面
伸直	0~20度	矢状面
外展	0~40度	额状面
内收	0~25度	额状面
内旋	0~25度	水平面
外旋	0~45度	水平面

髂骨很好辨识，它是圆弧形状结构。双手叉腰就可以摸到左右髋关节处的突起，这就是髂嵴。通常在体态评估中，通过观察左右髂嵴的高度来判断骨盆的对称性。

如果你不偏胖，坐着时会感觉到一块骨头被磨到，这就是坐骨，而那块最容易磨到的地方就是坐骨结节，坐骨结节向前的部分就是耻骨。

左耻骨下支、右耻骨下支和耻骨联合构成的三角形称为耻骨角，中间的耻骨联合是一块纤维软骨板。女性怀孕阶段为了生产做准备，身体会分泌松弛素，松弛素可以增加骨盆韧带的柔韧性，分娩的时候耻骨联合会小范围地打开。男性耻骨角较小，女性耻骨角较大；另外，男女骨盆的形状也有差异，女性的骨盆呈圆柱形，男性的骨盆呈漏斗形。

5.1　认识腿部

髋关节和肩关节类似，都是由一个类似滚珠的结构和一个类似圆窝的结构组成的关节，所以被形象地称为球窝关节。髋关节连接着大腿股骨最上端以及骨盆，主要负责腿部屈伸、外展、内展、旋内以及旋外，当髋关节屈曲时，大腿朝向腹部屈曲。

连接腿部和脚部的关节是踝关节，它与胫骨下端、腓骨以及距骨相连。

股四头肌。你可以将股四头肌理解为覆盖股骨正前方的肌肉，位于大腿前侧，因为有"四个头"，所以被称为股四头肌，它们分别是股直肌、股内侧肌、股外侧肌和股中间肌。"四个头"紧密结合与髌骨相连，主要负责膝关节的伸展，同时也负责髋关节的屈曲。

当然，4块肌肉起、止点有差异，这里比较特殊的是股直肌，它是股四头肌中唯一跨越髋关节和膝关节的肌肉，所以股直肌可以帮助屈髋，同时又可以帮助伸膝。股直肌并没有直接连接在股骨上，它的起点处有两个连接点，分别在髂前上棘和髋臼上缘，止点在胫骨粗隆，所以股直肌的运动方式是相对于髂骨拉动胫骨，并且股直肌在屈髋动作中主要负责稳定身体。例如在上楼梯、跑步时，股直肌为屈髋提供了足够稳定的支撑力，如果股直肌无力，屈髋角度增加之后，腰椎的前凸代偿也会增加。

腘绳肌。腘绳肌位于大腿后侧，主要由三部分肌肉组成，分别是股二头肌、半腱肌和半膜肌，这三部分肌肉覆盖了髋关节和膝关节，所以腘绳肌主要负责髋关节的伸展以及膝关节的屈曲。

单看稳定膝关节的肌群，正面有缝匠肌，外侧有阔筋膜张肌，它们的起点都是髂前上棘，缝匠肌的止

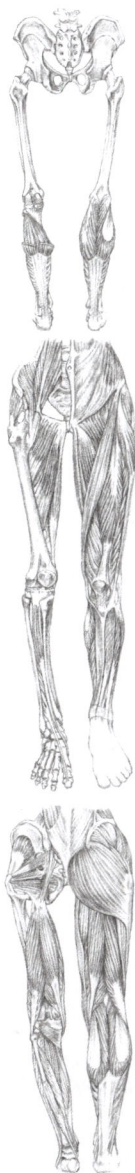

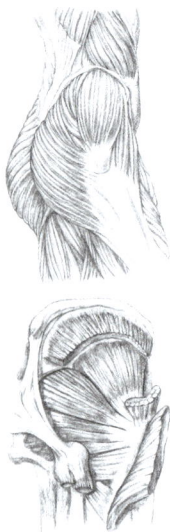

点是胫骨上端内侧面，阔筋膜张肌的止点是胫骨外侧髁；后面有腘绳肌，起点在坐骨结节，止点在膝关节下方的内外侧。股二头肌在大腿外侧，半膜肌和半腱肌在大腿内侧。缝匠肌、阔筋膜张肌和腘绳肌的止点正好包绕着膝关节，这样的连接方式增强了膝关节的稳定性。

臀大肌。臀大肌位于盆骨后方，与髋关节和股骨相连，使大腿在髋关节的位置伸展、外旋。大腿外展的时候臀大肌上部收缩增强，内收的时候臀大肌下部收缩增强，在接下来介绍的动作中，基本上都有臀大肌的参与，它是维持身体平衡、稳定关节的重要肌肉。

臀中肌在臀大肌的里面（深面），臀小肌在臀中肌的里面（深面）。阔筋膜张肌十分容易代偿，例如当臀中肌和臀小肌无力时，阔筋膜张肌就负责髋外展，这样的代偿很容易造成肌肉过于紧张，如果肌肉长期处于紧张状态下，则会导致髂胫束持续紧张，从而让股骨和胫骨外侧空间变小。在这样的情况下如果训练不当，则会增加半月板外侧磨损的风险，因为本身阔筋膜张肌长期紧张就会影响股骨旋内的角度，造成所谓的X形腿，但并非所有的X形腿都是阔筋膜张肌紧张所致，只是这种情况比较常见。

臀大肌、臀中肌和臀小肌都是负责髋外展的肌肉。测试臀中肌是否有力的一个经典动作就是双手叉腰下台阶，这时观察双手的位置，尽量保持在一个平面内，而不是向一侧倾斜，因为臀中肌最基本的一个功能就是单腿站立时稳定骨盆。而有的人在走路过程中髋骨上下晃动，很大原因是臀中肌无力。臀中肌无力在老年人中比较常见，走路

MEMO

什么是背屈和跖屈？这是主要用于形容踝关节运动方位的术语。背屈指的是足尖向小腿骨前方的运动，俗称勾脚尖。跖屈指的是脚背绷直，足尖向下，俗称绷脚尖。

时明显会出现所谓的"鸭子步"，如果同时伴随腰臀处疼痛，那么就应该考虑是否为臀中肌劳损。

小腿肌群。胫骨前肌负责踝关节伸展（勾脚尖）以及脚（足）内翻，在步行中负责维持足弓的平衡。

腓肠肌（浅层肌肉）和比目鱼肌（深层肌肉）被称为小腿三头肌，跖屈的时候，小腿三头肌整体收缩。

5.2 杠铃颈后深蹲

准备器械：杠铃、杠铃片

主要涉及肌肉群：股四头肌、臀大肌、腘绳肌

主要辅助肌肉群：腹直肌、腹内斜肌、腹外斜肌、腹横肌、竖脊肌、内收肌（长收肌、大收肌、短收肌）、股薄肌、阔筋膜张肌

动作要领和步骤 ▶

❶将杠铃放置在颈后斜方肌处，注意不要压着颈椎，双脚自然分开站立，站距通常等肩宽或者略宽于肩。

❷屈髋，屈膝，慢慢向下蹲，下蹲至大腿和地面近似平行。

MEMO

确认双腿在一个平面，脚尖和膝关节屈曲方向基本一致。

MEMO

试着想象自己将要坐在身体后方的一个小凳子上，下蹲的过程中注意膝关节的稳定性，尽量不要扭动。

对于健身爱好者来说，下蹲到大腿和地面平行即可，或者髋关节和膝关节在同一平面，这时臀大肌的张力是最佳的。力量举爱好者可以依据自身比例、关节活动度和比赛规则，下蹲至髋关节低于膝关节。

❸ 保证膝关节稳定的前提下，伸膝、伸髋，直到站直。

呼吸：做硬拉、卧推、深蹲这类负重较大的动作时，在发力阶段可以习惯性地憋气，训练者通常采用瓦式呼吸方式，但不要憋一口气完成多次试举，这样十分危险。

训练搭配建议：女生完全可以不负重做杠铃颈后深蹲，这是一项众多肌肉参与的动作，建议不要着急，先把动作熟练掌握。

健身爱好者可以单独将其安排在力量训练日做深蹲或者深蹲 + 硬拉的专项力量训练。

也可以放在腿部训练日，在熟练掌握动作之前，请理性负重，不要盲目试举大重量。

5.3　下蹲动作（深蹲）中的常见问题

❶ 膝盖是否超过脚尖？

很多力量举选手以及职业健美运动员在做深蹲的时候都会有膝盖超过脚尖的问题。早期研究认为，膝盖超过脚尖以后，膝关节压力会增加，一些健身教练培训机构编写的教材中也反复强调膝盖不应该超过脚尖。其实很多职业选手在深蹲的过程中并未刻意关注膝盖是否超过脚尖，但他们的发力模式是正确的，否则也不可能举起那么大的重量，所以让我们换个角度来思考这个问题。

在日常教学中我发现，很多人确实存在膝盖超过脚尖的情况，并且可以肯定的是，他们这么做的时候的确对膝关节造成过大的压力，不排除引起伤病的可能性，主要是由于他们只是"模仿式"地完成了下蹲动作，而关节在完成这个动作期间承担了所有压力。

常见的成因几乎都出在屈髋上，并且大部分人腘绳肌无力，腰腹核心处的肌肉也无法很好地起到支撑、承重的作用，导致在完成下蹲的过程中，在初始阶段过度注意膝关节的弯曲，而没有很好地屈髋（你可以理解为向后撅屁股），有的人甚至会在下蹲的过程中踮起脚尖（核心肌肉群的问题），导致重心偏移过多。所以从学习动作阶段开始，健身教练就应该观察训练者的动作发力是否正确，顺着这个思路我们来看下一个问题。

❷ 练习负重深蹲之前，是否应该先把自重下蹲练好？

如果你连自重（对抗自身体重）下蹲都无法标准完成，那么做负重深蹲是很危险的。

很多场景下我们都要完成下蹲动作，例如上厕所、捡东西、搬快递，在完成这类下蹲动作的时候，我们会本能地选择一种最舒服的方式去做。而深蹲训练则恰恰相反，尽管都是下蹲，但在训练的时候，根据技术动作的要求，通常会采用让你感觉吃力、不舒服的方式进行下蹲。

你在没有把动作练熟的情况下就开始负重下蹲，并没有办法很好地通过正确的发力顺序来控制运动轨迹，你只是在本能保证自己安全的前提下，完成了下蹲和站起来的动作。当然不排除有些运动神经发达的人可以在这样的情形中逐渐学会正确深蹲，但对大部分人来说，这样的学习成本太高。这也是为什么很多人在做下蹲动作的时候，先屈膝，然后臀部几乎直接向下。

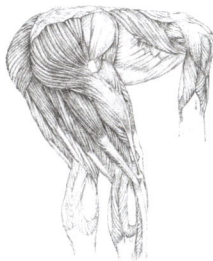

在学习动作的阶段，"膝盖不超过脚尖"是一个不错的标准，教练通常会用这样的标准引导学员，但这并不是唯一标准，教练还要兼顾观察躯干、核心、膝关节的稳定，以及臀大肌、腘绳肌在动作位移中是否很好地参与，所以我通常会这样建议做下蹲训练。

首先，确定两个脚站在一条线上，同时脚尖朝向要与膝关节屈曲方向基本一致。

其次，先屈髋然后慢慢屈膝，新手在练习动作阶段，依旧是下蹲到大腿和地面基本平行即可。但是请注意，实际上屈髋和屈膝基本上是同步进行的，而我所说的先屈髋，你可以理解为"话术引导"，因为大部分人在练习下蹲阶段不会屈髋，常见的错误就是先屈膝，髋关节角度几乎不变，这就相当于扛着杠铃下跪一样。下跪时是先屈膝的。

在负重深蹲练习的过程中，为了保持重心位置，屈髋和屈膝基本上是同步进行的。这里还有一个常见的错误，那就是屈髋角度不够，或者骨盆产生过多的旋转，这就很容易导致两个问题：一个问题是脊柱压力过大，尤其是腰椎部分（腰4、腰5、骶1，L4、L5、S1），很多人腰椎膨出或者突出，出问题的就是这个位置；另一个问题是，下蹲的过程中脊柱需要尽量保持在生理曲度范围内，如果髋关节与膝关节的"配合"出现问题的话，则很有可能导致脊柱无法保持正常的曲度，并且重心开始向前偏移。

最后，动作练习阶段，依据自己的肌力、关节活动范围和协调性，下蹲至大腿与地面几乎平行即可。这时也可以停顿1~3秒，这种静力对抗的训练，在动作练习阶段很有帮助，但需要注意的是保持关节的稳定性，尤其是髋关节和膝关节，同时尽量保证小腿几乎是互相平行的，在随后伸膝、伸髋站起时，只向上发力即可。不建议（新手）在下蹲站起的一瞬间，髋关节和膝关节角度变小。

❸ 下蹲学习过程中常见的问题。

常见的问题之一是身体前倾过多。身体前倾过多一部分原因是腘绳肌、臀大肌缺少锻炼，功能性和肌力都偏弱，以及整体下肢后侧的肌肉过紧，另一部分原因则是核心区肌肉群没有起到很好的承重作用，这种情况在负重下更明显，常出现在下蹲至大腿与地面平行以后伸膝、伸髋站直的过程中。如果是腘绳肌无力导致的身体前倾，在学习动作阶段可以采用垫高脚后跟的方式，这种方式同样也适用于踝关节活动受限的人。另外，也可以在下蹲过程中扶着固定物，或者抓住TRX悬挂带再感受腘绳肌的参与。

核心区肌肉无法很好支撑的问题，即便在健身老手身上也很常见，实际上负重过大的时候，身体肯定会前倾，但如果重量在10RM左右的时候（也就是在这个重量下你可以将标准动作完成10次）身体依旧前倾过度，那么基本上可以判断你的腹部肌肉，尤其是腹直肌参与不足。或者说如果在完成深蹲时，你丝毫没有感觉到核心前侧肌肉参与，那么说明你下蹲动作还没有掌握。

另外，在学习下蹲动作的时候，身体没有过度前倾，但无法很好地控制重心，总有站不稳的感觉。这一般也是腘绳肌无力的表现，还有一种可能性则是踝关节活动范围不够（例如足背屈受限），暂时解决的办法就是垫高脚后跟。还有一种可能就是稳定踝关节的肌肉功能性偏弱。

❹ 深蹲伤膝盖吗？

深蹲是很多肌肉群参与的动作，也是难度相对较大的动作，训练者学习深蹲的时间成本很高。当你掌握好深蹲所有动作要领，对整个下肢以及核心区来说是很好的锻炼。肌肉锻炼本身对保护关节有着重要的意义，所以如果你循序渐进地训练，不贪多、不贪重，那么深蹲只会让你受益而不会让膝盖受损。

往往深蹲过程中膝盖受伤的根本原因是膝关节不稳定，除了因为重量选择过大之外，一部分原因是很多人在下蹲的过程中几乎就是"自由落体"。完全不控制的下蹲行为，导致最终承重的就是膝关节的韧带、软骨、关节囊和肌腱。另一部分原因则是在下蹲后站起的阶段，股骨不断旋内、旋外，使膝关节向左右方向的扭转增加。上述的这几种情况偶尔出现一次可能无伤大雅，也在关节的承受范围内，但大部分人的膝关节伤病都是累积伤，所以练习下蹲时，打好基础非常重要。

5.4　杠铃颈后深蹲的动作变化——杠铃颈前深蹲

整体来说，杠铃颈前深蹲难度更大一些，建议掌握杠铃颈后深蹲以后再考虑练习杠铃颈前深蹲。

杠铃颈前深蹲是将杠铃放置在肩部前方进行深蹲，通常的负重方式有两种，一种是放置在三角肌前束的位置，同时双臂交叉扶住杠铃，然后进行下蹲；另一种放置位置无差异，只是手部抓住杠铃，然后上臂抬高，肘关节上抬。后者在举重和crossfit中常见，或者在高翻练习中经常使用，对肘关节、腕关节活动度要求较高，所以一般建议使用第一种负重方式。

相比于杠铃颈后深蹲，杠铃颈前深蹲时股四头肌的参与更多，同时也侧重于锻炼核心区前侧，尤其是腹直肌（整个腹臀前侧肌肉）和前锯肌，对于前蹲时稳定躯干的帮助很大。在学习深蹲动作阶段，如果感觉肩部承重过大，重心不好控制，可以采用史密斯机练习。

未必只能用杠铃做颈前深蹲，也可以双手提壶铃或者托举哑铃做。如果想在下蹲中锻炼更多的肌肉群，增加核心区的参与度，也可以试着做挺举或者抓举。深蹲、硬拉、提拉、高翻这些动作本身就是由举重动作拆分出来的。

5.5 腿举（仰卧倒蹬）

准备器械：倒蹬机（腿举机）

主要涉及肌肉群：股四头肌、腘绳肌

主要辅助肌肉群：臀大肌、内收肌、股薄肌、阔筋膜张肌

动作要领和步骤 ●

❶仰卧在倒蹬机上，确保躯干（尤其是臀部）可以稳定地靠在倒蹬机上，双脚放在倒蹬机踏板上，基本与肩同宽。

❷腿部用力（伸膝）蹬踏板，同时松开保险杠，此时膝关节接近伸直的状态，然后随着吸气逐渐弯曲膝关节，慢慢将踏板下放至与大腿平行。

MEMO

使用倒蹬机的过程中，重量选择过大或坐姿存在问题可能会导致髋关节和腰椎受到的压力较大，所以要确保身体稳定靠在器械座椅上。同时倒蹬机品牌不同，设计略有差异，开始训练前要熟悉倒蹬机保险杠的位置，如果出现意外，可以确保第一时间拉保险杠。

MEMO

膝关节弯曲过程中尾骶骨以及臀部不要离开倒蹬机靠背和座椅。

❸ 保证髋关节、膝关节稳定的前提下，用力蹬踏板，直至双膝接近伸直的状态。

❹ 保证髋关节、膝关节稳定的前提下，慢慢屈膝，重复刚才的动作，让踏板靠近身体。

训练搭配建议：因为动作安全性较高，所以女性也完全可以做腿举，但需要注意一点，很多女生做腿举的时候有个不好的习惯——夹腿（运动位移过程中股骨旋内），这样会对膝关节产生较大压力。

对于健身爱好者来说，腿举可以放在腿部训练日，通常腿举可以比深蹲承受更大的重量（深蹲是远固定动作，腿举是近固定动作），因为固定器械轨迹也是固定的，所以肌肉受到的压力比较小，动作难度不那么高，并且训练者比较好掌握发力方法，不用考虑重心的问题。如果不喜欢深蹲又想很好地锻炼下肢力量，可以考虑做腿举。

5.6　腿举中常见的一些细节问题

腿举时，很多人在重量选择较大的时候，习惯性地用手去推膝关节（髌骨），甚至有些教练在帮助训练者发力的时候也会推膝关节，这是很危险的！尤其在腿部伸直的过程中，这样盲目地推很容易给膝关节造成额外的切力，直接导致腿部骨折。腿举的人如果想获得助力，应该尽量抓住两边的把手，教练如果做安全辅助，应该尽量用手去推踏板，而不是接触训练者的身体。如果重量过大时需要双臂保护、助力，可以尝试双手放在膝关节上方，这样的话膝关节屈伸过程中推的方向和阻力的方向一致。

不建议腿部（膝关节）完全伸直。腿举的过程中，股四头肌持续紧张即可，不建议把腿完全伸直，尤其是膝关节超伸的人。

动作调整。很多人在松开保险杠把腿伸直以后，发现身体没有调整好（包括双脚的距离），然后在负重的状态下开始重新调整身体，这样是很危险的。我曾目睹过两次伤病都是在这时发生的，如果需要调整动作，不要嫌麻烦，挂上保险杠后再进行调整。

单侧（腿）腿举。单侧腿举的时候，臀中肌和臀大肌参与度增加，同时也可以更密集地安排训练（因为你有两条腿，所以可以一侧动作做完后做另外一侧），但要注意安全，因为单侧腿举需要更好地控制身体重心和平衡，也可以采取侧卧位单腿蹬的方式，但是请注意，这个动作不适合新手。

调节座椅角度。因为每个人的身材比例有差异，所以在增加负重片之前应该将座椅调节至适合自己的角度，可以试举几次，主要是为了防止负重后腹腔压力增加、呼吸不畅，如果肚子较大，应该将座椅向后调节得多一些。

调整发力时脚掌在踏板的重心。如果在用力蹬踏板的时候，将重心更多放在脚后跟上，那么腘绳肌和臀部肌肉群的参与度会增加；如果将重心更多放在前脚掌上，股四头肌的参与度则会增加。当然，这种"细节"并不绝对。一方面和练习者自身的关节活动度、肌肉功能性和紧张程度等问题相关，另一方面也和不同品牌的器械设计差异相关。

调整脚在踏板上的位置。一般来说，双脚踩在踏板低处时，股四头肌的参与度增加；如果双脚位于踏板较高的位置，臀大肌、臀中肌、腘绳肌的参与度增加。在膝关节屈伸的过程中，尽量保持小腿之间是互相平行的，这样左右髋关节外展角度才一致。

双脚的距离基本与肩同宽时，整个腿部肌肉的参与度是差不多的；如果双脚的距离增加，那么大腿内收肌群、缝匠肌的参与度会增加。同样，你在练习阶段未必有和上述一致的感受，常见的原因是不同品牌器械设计上存在差异，另外可能就是肌肉功能性、肌力失衡和关节活动度的问题了。例如一个人存在膝内翻或膝外翻的情况，那么他即便在不负重的情况下，关节也无法对力对线，在负重的情况下只会更糟。

5.7 腿举的动作变化——哈克深蹲

哈克深蹲一般分为正向和反向两种，区别在于是面对器械还是背对器械。通常哈克深蹲机在肩部处有个靠垫稳定身体，由于器械的设计差异，有的训练者面向器械的时候，主要做的是伸髋深蹲，类似直腿硬拉，整个大腿后侧肌肉（从臀大肌到腘绳肌）的参与度较高。一般来说，面对这类哈克深蹲机时像深蹲那样做，也就是屈膝、屈髋角度差不多，也是可行的。但是你应该观察这个器械是否有靠背，如果有，就靠在靠背上，然后调整好双脚距离，伸膝的同时松开保险杠再下蹲。

不论做正向哈克深蹲还是反向哈克深蹲，都需要养成一个好习惯：不要着急屈髋屈膝，而是先确认双脚距离是否合适，脚尖朝向是否和屈膝方向一致，肩膀在靠垫上的位置是否正确，自己是否熟悉保险杠的位置等。

一般训练者背部朝向器械、脸朝外的是正向哈克深蹲，动作以屈髋屈膝为主，下蹲到大腿和脚踏板平行即可，同时双腿的夹角约为90度，或者略小于90度。整体来说做正向哈克深蹲时股四头肌参与更多。

一般训练者面部朝向器械、背部朝外的是反向哈克深蹲，动作通常以屈髋为主，臀大肌和腘绳肌参与更多。

5.8 坐姿腿屈伸

> **MEMO**
> 通常腿屈伸机有两个部分可以调节，一个是固定踝关节的部分，另一个是座椅的靠背。调节后，确保背部紧贴在座椅靠背上，躯干保持稳定。

准备器械：腿屈伸机

主要涉及肌肉群：股四头肌

主要辅助肌肉群：胫骨前肌

动作要领和步骤 ●

❶ 坐在腿屈伸机的座椅上，固定住腿部（脚踝），调节角度，让膝关节屈曲90度或者略小于90度。

❷ 腿部发力伸膝，由屈曲逐渐伸直，保持姿势1~3秒，让股四头肌静力收缩。

❸ 慢慢屈曲膝关节，回到初始位置。

> **MEMO**
> 要慢慢屈曲膝关节，尤其在负重大的情况下，如果膝关节屈曲过程中不控制速度，整个膝关节包括韧带组织极有可能受伤。在屈伸过程中不要过多地扭转（股骨旋转）。

MEMO

先检查一下器械的配重片是否合适，尤其在脚踝固定处没调好的情况下，负重过大会增加膝关节所受压力，容易导致受伤。踝关节的固定装置通常由圆形的海绵包裹的滚轴制成，建议调整器械时反复屈伸多次，因为在腿屈伸的过程中滚轴的位置会变，多次屈伸有助于将器械调整到合适的位置。

MEMO

要慢慢伸直腿，不要让配重片"自由落体"。

训练搭配建议：有些女生会担心腿变粗，尽管这个担心有些多余，但也可以考虑不把坐姿腿屈伸安排在训练计划中。

健身爱好者可以将其放在腿部训练日，这是一个很好的单独刺激股四头肌的动作，甚至会比深蹲更容易刺激到股四头肌。

5.9　俯卧腿屈伸

准备器械：腿屈伸机

主要涉及肌肉群：股二头肌

主要辅助肌肉群：臀大肌、腓肠肌

动作要领和步骤 ●

❶ 俯卧在座椅上，脚踝固定。

❷ 膝关节从伸直到屈曲，此时脚后跟到臀部的距离逐渐缩短，感受大腿后侧肌肉最大限度收缩即可（一般膝关节屈曲角度小于90度或者接近90度），此时最好让腘绳肌静力收缩1~3秒。

❸ 慢慢伸直膝关节，回到初始位置。

训练搭配建议：有些女生会担心腿变粗，尽管这个担心有些多余，但也可以考虑不把俯卧腿屈伸安排在训练计划中，但如果想塑造腿部线条，建议尝试这个动作。

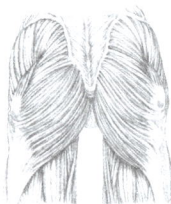

健身爱好者可以将其放在腿部训练日，这是一个很好的动作，能单独刺激大腿后侧肌肉群。

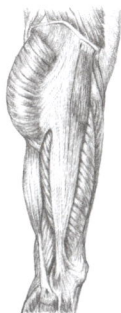

5.10　俯卧腿屈伸的动作变化——坐姿和站姿

腘绳肌训练中，比较常见的器械是俯卧位的腿屈伸器械，坐姿和站姿的器械不是很常见，但它们的动作原理都是一样的。

坐姿腿后屈。相比于俯卧腿屈伸，坐姿腿后屈更适合腰椎不好的人。如果你在做俯卧腿屈伸时腘绳肌过于紧张甚至抽筋，那么可以尝试坐姿腿后屈。

站姿腿后屈。在站姿的状态下做腿后屈，可以针对一条腿进行训练，请注意，站姿腿后屈不适合骨盆测量或者脊柱侧弯的人。

5.11　哑铃箭步蹲

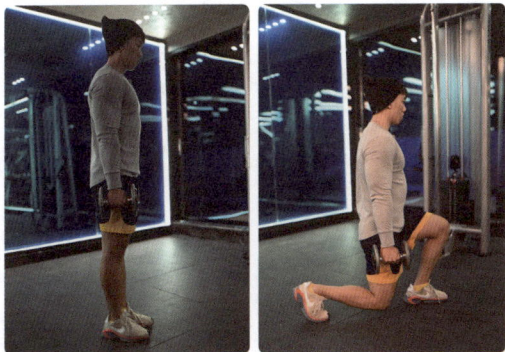

MEMO

在练习阶段可以不负重做箭步蹲，因为这个动作对核心区稳定性和协调性有要求，所以建议动作练熟后再负重。可以想象一下自己在用一条腿做深蹲，前腿主要负责屈膝完成深蹲动作，后腿则负责保持平衡。脊柱尽量保持正常生理曲度，动作要领和深蹲一样。

MEMO

不要耸肩（肩胛上提）。

准备器械：哑铃

主要涉及肌肉群：股四头肌、腘绳肌、臀大肌

主要辅助肌肉群：核心、臀中肌、内收肌、股薄肌、阔筋膜张肌

动作要领和步骤 ●

❶ 双手持哑铃，双脚与肩同宽站立，双臂自然下垂。

❷ 一只脚向前迈出，膝关节屈曲至前腿大腿与地面基本平行即可，后腿屈膝。

❸ 双腿伸膝，站直以后，后腿向前迈，回到初始姿势（双腿平行）。

❹ 另外一只脚向前迈，重复刚才的动作。

训练搭配建议：建议女生在熟练掌握动作以后，可以做该动作，以锻炼臀部和腿部。

健身爱好者可以将其放在腿部训练日，通常哑铃箭步蹲放在训练的最后，用于再次锻炼腿部的力量。

5.12　哑铃箭步蹲的动作变化

哑铃负重（哑铃片负重）相较于杠铃负重更容易一些，杠铃颈后箭步蹲对核心区的要求更高，同时负重可以更大。实际上箭步蹲的负重选择是很灵活的，用壶铃、牛角包，甚至双手持哑铃片都可以。

也可以做单侧负重箭步蹲，要求负重一侧的手臂始终上举，或者在迈腿下蹲的过程中，负重的手臂完成一个上举的动作（类似单臂做哑铃推举），这对核心区的平衡性、协调性的要求更高，属于箭步蹲的进阶动作。

MEMO
后腿不着急向前迈。在学习阶段，正确步骤是：站直（双腿平行）—迈腿—下蹲—站直（腿一前一后）—双腿平行—迈另一条腿。

迈步的变化。如果迈步较大，腿部屈伸过程中股四头肌参与较多；如果迈步较小，则臀部肌群以及腘绳肌参与更多。

练习方式变化。可以向前迈步做该练习，也可以原地做该练习，例如迈出左腿后完成单腿屈伸，然后收回左腿，此时双腿回到原地，再迈出右腿。也可以单侧（单腿）反复练习，例如迈出左腿，完成屈伸下蹲，站起后继续下蹲，单侧重复10次以后，再做另外一侧。

5.13 坐姿提踵

准备器械：提踵机

主要涉及肌肉群：比目鱼肌

主要辅助肌肉群：腓肠肌

MEMO
合理配重以免发生小腿抽筋的问题，双脚距离基本与髋同宽即可。通常这类器械固定好之后，能灵活运动的关节只有踝关节。

动作要领和步骤

❶ 合理选择配重，坐在器械上，大腿固定在挡板上，将双脚前脚掌踩在踏板上，脚后跟略微下沉，感觉小腿肌肉略微拉长即可。

❷ 慢慢踮起脚尖，此时小腿肌肉最大限度地收缩。

❸ 慢慢放下脚后跟，回到初始位置。

训练搭配建议：女生通常不会很喜欢这个动作，

因为担心小腿会变粗。

健身爱好者可以将其放在腿部训练日，也可以单独放在任意训练日。注意控制训练强度，很多人在训练后容易出现小腿抽筋的情况。

5.14 坐姿提踵的动作变化

负重方式的差异。任何负重方式下的提踵都可以锻炼小腿肌肉群。如果没有提踵机，可以在史密斯机上进行站姿提踵，也可以利用倒蹬机进行提踵训练，但膝关节超伸的人不建议用倒蹬机练习。

施瓦辛格做过骑人提踵：需要一个支撑物（帮助俯身屈髋，略微屈膝），通常是长椅，双手放在长椅上支撑身体，躯干基本上与地面平行；因为这个时候需要一个人骑在身上，显然你的重心位置和平衡受他影响，所以不要让骑在上面的人乱晃，然后在这个姿态下提踵。

如果想增加提踵的阻力，可以试着放置一些平稳的踏板，然后前脚掌踩在踏板上，脚后跟抬高留出部分空间，以增加踝关节的活动范围。

脚尖的方向。脚尖向前的时候，整个腓肠肌参与较为平均；脚呈内八状的时候，腓肠肌外侧参与更多；脚呈外八状时，腓肠肌内侧参与更多。

膝关节的屈曲和伸直。膝关节相对伸直的时候，比目鱼肌参与度减少，腓肠肌参与度增加；膝关节屈曲时，比目鱼肌参与度增加，腓肠肌参与度减少。

第6章

手臂肌肉训练

健身的人很在意手臂的粗细，例如很多健身的人会互相询问臂围，他们比较的其实是肱二头肌和肱三头肌的体积。本章将系统讲解手臂肌肉的训练方法。

手臂分为上臂与前臂，也就是肱骨段和下面的尺桡骨段。三角肌三束的起点各不相同，但是止点都是肱骨的三角肌粗隆，三角肌粗隆的位置就在肱骨上段的1/3处，同时三角肌前侧下端基本上被肱二头肌包围，三角肌的后侧下端基本上被肱三头肌包围。从某些角度上来说，线条漂亮的上臂，必须有较为发达的三角肌以及肱二头肌和肱三头肌，仅从审美角度来说，它们几乎是互相衬托的关系。

6.1 认识手臂

手臂主要由上臂和前臂两部分构成。

上臂由肱骨构成，附着在肱骨上的骨骼肌主要就是我们熟知的肱二头肌和肱三头肌，前臂由两根骨头构成，分别是桡骨和尺骨。

肘关节连接整个肱骨、桡骨和尺骨，也是一个铰链关节，通常在擒拿、柔术中提到的反关节指的都是铰链关节。你可能会想肘关节是可以转动的呀。实际上这是通过盂肱关节上肱骨的旋转完成的，肘关节可以完成的动作只有屈伸，所以肱二头肌和肱三头肌的训练动作本质上就是不同角度的屈伸。

肱二头肌。 肱二头肌由"两个头"（两部分）构成，分别是短头和长头，靠近胸部的是短头，另一个则是长头。肱二头肌短头的起点位于肩胛骨喙突，肱二头肌长头的起点位于肩胛骨盂上粗隆，止于桡骨粗隆和前臂筋腱膜。

喙突是可以用手触摸到的，它在锁骨远端最凹处下方一厘米处。从正面看肩胛骨，喙突如同手指一般突出。喙突是肩关节上很多肌肉和韧带的附着处，喙突处附着的肌肉有胸小肌止点、喙肱肌起点以及肱二头肌短头的起点。

通常我们认为肱二头肌就是帮助屈肘的肌肉（双关节肌），但是通

过附着点不难发现，肱二头肌的两个头均附着在
肩胛骨上，所以也负责肩关节的屈伸，肱二头肌
的长头肌腱附着在肱骨上方，所以肱二头肌会因
为肩关节挤压而受伤。通常肱二头肌肌腱炎触诊
时主要检查部位也是长头的起点，同时冈上肌的
肌腱在肩峰和肱骨头间，如果冈上肌受伤则会导
致肱骨上移。

有些人肱二头肌的长头和短头明显分离，例
如施瓦辛格，但很多人则没有明显分离，这绝大多数由基因决定，但
并不严重影响肌肉的功能。

肱三头肌。肱三头肌由"三个头"（3部分）构成，分别是长头、
内侧头、外侧头。长头起点在肩关节窝的部位（肩胛骨盂下结节），
外侧头起点在肱骨体后面桡神经沟外上方，内侧头则起自肱骨后面
桡神经沟内下方。如果你将手臂伸直，或者观察健美运动员伸直的手
臂就不难发现，这三个头在末端相交形成一个单一的肌腱，将肘关节
和尺骨的鹰嘴突相连。

肱三头肌一部分的运动也与肩胛骨相关，当肘关节伸展（伸直）
和伸肩的时候，肱三头肌的功能也就显现出来，除了负责伸肘之外还
负责伸肩，当然最主要的功能还是负责肘关节伸展。当肘关节弯曲的
时候，主要负责的肌肉群则有肱二头肌、肱桡肌和肱肌。肱三头肌的
三个头都可以负责伸直肘关节，包括附着在肩胛骨盂下结节的长头。

前臂肌肉群。前臂肌肉群按照功能分为两部分，一部分负责腕部
运动，例如腕屈肌群和腕伸肌群，另一部分负责手指运动，例如指屈
肌群和指伸肌群。

6.2　肱二头肌——杠铃弯举

准备器械：杠铃

主要涉及肌肉群：肱二头肌

MEMO

双手抓紧杠铃，腕屈肌群和指屈肌群是重要的协同肌群，腕关节微屈或尽量保持在中立位。

MEMO

感受肱二头肌最大限度地收缩，屈肘角度小于90度。在练习动作阶段，躯干尽量稳定。

主要辅助肌肉群：肱桡肌、肱肌、腕屈肌、指屈肌、三角肌前束

动作要领和步骤 ●

❶ 站姿，反手持杠铃，握距基本与肩同宽，挺胸并且略微屈肘。

❷ 逐渐弯曲肘关节，将杠铃抬高至接近肩膀。

❸ 缓慢放下杠铃，伸直手臂，回到起始位置。

训练搭配建议：适合女生训练，每组10~15次，共3~5组。

健身爱好者可以将其放在手臂训练日、肱二头肌训练日，也可以在背部训练后增加肱二头肌的训练，因为背部训练中，肱二头肌是重要的协同肌肉。

6.3 肱二头肌训练的动作变化和细节

握距：一般来说，较宽握距锻炼肱二头肌短头更多，较窄握距锻炼肱二头肌长头更多。握距从本质上来说和肩关节（盂肱关节）的活动度相关，对应的就是肩宽。

握法：掌心相对的锤式握法可以让肱肌和肱桡肌的参与度增加。

宽握距

窄握距

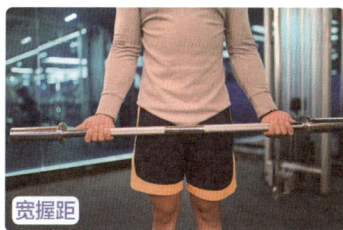

肱肌与肱二头肌。肱肌在肱二头肌下半部深面，肱肌的起点在肱骨下半部的前面，止点在尺骨粗隆，如果将肱二头肌"剥离"，我们就可以看到肱肌。实际上肱肌在屈肘时作用比肱二头肌更大，一部分原因是肱二头肌止点在桡骨上，而肱肌的止点在尺骨上（前臂旋前、旋后主要是桡骨转动），由于止点的差异（旋内、旋外对肱肌的长度和产生力量无影响），加上肱肌本身面积比肱二头肌大，也就是说只要屈肘，肱肌就会全力以赴，并不会像肱二头肌那样，受到肘关节旋转的影响。

在对抗阻力的时候，神经系统会选择合适的肌肉去执行对抗阻力的任务，但是不论阻力大小，前臂在正中位的时候（拇指朝上），肱肌都是所有屈肘肌中最佳的选择。如果肘关节屈曲时对抗的阻力需要旋外（旋后）动作时，神经系统会选择肱二头肌，因为它的止点在桡骨上。

上半身是否可以晃动。在学习动作阶段，尽量保持站姿弯举时脊柱的正常生理曲度，但在负重较大的过程中，上半身几乎都会略微晃动，类似硬拉一样屈髋伸髋，这样做可以利用一定惯性（伸髋增加了向上的力）完成弯举，以试举更大的重量。

曲杆杠铃弯举。曲杆的握法更灵活，掌心的朝向根据抓握的位置会产生变化，既可以掌心完全朝上，也可以掌心略微相向。曲杆杠铃弯举更倾向于锻炼肱二头肌长头和肱肌，相对来说也减少了腕关节的压力。

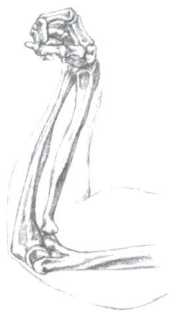

哑铃弯举。可以选择站姿也可以选择坐姿，动作要领与杠铃弯举一致。哑铃弯举时腕关节更为灵活，在起始阶段可以采用掌心相对的锤式握法，屈臂的过程中逐渐旋转手腕。本书建议应该尽量翻转手腕（肘关节旋外增加），这样可以更好地刺激肱二头肌。可以双臂同时弯举，也可以双臂交替弯举。

坐姿哑铃斜板弯举。坐在可调节座椅上，靠背与椅面形成的夹角略微大于90度即可，可依据自身关节活动度和肌肉感受确定具体角度。有些训练者将角度调得略大以后，肱二头肌起点处的肌腱拉扯感过于强烈，容易造成肩关节损伤。背部紧贴在靠背上，上臂与地面垂直，此时肱二头肌的做功会增加，肱二头肌下部（靠近肘关节的位置）参与度增加。

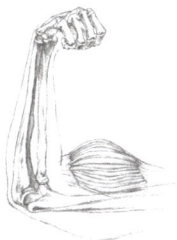

　　龙门架（拉力器）肱二头肌弯举。与传统的哑铃、杠铃弯举相比，龙门架肱二头肌弯举时，阻力始终保持不变，对脊柱造成的压力也更小，但需要注意两个细节。

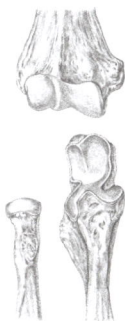

　　第一，身体（躯干）尽量保持与拉力线平行，保持肘关节的稳定，否则三角肌、斜方肌以及竖脊肌的不必要的代偿增加。

　　第二，注意手柄的选择。有些手柄有中轴设计，也就是在弯举过程中手柄的中轴会旋转，这样就不用过多旋转手腕，减少了指屈肌群和腕屈肌群的参与。如果手柄没有中轴设计，则要试举几次，调整好动作至顶

峰时腕部屈曲的角度。

托臂弯举。托臂弯举有三种形式，主要都是为了稳定肱骨部分，让肘关节不会过多地前后移动，以此达到单独刺激肱二头肌的目的。

施瓦辛格"带火"了一款产品——挂在脖子上的托臂器，托臂器有一根绳子，绳子下面悬挂了一个托板，挂在胸前，绳子可以调节长度，用于稳定肘关节。托臂器的缺点是，固定在颈部的带子会增加脊柱的压力，尤其是颈椎段和胸椎段脊柱的压力。当负重较大时，躯干很容易前屈。并且托臂器的托板横放在肋弓下缘的位置，也会增加腹腔压力。如果代偿发力过多，托臂器还容易向一侧倾斜。

器械托臂弯举的负重方式分为两种，一种是类似龙门架拉力器的固定配重片，另一种则是用杠铃或者哑铃自由配重，两者的差异在于，拉力器配重片阻力在弯举过程中不会变化，而自由配重相对来说难度略大一些。在学习动作阶段需要注意的是，托臂弯举前要依据自身比例调整好座椅的高度，让腋下卡住托板边缘，将上臂固定在托板上，在弯举过程中不要移动上臂，同时在做离心收缩（手臂伸直）时尽量慢一些，下放角度（肘关节）在160度左右。

锤式弯举、正手弯举。锤式弯举（掌心相向）侧重于肱桡肌和肱肌的练习，通常采用哑铃，也有一些经过设计的杠铃器械支持锤式握法，也可以利用可掌心相对持握的哑铃片完成弯举。

用杠铃时通常采用正手握法，握距等肩宽，对手臂正面肌肉群的刺激更多，主要锻炼肌群有桡侧腕短伸肌、桡侧腕长伸肌、尺侧腕短伸肌等，肱二头肌、肱桡肌和肱肌则作为协同肌肉群。

"21响礼炮"。"21响礼炮"是一种训练肱二头肌的方法，包括以下三步。

第一步，做"前半程"弯举，也就是肘关节从180度（个人建议160度）屈曲至90度，完成7次。

第二步，做"后半程"弯举，也就是肘关节从90度屈曲至肱二头肌收缩最大限度，完成7次。

第三步，做"全程"弯举，也就是肘关节从180度屈曲至小于90度或肱二头肌收缩最大限度，完成7次。

无间歇完成21次，这种安排也可以放在三角肌或者其他部位的训练中。

6.4 肱二头肌——坐姿单侧托臂哑铃弯举

准备器械：哑铃

主要涉及肌肉群：肱二头肌

主要辅助肌肉群：肱桡肌、肱肌、腕屈肌、指屈肌、三角肌前束

MEMO
手臂支撑点一般为肘关节上部。

动作要领和步骤 ●

❶坐姿，屈膝，分开腿，单手持握哑铃，手臂自然下垂，靠在同侧大腿内侧。

❷弯曲肘关节（屈臂）至肱二头肌收缩最大限度。

❸逐渐伸直手臂，回到起始位置。

训练搭配建议：女生可以不考虑做这个动作，职业选手除外。

健身爱好者可以将其放在手臂训练日、肱二头肌训练日，也可以在背部训练后做肱二头肌练习。左右

MEMO
掌心尽量向上，否则肱肌和肱桡肌参与度就会增加。

MEMO
肘关节角度最大为160度，不建议完全伸直。

手交替训练是一个不错的选择，同时选择两个重量的哑铃，做重量递增或者递减的训练。

6.5 肱三头肌——龙门架直杆臂屈伸

MEMO
拉力器起始点基本在胸大肌前部。

MEMO
肘关节从接近90度到伸直（闭合）。在学习动作阶段，上臂不要过多晃动，否则背部肌肉会参与过多。

准备器械：龙门架
主要涉及肌肉群：肱三头肌
主要辅助肌肉群：三角肌前束、前臂肌肉群

动作要领和步骤

❶ 双脚分开，平行站立，手臂弯曲，采用正手握法，握距基本与肩同宽。

❷ 发力下压，肘关节由弯曲逐渐伸直。

❸ 保持上臂稳定，肘关节逐渐弯曲（接近90度）。

训练搭配建议：女生在训练中可以采用这个动作，比较容易掌握。

健身爱好者可以将其放在手臂训练日，也可以放在胸部训练日。

6.6 肱三头肌——握距、握法和动作变化

握距。一般来说，握距较宽（宽于肩膀），那么在做臂屈伸的时

候则着重刺激肱三头肌内侧的长头；若握距较窄，则侧重刺激肱三头肌的外侧头。但实际运用中大部分人的外侧头锻炼得不错，长头通常参与不够，这通常和肘关节在屈伸过程中扭动过大有关，同时肱三头肌长头也与肩胛骨的稳定有关。

可以试着伸直肘关节，让上臂尽量垂直于地面，想象一下自己的肘关节就是眼睛，让它向身体后方看，尽量让肱骨旋外，这时肱三头肌长头收缩会增加（肩后伸时会更强烈）。大部分人在做肱三头肌训练的时候，伸直肘关节的过程中，肘关节也过多地向外侧扭转。

反手握。绝大多数人反握直杆的时候（掌心向上），会感觉腕关节以及肘关节不舒服，主要原因是直杆缺少中轴，无法很好地扭动，所以应该尽量选择有中轴并且可以转动的直杆，同时也可以采用拉力器手柄做单侧的练习。注意反手握直杆时，相比于正手无法拉起太大的重量，对肱三头肌的整体刺激更倾向于内侧的长头。

重量选择较小的时候，躯干可以基本与地面垂直；而重量选择较大的时候，躯干前倾有助于保持身体的稳定性。

不同的手柄变换。抓握V字手柄的时候，手掌相向，肱三头肌"三个头"受力几乎是平均的。

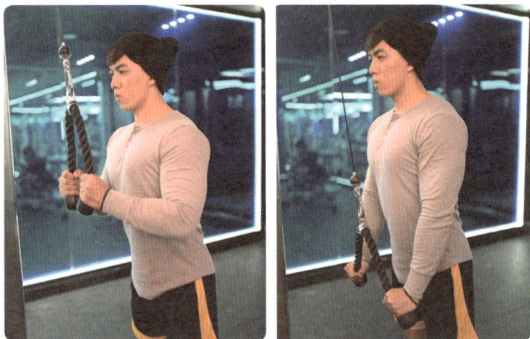

　　绳索臂屈伸也是常见的训练肱三头肌的动作，绳索臂屈伸动作要领与直杆臂屈伸的并无差异，只是扩大了腕关节、肘关节的活动范围。肘关节略微旋内的时候，肱三头肌外侧头参与度增加，旋外的时候内侧头和长头参与度增加，同时绳索臂屈伸动作也不建议使用太大的重量。因为龙门架有左右两个位置，所以在训练安排上，绳索臂屈伸和直杆臂屈伸可以放在一起做超级组训练。

　　俯身哑铃臂屈伸。由于是自由重量，所以随着肘关节的屈伸，阻力逐渐增加，但俯身哑铃臂屈伸的动作要领和龙门架直杆臂屈伸无区别，只是变成了自由重量，上臂依旧需要尽量稳定。这个动作很适合女性做，可以做单侧练习，也可以做双侧练习，同时可以和哑铃划船、直腿硬拉一起练习。

6.7　肱三头肌——坐姿哑铃颈后臂屈伸

准备器械：哑铃、长椅

主要涉及肌肉群：肱三头肌

主要辅助肌肉群：腕伸肌、三角肌、核心肌群

动作要领和步骤 ●

❶坐在长椅上，双手托握住哑铃一端，抬起上臂的同时伸直双臂，将哑铃举过头顶。

❷上臂尽量靠近耳朵，不要晃动，同时弯曲肘关节，逐渐降低哑铃高度。

❸双臂同时发力，尽量保证上臂不要晃动，直到双臂伸直，肘关节伸直。

训练搭配建议：女生可以选择小重量，也可以做单侧，职业选手除外。

健身爱好者可以单独训练肱三头肌，也可以将其放在手臂（肱二头肌、肱三头肌）训练日，也可以在胸部训练日安排在训练后期。这个动作不适合肩关节活动范围受限以及肩袖肌群受损的人。

MEMO

注意安全，在练习阶段不要选择过大的重量，要托握住哑铃。

MEMO

肘关节超伸的人需要注意伸直的角度。

6.8 肱三头肌哑铃颈后臂屈伸动作的细节

关节不舒服。肩关节伤病或者缺乏拉伸导致关节活动范围受限的人不适合做坐姿哑铃颈后臂屈伸，同时，很多人在做这个动作的时候上臂上抬的角度有问题，可以试一下在不负重的状态下抬起手臂，然后弯曲肘关节。

是否用座椅靠背。坐姿哑铃颈后臂屈伸是可以选择靠在座椅上做的，但要注意一般可调节座椅的靠背高度较高，应选择座椅靠背较矮的座椅，靠背高度大约在胸椎、腰椎交叉处。有靠背固定躯干时，核心的参与减少，上肢更容易稳定，所以做这个动作的时候选择的重量可以增加。

选择哑铃还是杠铃。很多人在做颈后臂屈伸（或者仰卧臂屈伸）时，习惯于选择杠铃，尤其是曲杆杠铃。我个人更建议使用哑铃，因为很多练习者在使用杠铃做动作时，容易出现腕关节向背侧屈曲过度，这时腕管压力过大，部分练习者结束训练后会出现手肘、手掌、手指等部位麻木的情况。在做哑铃臂屈伸的时候如果感觉肩关节、肘关节、腕关节不舒服都要及时停止，因为臂屈伸（包括相关的变化动作）很容易让肱三头肌的肌腱拉伸过度，部分原因是没有掌握动作细节，但更多人则是因为选择的重量太大，无法控制，这时不光肱三头肌肌腱容易拉伤，肩关节、肘关节、腕关节受到的压力也倍增，很容易出现关节不适，造成腕管综合征、网球肘（肱骨外上髁炎）、高尔夫球肘（肱骨内上髁炎）。

第7章

核心区训练

核心区是个宽泛的概念，泛指人的腰腹部，包括腰椎。腰椎的活动度相对来说较大，如果核心区的肌肉群无法起到很好的保护作用，那么会大大增加伤病的风险，导致腰肌劳损、腰椎间盘突出等问题。本章将系统讲解核心区的训练方法。

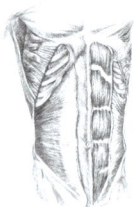

因为现在的人活动量和运动量的缺失，再加上很多人工作时久坐、低头，所以脊柱问题突出。脊柱问题常见于都市办公室人群，当然健身人群也会因为动作错误以及不注重热身、训练过度造成脊柱的伤病。

与核心区相关的词汇在本章之前几乎都介绍了，这是因为核心区处于承上启下的位置，推、拉、蹲的时候核心都会起作用，尤其是硬拉、深蹲的时候。可以毫不夸张地说，基本上所有的动作都需要核心的参与，不光是本书中介绍的阻力训练，搏击、攀岩、短跑，乃至于骑自行车，核心都是发挥重要作用的肌群。

7.1　认识腹部

我们熟悉的"腹肌"，实际是腹直肌，它自肋骨和胸骨下缘垂直向下一直连接到耻骨，由腹白线将腹直肌从中间划分开，分为左右两侧；而所谓的几块"腹肌"，则由腱划决定。腹直肌可以让躯干弯曲。解剖学中提到的腹肌，通常指腹外斜肌、腹内斜肌、腹直肌、腹横肌。讨论与呼吸相关的问题时还要考虑胸腔、腹腔之间的膈肌。

腹直肌。腹直肌在腹前壁正中线两侧，被包埋于腹直肌鞘中，起点在耻骨联合和耻骨嵴，止点在第五至七肋骨和胸骨剑突，躯干屈曲、骨盆后倾、腹内压和胸内压增加都与腹直肌相关。

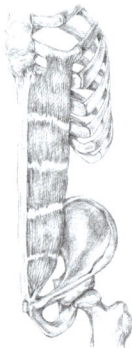

腹外斜肌。腹外斜肌是外侧腹肌中最大的一块肌肉，位于腹部外侧浅层，肌纤维由外上方向内下斜行，起点在第五至十二肋骨外侧，止点在髂嵴前部和白线，下缘至髂前上棘和耻骨结节，形成腹股沟韧带。一侧腹外斜肌收缩可以让躯干转动到对侧，以及躯干侧弯，腹外斜肌双侧收缩可以让躯干屈曲、骨盆后倾、腹压和胸压增加。

腹内斜肌。腹内斜肌在腹外斜肌的深面，肌纤维由外下方向内上方斜行（几乎和腹外斜肌垂直），起点在胸腰筋膜、髂嵴和腹股沟韧带外侧，后部肌束止点在第十至十二肋下缘，大部分肌束延伸到前部为腱膜，参与形成腹直肌鞘前层、后层止于白线。腹内斜肌单侧收缩可以让躯干转动到同侧、躯干侧弯，腹内斜肌双侧收缩可以让躯干屈曲、骨盆后倾、胸腰筋膜张力增加，以及腹压和胸压增加。

腹横肌。腹横肌位于腹内斜肌深面，肌纤维横行，起点在第七至十二肋骨内面，胸腰筋膜、髂嵴和腹股沟韧带外侧，止点在腱膜参与形成的腹直肌鞘后层，止于白线。腹横肌可以增加腹内压，增加胸腰筋膜的张力，腹横肌收缩的时候会拉紧胸腰筋膜，协同稳定腰椎区域。

前锯肌位于胸廓侧面，很多人将前锯肌俗称为"排骨"，实际上前锯肌从肩胛骨后方开始直到胸壁，同时和8根肋骨相连，所以尽管它在胸前，却可以让肩胛骨紧贴于胸廓，并且向前"拉"或者伸展肩胛骨。在做阻力训练的推、拉动作中，前锯肌起到重要的作用。

7.2 仰卧卷腹

仰卧卷腹是效率很高的腹直肌训练，易操作且安全性较高。

动作要领和步骤 ▶

❶ 平躺在垫子上，同时屈髋屈膝，双腿基本与髋同宽，脚踩在垫

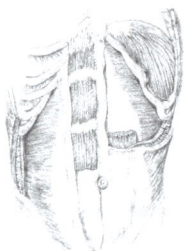

子上，双手可以交叉放在胸前，也可以放在大腿上，本书建议放在大腿上。

❷吸气，呼气的同时卷起身体，感受腹直肌收缩，如果手放在大腿上，身体卷起到双手触摸到膝盖即可，如果双手交叉放在胸前，腰腹处卷曲至肩胛骨刚好离开地面即可。

❸在腹直肌最大限度地收缩以后，停留1~2秒，吸气的同时逐渐平躺回地面。

7.3 卷腹和仰卧起坐

在卷腹的过程中，通常仰卧在地面上，屈髋的同时屈膝，膝关节夹角通常约为90度，然后吸气，呼气的同时身体前屈，动作位移到双手触摸膝盖或肩胛骨刚刚离开地面即可，腹直肌处于向心收缩的状态。然后慢慢吸气的同时，身体逐渐回到地面仰卧位，完成一次卷腹。那么卷腹和仰卧起坐有什么区别呢？

我们做仰卧起坐的时候通常需要固定下肢，例如健身房就提供了仰卧起坐板，有些板还可以调节角度，将下肢垫高。通常仰卧起坐要求躯干卷起的幅度要比卷腹大，也就是肩胛骨离开地面以后躯干继续前屈，直到与地面或者仰卧起坐板垂直（甚至超过90度）。

直观看卷腹和仰卧起坐，后者动作幅度更大，似乎更有效，可实际上如果针对腹直肌训练，卷腹则是更有效的。因为卷腹的幅度是腹部收缩（腹外斜肌、腹内斜肌、腹直肌都在收缩）下，躯干的屈曲幅度，而做仰卧起坐时，当肩胛骨离开地面以后，屈髋则增加了，也就是说尽管看上去动作幅度更大，可实际上腹部肌群的有效收缩并没有增加，反倒屈髋增加导致髂腰肌收缩增加。如果一位训练者腹直肌无力，或者是在力竭的情况下继续做仰卧起坐，那么此时收缩的只有与后屈髋动作相关的肌肉群。

在实际训练中我们也会观察到这样的情况，很多人在做仰卧起坐时，并没有卷腹，几乎是直着腰（腰椎几乎是直的）完成的。这样的话腹直肌参与减少，骨盆前倾反而可能增加，整个躯干后方的肌肉群收缩也会增加，进而增加腰椎前凸的风险，这也是为什么很多人在做完仰卧起坐以后腰椎疼痛。

为什么卷腹的时候要呼气

吸气时肋骨上升，呼气时肋骨下降，卷腹的时候躯干前屈，腹外斜肌、腹内斜肌、腹直肌、腹横肌都是呼气肌，所以一般在卷腹时腹部肌肉收缩，我们应该呼气。表7.1介绍了与呼吸相关的所有肌肉。

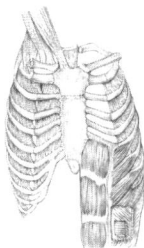

表7.1 呼吸肌简介

肌肉名称	呼气肌、吸气肌	描述
膈肌	最主要的吸气肌	位于胸腔与腹腔之间，并且隔开胸腔与腹腔，吸气时膈肌下降
胸小肌	肋部吸气肌	胸小肌可帮助提升胸廓，从而辅助吸气，含胸驼背的人往往胸小肌紧张，一定程度上影响呼吸
胸大肌	肋部吸气肌	起主要作用的是胸大肌下部也就是肋骨部，因为这部分胸大肌肌纤维可以辅助胸骨在呼吸中的发挥作用
前锯肌	肋部吸气肌	对呼吸的影响有限，但在匀速呼气的时候（例如吹口琴）前锯肌起到了重要的协同作用，稳定胸廓

肌肉名称	呼气肌、吸气肌	描述
提肋肌	肋部吸气肌	深层肌肉，数量很多，但是整体很小，在胸式呼吸中，提肋肌和腹直肌协同完成呼吸
多裂肌	肋部吸气肌	多裂肌被认为是间接的吸气肌，因为它的作用是伸展脊柱，例如伸懒腰，但它本身对吸气没有帮助，但在舒展脊柱时，胸廓自然打开，这个时候人下意识会吸气
上后锯肌	肋部吸气肌	上后锯肌止点在第2至第5肋骨的外侧，但是整体胸廓上部肋骨的活动度不如下部，所以运动幅度较小，对吸气依旧有一定的协同作用
胸锁乳突肌	头颈部吸气肌	主要参与躯干上部的吸气运动（胸腹式呼吸）
斜角肌	头颈部吸气肌	斜角肌自颈椎延伸至第1至第2肋骨，分为前斜角肌、中斜角肌、后斜角肌，胸锁乳突肌靠近胸骨和锁骨，而斜角肌靠近第1和第2肋骨，所以单纯对比这两块肌肉，斜角肌更倾向于从侧面抬起胸廓，而胸锁乳突肌则倾向于从正面抬起胸廓，斜角肌抬起胸廓的动作对于呼吸来说幅度不是很大，但有协助呼吸的作用
腹外斜肌	腹部呼气肌	在呼气的过程中，腹外斜肌可以下拉肋骨，参与胸式呼吸，腹外斜肌还可以缩小"腰围"（缩小腹腔直径），和腹横肌协同完成呼吸，并且与腹直肌、腹横肌下部的肌纤维协同，收缩下腹部
腹内斜肌	腹部呼气肌	腹内斜肌可以让骨盆旋转，脊柱旋转、侧屈、前屈，并且还参与呼吸。和腹外斜肌一样，它可以下拉肋骨，所以参与了胸式呼吸运动

肌肉名称	呼气肌、吸气肌	描述
腹横肌	腹部呼气肌	腹横肌和膈肌几乎是协同运动的，当腹横肌收缩的时候，腹腔直径会缩小
腹直肌	腹部呼气肌	腹外斜肌、腹内斜肌、腹横肌的肌纤维都是斜向或者横向的，只有腹直肌是从上到下的，这导致腹直肌不会牵拉到腹白线，但其他腹部肌肉会。腹直肌可以通过收缩让腹部前后方向回缩，另外腹直肌同样可以下拉肋骨和胸骨，参与胸式呼吸
胸横肌	肋部呼气肌	强烈咳嗽的时候会感受到胸横肌，它收缩的时候可以让肋骨向下后方运动
腰方肌	肋部呼气肌	因为腰方肌与第十二肋骨相连，所以腰方肌才会参与呼气运动
下后锯肌	肋部呼气肌	主要作用是下拉肋骨向后，并且腰方肌和下后锯肌主要在躯干的背侧。双手抱膝下蹲时腹腔活动范围受限，下背部呼气肌的收缩就会增加
肋间肌	肋部呼吸肌	肋间肌分为两组，也就是肋间外肌和肋间内肌，这两组肌肉是重叠的，主要发挥呼气肌的功能，但是也有吸气肌的功能
盆底肌	参与呼气、吸气的肌肉	膈肌隔开了胸腔和腹腔，并且通过组织（胸膜、腹膜）和胸腔、腹腔相连，而盆底肌则在骨盆底部。盆底肌有一部分组织与膈肌类似，称为盆膈，它与膈肌上下呼应，一定程度上维持了胸内压、腹内压的变化

7.4 悬体抬腿卷腹

悬体抬腿卷腹是对核心区稳定性要求较高的动作，训练者需要具备一定的抓握能力。核心稳定可以有效地控制身体重心，不会过多晃动。悬体抬腿卷腹是双力臂的基础训练动作，老手可以用来做热身训练。

通常选择单杠或者掌心相对的引体器械，体重较重或者腰椎、髋关节有伤病的人不适合做这个动作。

抓握住单杠，身体悬空，屈膝的同时尽量抬高大腿，然后慢慢将腿降低。

对前臂肌群的力量有一定要求，容易产生磨手的问题。做该动作时也可以用双脚勾住哑铃负重。

7.5 俯卧正登山（俯卧正提膝）及其动作变化

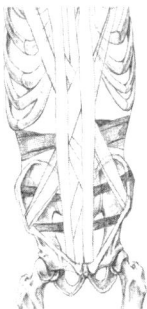

动作要领和步骤 ●

俯卧正登山和俯卧撑很像，在直臂、俯卧的状态下，分别左右屈膝，该动作对核心区的功能性锻炼是很好的。

最好准备一个瑜伽垫，俯卧，手臂尽量与地面垂直。刚开始练习动作的时候，可以做慢一点，双臂支撑住身体上部，屈膝一侧的膝盖尽量靠近肋骨，感受腹直肌发力，同时身体要保持稳定。

慢慢将腿放回起始点，然后用另一条腿重复上面动作。

如果感觉做起来比较费力，可以尝试双手扶墙，然后抬起一条腿，或者增加上半身到地面的高度，这样可以减小阻力。

俯卧侧登山（俯卧侧提膝）。俯卧侧登山与俯卧正登山的起始动作一样，只是膝盖从侧面抬起，这时腹外斜肌（侧腹）参与度增加。

俯卧正登山与俯卧侧登山可以组合在一起训练。

8

认识营养标签

　　了解食物，包括了解食物的营养价值，而了解营养价值主要有两个途径。一是通过查询APP或者营养书籍得到关于食物的营养信息。例如《中国食物成分表》，书里介绍了我国绝大多数人吃的食材，可以从中轻松地查询食物的热量、蛋白质、碳水化合物、脂肪、维生素、矿物质和氨基酸含量。二是通过查看食物的营养标签。本章就要告诉你如何认识食物的营养标签。

小到你点外卖时送的果汁，大到各种价格不菲的保健品，这类被厂商预先定量包装好的食品都叫"预包装食品"。如果你详细观察预包装食品的背面，就会发现营养成分表以及配料表，这是本章着重讲的内容。

8.1　看营养标签有用吗

你若想了解食物的营养价值，可以翻看食品包装背面的营养标签和配料表。不管食品厂商把食品设计得多么精美，营养标签和配料表揭示了食品的本质。

营养标签和配料表是食物内核，如今发生的很多食品纠纷，都与人们对营养标签的不重视有关。

食品工业的发展让食物种类呈现多样性，面对众多营养种类，每个人都应该知道自己到底吃了什么。

我们天生对盐、脂、糖有着好感，可毫无节制地摄入后，会增加患高血压、糖尿病这类代谢类疾病的风险。营养标签并不是一个摆设，并且营养成分表和配料表几乎是每个国家强制要求食品包装标注的。我国《食品安全国家标准 预包装食品营养标签通则》就规定，除了极少数预包装食品不用强制写明营养成分表之外，剩下的几乎都是强制性地必须写明。从健康角度来说，现代人应该养成看营养标签的习惯。

营养标签的小历史

1985年，国际食品法典委员会（Codex Alimentarius Commission，CAC）开始了食品营养标签规范化的进程，我国于1984年加入了CAC。

CAC由联合国粮食及农业组织（Food and Agriculture Organization of the United Nations，FAO）和世界卫生组织（World Health Organization，WHO）共同建立，其主要目的是保障消费者的健康，

同时确保食品贸易的公平，并且负责协调国际食品标准。

可以这么说，我们今天在营养标签上看到的一切内容都和CAC有关。

8.2　少数食品不强制标示营养标签

生鲜食品，例如生肉、生鱼、禽蛋、生蔬菜、水果等，是不用强制标注营养成分的，但这并不影响你了解它们的营养价值，因为很容易查询到，例如一个鸡蛋通常重量是50克，它的蛋白质含量是6克。

下列预包装食品豁免强制标示营养标签：

- 生鲜食品，如包装的生肉、生鱼、生蔬菜和水果、禽蛋等；
- 乙醇含量≥0.5%的饮料酒类；
- 包装总表面积≤100平方厘米或最大表面面积≤20平方厘米的食品；
- 现制现售的食品；
- 包装的饮用水；
- 每日食用量≤10克或10毫升的预包装食品；
- 其他法律法规标准规定可以不标示营养标签的预包装食品。

豁免强制标示营养标签的预包装食品，如果在其包装上出现任何营养信息时，应按照《食品安全国家标准 预包装食品营养标签通则》执行。

8.3　糖、脂、蛋，营养标签上的热量来源

营养标签上的内容并不复杂，通常包括下列内容。

含量：大部分营养标签标示的是100克或者100毫升的营养成分，但有些产品则标示一份的含量，例如薯片、玉米片通常标示的就

是一份的营养价值。所以消费者不仅要看一份的含量，还要看产品的净重。例如100毫升牛奶的蛋白质含量是3克，一瓶牛奶250毫升，那么它的蛋白质含量就是：3克×2.5=7.5克，热量、碳水化合物、脂肪、钠等也都要参考净含量来计算。

热量：在我国通常以千焦（kJ）来表示热量，国外通常以千卡（kcal）来表示。千卡（kcal）又被称为大卡或卡路里。

我国对食品标签上热量单位的标志是强制性的，所以进口食品的中文标签上必须以千焦为单位标志热量，1千卡≈4.184千焦。在日常生活中比较热量时直接除以或者乘以4即可。

蛋白质、脂肪、碳水化合物都是食物热量的主要来源，当我们得知食物的蛋白质、碳水化合物、脂肪含量的时候，就可以计算出食物的热量。

还记得前面提到的CAC吗？它提出了食品营养标签中的能量计算系数。

碳水化合物和蛋白质为17千焦/克，差不多4千卡/克。

脂肪为37千焦/克，差不多9千卡/克。

例如××食品A的营养成分如表8.1所示，那么热量2026千焦是怎么得到的呢？实际上就是蛋白质、脂肪、碳水化合物的能量相加，将结果从千卡换算成千焦。

热量2026千焦实际是通过蛋白质、脂肪和碳水化合物的能量计算系数（见表8.2）得来的。

表8.1　　××食品A的营养成分

项目	每100克	NRV
热量	2026千焦	24%
蛋白质	4.2克	7%
脂肪	44克	73%
碳水化合物	19.2克	6%

表8.2　能量计算系数

1克碳水化合物=17千焦	相当于4千卡
1克蛋白质=17千焦	相当于4千卡
1克脂肪=37千焦	相当于9千卡

能量计算系数其实很简单，1克脂肪的热量是9千卡，1克蛋白质或碳水化合物是4千卡。

根据表8.1中脂肪、蛋白质、碳水化合物的含量来计算，脂肪提供的热量=44×37千焦=1628千焦，蛋白质提供的热量=4.2×17千焦=71.4千焦，碳水化合物提供的热量=19.2×17千焦=326.4千焦，再将3个结果相加，1628+71.4+326.4= 2025.8，四舍五入以后的结果就是2026千焦。如果你更熟悉千卡，那么再除以4，也就约等于507千卡。

此外，酒精的能量计算系数为29千焦/克，也就是差不多7千卡/克，有机酸的能量计算系数为13千焦/克，也就是差不多3千卡/克。

8.4　能量和营养的"密度"——NRV

细心的你可能已经发现了，除了营养素名称、热量以及每份含量之外，还有NRV，它通常以百分比（%）来表示。

NRV对摄入营养素的含量是有重要参考意义的。

什么是NRV？

NRV是Nutrient Reference Values的首字母缩写，译为营养素参考值，是比较食品营养成分含量多少的参考标准，是消费者选择食品时的一种营养参照尺度。营养标签中营养成分可以用每100克（毫升）或每份食品中的含量数值标示，也可以用营养成分占营养素参考值（NRV）的百分比表示。

××食品的营养成分如表8.3所示。

表8.3 ××食品的营养成分

项目	每100克	NRV%
能量	119千焦	1%
碳水化合物	7.0克	2%

当你看到每100克该食品能量为119千焦时，可能感觉不到这对你来说意味着什么，那么看后面的NRV%，1%意味着能量占参考值的百分比。

什么是参考值呢？接着上面的例子说，假定你一天消耗2000千卡也就是8400千焦，那么当你吃下100克××食品时，它提供的能量大约占你总能量的1%。

说到这就不难理解了，NRV相当于食物的"营养（能量）密度"。例如你在吃维生素，你并不清楚这些营养素占了你需求量的多少，这个时候看NRV%就清楚了。

制定NRV的标准是什么？

首先，NRV并不是一成不变的，甚至每个国家制定的参考标准都会有区别，它依据的标准是该国居民膳食营养素推荐摄入量（Recommended Nutrient Intakes，RNI），以及适宜摄入量（Adequate Intakes，AI）。

换句话说，每个国家居民的饮食习惯不同，所以RNI和AI就有所区别，这也导致了建议摄入量的差异。

NRV以日消耗2000千卡为准，这一数值是怎么来的？

我国早期制定RNI的时候，主要参考了美国的方法，其中的基础代谢率（Basal Metabolic Rate，BMR）借鉴了美国的数据，当然这一数值并非拿来就用，而是依据了2002年中国居民营养与健康状况调查结果，最终发现我国城乡居民标准人日平均能量摄入值和美国一些地区的推荐值十分接近，所以我国制定NRV为8400千焦，约等于2000千卡。

同时，NRV参考时用的营养学标准为体重60千克、轻体力劳动的成年男性。在这个基础上，一天推荐摄入的热量为8400千焦，也就是2000千卡。

除4岁以下的婴幼儿食品和专用于孕妇的食品外，NRV适用于所有预包装食品的营养标签。

知道食物的营养素，如何计算出NRV%？

严格来说，NRV更适用于预包装食品，也就是我们在超市中买到的有完整包装的商品，因为它们都是标准化生产出来的，每个产品的差异性不大。如果你是一名厨师，需要在制定健康餐时计算营养成分，那么学习NRV%的计算则很有必要。那么如何计算营养素NRV呢？

我们可以通过简单的公式来计算，NRV%的计算方式为：

NRV%＝X÷NRV参考值×100%

其中，X＝营养素的含量。

NRV参考值详见表8.4，使用方法很简单，用到哪个营养素就从中找出相对应的数值，然后套到公式中。

下面让我们实际操作一下，以麦辣鸡腿汉堡为例，它的营养成分如下。

表8.4　营养素参考值（NRV）

营养成分	NRV	营养成分	NRV
能量*	8400千焦	叶酸	400微克DFE
蛋白质	60克	泛酸	5毫克
脂肪	≤60克	生物素	30微克
饱和脂肪酸	≤20克	胆碱	450毫克
胆固醇	≤300毫克	钙	800毫克
碳水化合物	300克	磷	700毫克
膳食纤维	25克	钾	2000毫克
维生素A	800微克RE	钠	2000毫克

营养成分	NRV	营养成分	NRV
维生素D	5微克	镁	300毫克
维生素E	14毫克 α-TE	铁	15毫克
维生素K	80微克	锌	15毫克
维生素B$_1$	1.4毫克	碘	150微克
维生素B$_2$	1.4毫克	硒	50微克
维生素B$_6$	1.4毫克	铜	1.5毫克
维生素B$_{12}$	2.4微克	氟	1毫克
维生素C	100毫克	锰	3毫克
烟酸	14毫克		

*能量相当于2000千卡；蛋白质、脂肪、碳水化合物供能分别占总能量的13%、27%、60%。

能量	能量	蛋白质	脂肪	碳水化合物	钠	钙
2143 千焦	510 卡路里	22.8 克	26.4 克	44 克	1167 毫克	72 毫克

图片来源：麦当劳官网营养计算器。

先看一下热量，一个麦辣鸡腿汉堡的热量为2143千焦，热量的NRV参考值8400千焦。

依据公式：$X \div NRV$参考值 $\times 100\%$。

计算过程为2143÷8400×100%≈25.5%，四舍五入以后等于26%。

也就是说，一个麦辣鸡腿汉堡的热量相当于建议摄入量的26%。

再看蛋白质，一个麦辣鸡腿汉堡的蛋白质为22.8克，每日推荐摄入标准的蛋白质为60克。

22.8÷60×100%＝38%。

也就是说，吃完一个麦辣鸡腿汉堡，就摄入了你一天所需蛋白质的38%。

其他营养素的NRV%计算留给各位读者，在此不赘述。

为什么我买的进口食品标示的不是NRV而是DV（每日推荐营养素摄入量）？

DV在美国和加拿大的预包装食品中较为常见，它是1994年由美国食品药品监督管理局（FDA）提出并制定的，DV是Daily Values的首字母缩写，本质上和NRV的意义并无大的差异。尽管美国和加拿大都用DV标示食品营养成分含量，但是数值并不完全相同，制定标准依旧是本国居民的膳食结构特点。

为什么我买的国内食品营养成分表上的内容比较少？

目前为止，我国相关的法规规定，强制标注食品热量和核心营养素的方式是"1+4"（本书出版时可能会增加饱和脂肪等其他营养素），也就是能量（1）+蛋白质、脂肪、碳水化合物、钠（4）。

同时，标注蛋白质、脂肪等4个核心营养素的先后顺序不可变换，并且字体要比其他营养素的字体更大一些。

在核心营养素标注方面，每个国家要求不同，例如美国标注的核心营养素就较多，采用"1+14"的方式，相比于我国的1+4，增加了一些核心营养素的细分项，例如糖、膳食纤维、饱和脂肪酸、反式脂肪酸等。核心营养素标示的多少并不是先进、落后的反映，它与该国居民的饮食结构特点、疾病与慢性病的突发率、营养均衡等相关。例如2型糖尿病发病率高的国家，在食品包装上标示各种游离糖的含量则很有必要。

8.5　营养成分表上的数据来源可靠吗

对企业来说，营养成分含量的获取方法包括直接检测和间接计算。

如果选择直接检测，企业主要选择国家标准规定的检测方法，通过检测产品直接获得营养成分含量数据。

如果选择间接计算，企业则利用原料的营养成分含量数据，根据原料配方计算获得，或者是利用可信赖的食物成分数据库，根据原料配方计算获得。

相比于直接检测，选择间接计算的企业更多一些，因为原料检测已经由原料供应商完成，预包装食品又是规范化生产的，所以间接获取营养成分含量数据不是一件难事。

一些人对食品营养标签上的内容不是很信任。当然，我确实发现一些小企业的食品营养标签经常出现低级错误，例如热量单位写错、书写不规范，或者小数点标错等，但这样的错误在具有一定规模的大企业中是十分少见的，因为一旦消费者发现这样的错误标注，可以依法到当地市场监督管理部门维权。

那么营养成分表上的数据与实际完全一致吗？

实际上无法保证营养成分表上的数据与实际完全一致，考虑到目前食品加工制造中会有影响结果的因素出现，因此标示值有一个允许的误差范围，详见表8.5。

表8.5 食品营养成分标示值允许误差范围

食品营养成分	标示值允许误差范围
蛋白质、多不饱和脂肪（酸）、单不饱和脂肪（酸）、碳水化合物、糖（仅限乳糖）、膳食纤维、维生素（不包括维生素D、维生素A）、矿物质（不包括钠）、强化的其他营养成分	大于等于80%标示值
能量、脂肪、饱和脂肪酸、反式脂肪酸、胆固醇、钠、糖（不含乳糖）	小于等于120%标示值
维生素D和维生素A	80%~180%标示值

8.6 营养的来源——配料表

配料表中体现产品的原料、添加剂，而且添加剂是从多到少的顺序排列的。

以可乐为例，每100毫升可乐的营养成分如表8.6所示。

表8.6　每100毫升可乐的营养成分

项目	每100毫升	营养素参考值NRV
能量	180千焦	2%
蛋白质	0克	0%
脂肪	0克	0%
碳水化合物（糖）	10.6克	4%
钠	12毫克	1%

通常配料表位于营养成分表的下方，可乐的配料表如下。

配料表：水、果葡糖浆、白砂糖、食品添加剂（二氧化碳、焦糖色、磷酸、咖啡因）、食用香精。

我们要结合营养成分表和配料表来看，营养成分表中主要有碳水化合物和钠，因为蛋白质和脂肪都是0克，所以不难推断出180千焦的热量主要由碳水化合物提供。

配料表中的原料、添加剂是按照添加量的多少降序排列的，也就是说，添加最多的就是水，第二多的是果葡糖浆，第三多的是白砂糖，同时括号内的食品添加剂依旧是按照添加量的多少降序排列的，但是添加量不超过2%的添加剂可以不按照降序排列。

在配料表中，每一种添加剂都必须标示出来，除非添加剂的功能并没有在最终产品中发挥作用。例如，某种配料a在加工过程中会添加酒精，但在最终配料成品中并没有酒精，那么它作为配料添加在其他产品中时不用标示酒精。所以回看营养成分表中的碳水化合物（糖）时，应该很清楚10.6克的糖源自果葡糖浆和白砂糖。

碳水化合物后额外写出糖，指的是添加糖，它也属于碳水化合物，所以会在碳水化合物一栏中单独写出，如果没有添加（配料表中没有体现），则可以写0克。

对其他营养素也可以采用这样的标注法，例如营养成分表中的脂肪，通常指的总脂肪（酸）的含量，在它下面还可以写明脂肪酸的类型，例如饱和脂肪酸、不饱和脂肪酸、反式脂肪酸。

有些食品的配料后面会跟一些数字，如某进口食品的配料表如下：

"水、全脂奶粉、奶油、柠檬黄129、白砂糖、卡拉胶407、瓜尔胶412。"

配料后面的数字代表的是该添加剂的国际编码，我们在生活中见到的预包装食品配料表中通常直接写功能类型和国际编码，例如柠檬黄是着色剂，它的写法是着色剂129，而卡拉胶和瓜尔胶是增稠剂，所以写法通常是增稠剂407、增稠剂412。

最后，在食品中直接使用甜味剂、防腐剂、着色剂的，应当在配料表中的食品添加剂项下标注具体名称。

8.7 高钙、低脂、零热量这些词，商家可以随便说吗

低糖、无糖、高钙，低脂等词属于商家声称的食品特征，并不能随意填写，必须达到规定标准才可以，也就是必须符合《食品安全国家标准 预包装食品营养标签通则》。

如某可乐包装标注无糖、零热量，那么它的糖含量必须达到每100毫升小于等于0.5克，每100毫升热量必须小于等于17千焦，也就相当于4千卡。

也就是说，所有商家在包装上写明的产品功能，是引诱消费者消费的关键词，必须符合国家规定，否则就是违规的，具体参考表8.7至表8.15。

表8.7 能量

项目	声称方式	含量要求	限制性条件
能量	减少能量	与基准食品相比减少25%以上	基准食品应该为消费者熟知的同类食品
	低能量	小于等于170千焦/100克固体 小于等于80千焦/100毫升液体	其中脂肪提供的能量小于等于总能量的50%
	无能量	小于等于17千焦/100克固体或者17千焦/100毫升液体	

表8.8 蛋白质

项目	声称方式	含量要求	限制性条件
蛋白质	低蛋白质	来自蛋白质的能量小于等于总能量的5%	总能量指的是每100克（或每100毫升）或者每份
	蛋白质来源或含有蛋白质	每100克固体蛋白质的含量大于等于10%NRV	—
		每100毫升液体蛋白质的含量大于等于5%NRV或者每420千焦的蛋白质的含量大于等于5%NRV	
	高或富含蛋白质	每100克固体蛋白质的含量大于等于20%NRV	—
		每100毫升液体蛋白质的含量大于等于10%NRV	
		每420千焦的蛋白质的含量大于等于10%NRV	

表8.9 脂肪

项目	声称方式	含量要求	限制性条件
脂肪	低脂肪	小于等于3克/100克固体 小于等于1.5克/100毫升液体	—
	减少脂肪	与基准食品相比减少25%以上	基准食品应该为消费者熟知的同类食品
	脱脂	液态奶和酸奶：脂肪含量小于等于0.5% 奶粉：脂肪含量小于等于1.5%	仅指乳品类
	无脂肪或者不含脂肪	小于等于0.5克/100克固体或者0.5克/100毫升液体	—
	低饱和脂肪	小于等于1.5克/100克固体 小于等于0.75克/100毫升液体	1. 指饱和脂肪及反式脂肪的总和 2.其提供的能量占食品总能量的10%以下
	无饱和脂肪或者不含饱和脂肪	小于等于0.1克/100克固体或者0.1克/100毫升液体	指饱和脂肪及反式脂肪的总和
	瘦	脂肪含量小于等于10%	仅指畜肉类和禽肉类
	无或不含反式脂肪	小于等于0.3克/100克固体或者0.3克/100毫升液体	—

表8.10 胆固醇

项目	声称方式	含量要求	限制性条件
胆固醇	无胆固醇或者不含胆固醇	小于等于5毫克/100克固体或者5毫克/100毫升液体	应同时符合低饱和脂肪的声称含量要求和限制性条件
	低胆固醇	小于等于20毫克/100克固体 小于等于10毫克/100毫升液体	
	减少胆固醇	与基准食品相比减少25%以上	基准食品应该为消费者熟知的同类产品

表8.11 碳水化合物

项目	声称方式	含量要求	限制性条件
碳水化合物	减少糖	与基准食品相比减少25%以上	基准食品应该为消费者熟知的同类食品
	低糖	小于等于5克/100克固体或者5克/100毫升液体	—
	无糖或者不含糖	小于等于0.5克/100克固体或者0.5克/100毫升液体	—
	增加或者减少	与基准食品相比增加或者减少25%以上	基准食品应该为消费者熟知的同类食品
	低乳糖	乳糖含量小于等于2克/100克或者2克/100毫升	仅指乳品类
	无乳糖	乳糖含量小于等于0.5克/100克或者0.5克/100毫升	

注：表8.11中的糖指添加的糖，如白砂糖、蔗糖。

表8.12 钠

项目	声称方式	含量要求	限制性条件
钠	低钠	小于等于120毫克/100克或者120毫克/100毫升	符合"钠"声称的声称时，也可用"盐"字代替"钠"字，如"低盐""减少盐"等
	极低钠	小于等于40毫克/100克或者40毫克/100毫升	
	零钠、无钠或者不含钠	小于等于5毫克/100克或者5毫克/100毫升	

表8.13 矿物质（不包括钠）

项目	声称方式	含量要求	限制性条件
矿物质（不包括钠）	××来源或含有××	每100克中大于等于15%NRV，每100毫升中大于等于7.5%NRV，或者每420千焦中大于等于5%NRV	含有"多种矿物质"指的是3种或3种以上矿物质含量符合"含有"的声称要求
	高或者富含××	每100克中大于等于30%NRV，每100毫升中大于等于15%NRV，或者每420千焦中大于等于10%NRV	富含"多种矿物质"指的是3种或3种以上矿物质含量符合"富含"的声称要求
	增加或者减少矿物质（不包含钠）	与基准食品相比增加或者减少25%以上	基准食品应该为消费者熟知的同类食品

注：××指的是其他矿物质。

表8.14　维生素

项目	声称方式	含量要求	限制性条件
维生素	××来源或者含有××维生素	每100克中大于等于15%NRV，每100毫升中大于等于7.5%NRV，或者每420千焦中大于等于5%NRV	含有"多种维生素"指3种或者3种以上维生素含量符合"含有"的声称要求
	高或者富含××	每100克中大于等于30%NRV，每100毫升中大于等于15%NRV，或者每420千焦中大于等于10%NRV	富含"多种维生素"指3种或者3种以上维生素含量符合"富含"的声称要求
	增加或者减少	与基准食品相比增加或减少25%以上	基准食品应该为消费者熟知的同类食品

注：××指的是各类维生素。

表8.15　膳食纤维

项目	声称方式	含量要求	限制性条件
膳食纤维	膳食纤维来源或者含有膳食纤维	大于等于3克/100克，大于等于1.5克/100毫升小于等于1.5克/420千焦	膳食纤维总量符合其含量要求；或者可溶性膳食纤维、不可溶性膳食纤维或者单体成分任何一项符合含量要求
	高膳食纤维或者富含膳食纤维或者膳食纤维的良好来源	大于等于6克/100克，大于等于3克/100毫升小于等于3克/420千焦	

请注意：表8.7至表8.15中关于声称功能的准则不适用于婴儿配方食品和保健食品。

不光是"多、少、增加、富含"这些词的应用有准则要求，关于营养素的功能声称标准语也有规范，商家只能根据营养素的真实特性来描述，不可以为了增加产品卖点而违规描述。

营养素的描述应该客观地反映营养素的真实特性，换句话说，营养素描述从某一方面来说也是该营养素功能的科普，对于商家来说，这种功能宣称既是约束，也是一种宣传卖点。

第8章 认识营养标签

9

决定你体重的能量

从某些方面来说，在营养学中当我们提及热量和能量时，其实表达的是同一个意思，只是单位不同，有些人习惯用焦耳表达能量，用卡路里表达热量。

在更广泛的领域，能量往往包含热量，机械能、热能、化学能等都是能量，当然热量也是能量的一种。

如果用一句话阐述我们和能量的关系，那就是，我们从周围的环境中摄取营养物质，然后经过体内各种酶的催化作用产生能量。部分能量用于合成自身组织，也就是组织吸收能量，同时体内营养物质也在释放能量。本章我们主要来聊一聊那些决定你体重的能量。

9.1 为了获取热量，我们天生就爱吃

大部分人对健身的诉求基本可以概括为两个关键词，一个是减肥，另一个是塑形（或增肌），这背后都和能量（热量）有着千丝万缕的联系。

我们一切生命活动都需要消耗热量，尽管你感觉不到，但热量却时刻与你同在，直到生命的消亡。

当然，捏捏你肚子上的肥肉，你会触摸到"能量"，它就是没有消耗完储存在体内的热量，可能你觉得它影响美观，但是对人类来说，贮存脂肪是生存的基本功能。其实，当我们摄入的能量大于支出的能量时，长胖是正常的。如果哪天你发现自己越吃越瘦，那么有可能患了代谢类疾病。

食物和人类是互相影响着"进化"的。你可能会苦恼自己对美食没有抵抗力，但你要知道，很多人都是如此，你并不特殊。

人类的祖先为了适应环境选择了双足行走，双足行走就意味着解放了双手，而适应环境本质上就是为了活下去，要活下去，还得寻找食物，后来人类的祖先还学会了将食物烹熟、使用工具、狩猎等。

人类消耗热量的主要方式就是基础代谢，而基础代谢中肠道和大脑所消耗的能量又占了很大比例。解放双手和制造狩猎工具之后，祖先获取食物（热量）变得容易了，尤其是学会烹煮食物后，祖先可以更有效地利用热量。由于食物被更好吸收，肠道的长度也随之改变（缩短），这样就节省出了一部分能量（和时间）供大脑进化。

到了旧石器时代晚期，人类的大脑已经增大了3倍之多，尽管我们的大脑不是生物界中最大的，但脑重和体重之比是最大的。脑部进化让人类可以更好地思考，当然也产生了更多的热量消耗。婴儿的脑部热量消耗占基础代谢一半之多，成年人每天脑部热量消耗也占基础代谢的20%左右。拥有思想正是人类和其他动物最大的区别，而为了维持这一功能，人类在进化过程中逐渐形成了囤积脂肪的能力。想

要让大脑思考和更有效地工作，人类需要更多的脂肪，身体会把没有利用完的热量变成脂肪储存起来。

所以我们的祖先在进化过程中面对环境的变化，为了获取更多的热量，选择了站立；为了减少热量消耗，逐步改变了行走方式；为了给大脑提供更多的热量，选择把利用不完的热量转化成脂肪。所有的一切都和热量息息相关。

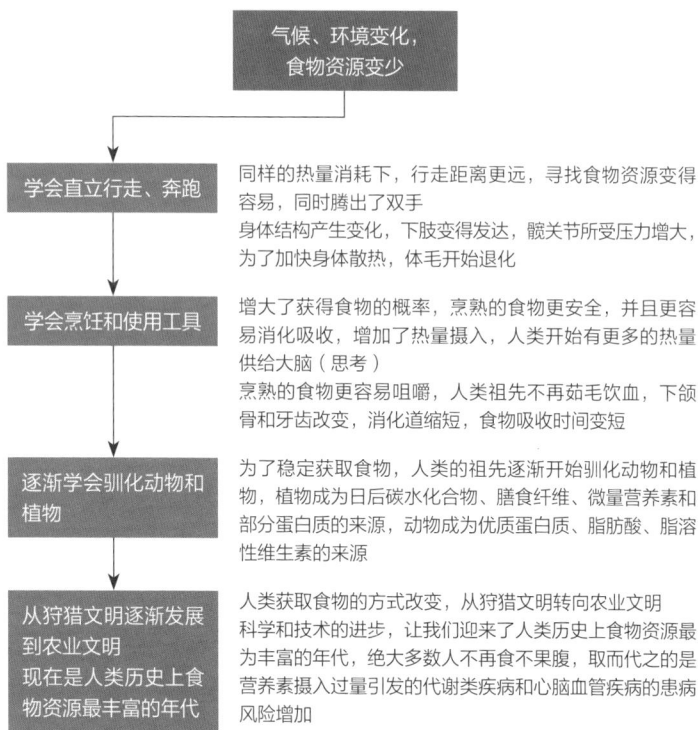

```
                    ┌─────────────────────┐
                    │  气候、环境变化，      │
                    │  食物资源变少         │
                    └─────────────────────┘
```

学会直立行走、奔跑	同样的热量消耗下，行走距离更远，寻找食物资源变得容易，同时腾出了双手 身体结构产生变化，下肢变得发达，髋关节所受压力增大，为了加快身体散热，体毛开始退化
学会烹饪和使用工具	增大了获得食物的概率，烹熟的食物更安全，并且更容易消化吸收，增加了热量摄入，人类开始有更多的热量供给大脑（思考） 烹熟的食物更容易咀嚼，人类祖先不再茹毛饮血，下颌骨和牙齿改变，消化道缩短，食物吸收时间变短
逐渐学会驯化动物和植物	为了稳定获取食物，人类的祖先逐渐开始驯化动物和植物，植物成为日后碳水化合物、膳食纤维、微量营养素和部分蛋白质的来源，动物成为优质蛋白质、脂肪酸、脂溶性维生素的来源
从狩猎文明逐渐发展到农业文明 现在是人类历史上食物资源最丰富的年代	人类获取食物的方式改变，从狩猎文明转向农业文明 科学和技术的进步，让我们迎来了人类历史上食物资源最为丰富的年代，绝大多数人不再食不果腹，取而代之的是营养素摄入过量引发的代谢类疾病和心脑血管病的患病风险增加

9.2 最长"待机时间"——基础代谢

人体的能量代谢基本遵循能量守恒定律，人体通过摄入食物获取能量，同时能量也在被消耗。能量消耗的过程本质上是身体利用食物的化学能（三大供能物质），或者自身储存的化学能（脂肪、糖原等），以产热、做功的形式释放能量的过程。

在理想状态下，身体消耗的能量与从食物中获取的能量是相等的，这个时候达到了能量的平衡。实际上，很难做到能量收入与支出完全相等。

当从食物中摄入的能量大于身体消耗的能量，则表现为体重增加；从食物中摄入的能量小于身体消耗的能量，则表现为体重减少。

人一天的能量消耗主要与以下几个部分相关：基础代谢、活动量（体力消耗）、运动量以及食物热效应。其中，对绝大多数人来说，基础代谢占了能量消耗的大部分。

基础代谢（Basal Metabolism，BM）是指维持人体基本生命活动所需的最低能量消耗。基础代谢率指的是以单位时间、单位体表面积表示的基础能量消耗。

对一般人来说，基础代谢是一天中热量消耗最多的部分。哪怕你每天定时去健身房运动，你运动产生的热量消耗可能仅相当于基础代谢的三分之一或者一半，所以基础代谢是健康成年人一天当中主要的热量消耗。

如果把人体比喻成手机，基础代谢就相当于手机的最长待机时间。如果不使用手机，充满电后静置，直到电量耗尽，那么从充满电到电量耗尽这段时间，就相当于基础代谢。所以你也可以这么理解，基础代谢相当于你一天什么都不做的热量消耗。

如果把"什么都不做"细化，那么它指的是一个人在清醒的状态下，静卧、空腹、思想放松，并且在适宜的温度下，维持呼吸、心跳、体温、腺体分泌、循环、肌肉紧张度等生理过程。这里空腹指的是进食后12～14小时，适宜的温度指的是18～25℃。

上述条件也是用科学仪器测量基础代谢时所设置的条件。

9.3 如何知道自己的基础代谢

比较靠谱的测量基础代谢的办法就是使用科学仪器，目前学界使用的测量方法主要分为直接测热法和间接测热法，这些科学仪器测量的结果相对准确，但由于检测方式太费事，仪器和检测成本过高，无法普及，其原理在此也不赘述。

常见的基础代谢检测机器是体测机，其实这种机器测出的结果误差也较大（原因后面有介绍），它利用的原理是生物电阻分析法。

人体内含有大量的水分，水是很好的导体，同时脂肪中几乎没有水，肌肉也是很好的导体，电流通过肌肉和脂肪时导电性是不一样的，所以这类机器就可以据此推断出关于你的很多数据，其中一些数据并不是测量出来的，而是通过你的身高、体重、年龄，估算出来的。具体算法和数据采集方法，不同品牌的机器之间也有差异，所以这类基于生物电阻分析法的测量结果，仅仅是估算值。

我们也可以通过公式来估算自己的基础代谢，而且相关公式很多，例如Schofield公式、Owen公式、H-B公式、Henry公式等，通过基础代谢公式计算出的结果都只是相对准确的，且只是基础代谢预估值。

比较常见的基础代谢预估公式是Schofield公式，这是WHO推荐的公式，中国营养学会建议以Schofield公式结果的95%为最终计算值。

表9.1为WHO推荐的Schofield公式。

Schofield公式是目前较多地用于计算基础代谢的公式，但在数据采集中约有一半受试者是意大利的士兵，亚洲人的资料很少，这也造成了通过Schofield公式计算出的结果对亚洲人可能存在较大误差。

有研究表明，通过Schofield公式计算得到的结果即便在修正以后，也比实际测量结果高出10%左右。中国营养学会和一些相关试验的结论显示，误差在5%～10%。

那么有没有适合中国人的基础代谢计算公式呢？

表9.1　Schofield公式

男性	计算公式
18~30岁	15.3×体重（千克）+679
30~60岁	11.6×体重（千克）+879
大于60岁	13.5×体重（千克）+487
女性	计算公式
18~30岁	14.7×体重（千克）+496
30~60岁	8.7×体重（千克）+829
大于60岁	10.5×体重（千克）+596

　　毛德倩公式就是比较适合中国人的基础代谢计算公式，其计算方法如下。

　　男：［48.5×体重（千克）+2954.7］÷4.184

　　女：［41.9×体重（千克）+2869.1］÷4.184

　　由于采集样本的关系，这个基础代谢公式仅适合20~45岁的人。

　　不管用哪个公式，基础代谢的结果只是参考，我们可以通过不断修正热量摄入和支出的数值来减少误差。总之，如果你在减脂，然而几周下来体重反而增加了，则说明热量摄入和支出的计算结果有问题。

　　对一般人而言，如果自身很少运动，那么基础代谢基本占一天当中热量消耗的60%~80%。

　　以上主要介绍了基础代谢的计算。现在假设有一个很少运动的上班族，男性，30岁，体重70千克。根据上述公式，我们可以算出他的基础代谢是1500~1600千卡，算上步行和工作，热量消耗差不多在2000千卡。

　　因为假设的条件是他很少运动，所以如果体重增加，那么表明他通过饮食摄入的热量超过支出的热量，这个时候他支出的热量绝大部分来自基础代谢，剩下的部分主要来自日常活动。

　　普通人或者非健身人群很难达到运动员的热量消耗。普通人如果每日工作6小时，在工作期间几乎是不动的，而对于职业运动员来说，这6小时几乎都在运动。健身爱好者与普通人相比，每周多运动了几小时，热量消耗相比普通人来说增加了一些，但依旧与职业运动员有很大的差距。职业运动员因从事的运动项目不同，训练的方法千差万别，例如以力量、爆发力训练为主的举重运动员和以耐力训练为主的马拉松运动员，在同样的训练时间内，马拉松运动员可能消耗的热量更多。因为投入在运动上的时间存在差异，训练项目存在差异，所以运动消耗也就存在差异，这本质上是体力活动水平（Physical Activity Level，PAL）存在差异。一般来说运动员一天运动产生的热量消耗在1000~2000千卡，这已经是普通人基础代谢的一半甚至更多。以耐力训练为主的项目的运动员的热量消耗更惊人，有研究发现一些运动员每日热量消耗中基础代谢仅占 38%~47%，有些运动员甚至可以小于20%。

9.4　什么因素会影响基础代谢

- 体表面积。基础代谢率与人的体表面积成正比。
- 性别。在同一体表面积下，男性的基础代谢率普遍略高于女性。
- 激素水平。男女基础代谢率的差异一部分是因为分泌的激素不同，男性主要分泌雄激素，而女性则主要分泌雌激素。有些激素对基础代谢率的影响是很大的，例如肾上腺素可以提高基础代谢率。除此之外，还有甲状腺激素，甲状腺激素分泌过多，甲状腺功能亢进（也就是甲亢）可以让基础代谢率明显提高，甲状腺激素分泌减退则会降低基础代谢率。垂体激素通过调节其他激素也可以间接影响基础代谢率。有些激素则会降低基础代谢率，例如去甲肾上腺素。
- 去脂体重（FFM）。男女基础代谢率的差异，除了和体表面积和激素水平相关之外，还和去脂体重相关。男性的肌肉量普遍多于女性，一部分原因是雄激素会刺激肌肉的增长（肥大），这也直接导致男性的体表面积大于女性。

有研究表明，即便控制了去脂体重和脂肪，女性的基础代谢仍低于男性大约100千卡，只有在70~79岁的老年组中没有显现差异，也就是说老年人在控制去脂体重和脂肪以后，男女之间的基础代谢没有显著差异。

最后，同样体重的男性相比，去脂体重高的男性的基础代谢率也略高一些，这也是为什么很多文章会告诉你增肌可以提高基础代谢率。尽管运动可以直接或者间接影响基础代谢，但是作用十分有限，因为增肌本身就是一个漫长的过程，同时也受到很多因素的影响，例如个体差异、运动时长、运动类型、运动强度等因素。尽管运动对基础代谢率的提高作用有限，但是运动可以增加热量的消耗。

- 温度。温度对人体的基础代谢率有一定影响，在前面讲基础代谢时，我们说了适宜温度条件，也就是18~25℃（也有文献提出20~25℃），在这个温度区间人体的基础代谢率趋于稳定，而在高温环境和低温环境中，人体的基础代谢率会产生变化。

人是恒温动物，在高温环境中由于体温升高，人会通过出汗散热，从而降低体温。在低温环境中，人会通过打冷战（肌肉快速收缩）等方式产生热量，保持体温。

同样，一年四季温度不同，基础代谢也会有差异。例如人在冬季的基础代谢率要略高于夏季，但这样的基础代谢率差异对于现代人来说影响不大，因为我们有着御寒和降暑的各种方法。冬季有供暖，夏季有空调，即便是极寒的时候外出，也有保暖性能十分好的外套包裹着身体，所以温度对现代人基础代谢率的影响不大。

- 年龄。人的一生中，第一个基础代谢率较高的阶段是婴儿时期，第二个则是青少年时期，基础代谢率之所以活跃是因为身体尚未发育成熟，组织器官想要继续生长，所以对热量的需求非常多。成年以后随着年龄的增长，基础代谢率逐渐降低，从生命的第二个10年开始，到第七个10年，基础代谢每过10年降低1%~2%，但也存在个体差异。

- 其他因素。情绪波动、恐惧、海拔的变化，以及服用咖啡因、酒精等都会影响基础代谢。

孕妇、产后女性的热量需求

孕妇需要更多的热量供胎儿的生长发育，产妇需要更多的热量泌乳。

依据2013年《中国居民膳食营养素参考摄入量》的建议，孕中期女性每天的热量摄入值比非怀孕女性多300千卡，孕晚期女性每天的热量摄入比非怀孕女性多450千卡。

一升乳汁的热量大约为700千卡，机体转化乳汁的效率大约是80%，所以分泌一升母乳，大约需要900千卡。产后6个月的婴儿逐渐增加辅食，加上母乳量减少，产妇所需热量可以减少400千卡。

锻炼无法造就"不易胖体质"

你可能听过这样的说法，锻炼可以提高基础代谢率，从而让你拥有"不易胖体质"。

锻炼的确有助于提高基础代谢，肌肉增加也有助于提高基础代谢，但这并不足以让你变成"不易胖体质"。肌肉的增长本身就是一个相对较慢的过程，初期训练的时候基础代谢率可能会"应激性"提高，等身体适应以后就会趋于稳定。你如果不想长胖，就要控制热量的摄入，而且一个健康的人，突然间怎么吃都吃不胖，并且体重骤减，那大概率是不正常的。

9.5 想过吗？吃饭也会让你增加热量消耗

食物热效应（Thermic Effect of Food，TEF）是指由进食而引起能量消耗额外增加的现象。我们通过食物获取热量，同时食物在体内消化、吸收、利用、运输、代谢、存储都需要消耗热量，这也是食物热效应的本质，它出现在进食后不久，大约在进食2小时后达到峰值，在进食3~4小时后结束。

食物热效应通常占每日总消耗热量的6%~10%，进食碳水化合物消耗的热量增加5%~6%，进食脂肪消耗的热量增加4%~ 5%，而进食蛋白质消耗的热量增加30%~40%。相比于碳水化合物和脂肪，蛋白质分解成氨基酸再被身体所利用，这一过程比碳水化合物和脂肪直接提供能量更为复杂，所以进食蛋白质消耗的能量更多。

我们每日进食不可能只摄入一种营养素，混合膳食摄入大约可以增加基础代谢10%的热量消耗，例如一个人基础代谢是2000千卡，那么他食物热效应消耗大约是200千卡。食物热效应只能增加体热的外散，而不能增加可利用的能量。

基础代谢的"双胞胎"——静息代谢

基础代谢和静息代谢的测量条件几乎是相同的，只是静息代谢测量时要求禁食时间更短，大于2小时即可。结合上面讲的食物热效应，大家也可以把静息代谢理解为：基础代谢＋食物热效应。

承上面的例子，一个人的基础代谢是2000千卡，食物热效应产生的热量大约是200千卡，所以这个人的静息代谢大约是2200千卡。

9.6 变化空间很大的活动量、运动量

基础代谢是维持人体基本生命活动所需的最低能量消耗，很难有大的改变，但是活动量、运动量则不同，它们的"变化空间"是极大的，当然这种变化主要取决于你的行动。

很多人想减肥时，就会优先考虑运动，相信你周围大部分人都办过健身房的年卡，但使用率极低。运动减肥往往伴随着冲动消费，所以在考虑增加运动量之前，不如先增加活动量，因为活动的门槛更低。增加活动量最常见的方式就是快走，你如果连走路都不愿意，那么大概率健身房年卡的使用率不高。

增加活动量实际上是很容易让人忽视的一种热量消耗方式，走路就是典型的消耗热量的活动。

如果选择走路上下班，假设步行10分钟按照1300步左右计算，则可以增加30~40千卡的热量消耗。如果骑车上班花10分钟，差不多可以消耗50千卡的热量。我们可以在不影响工作和生活的前提下，尽量增加活动量，如步行买菜、拿快递、走路去餐厅、骑车回家、走楼

MEMO

增加活动量并不是简单地凑步数，增加活动量是指增加"有效的活动量"。例如走路相比散步，持续5分钟或者更长时间的不间断快走更有效率。

梯等。尽管每次持续时间有限，热量消耗可能也不多，但不要忘了积少可以成多。

前面提到过，有些职业运动员一天的运动消耗在1000~2000千卡，这样来看运动消耗的热量的确是变量极大的。另一个无法忽视的问题则是，运动是很难坚持的，运动消耗1000千卡的热量是需要时间和体力成本的，普通人一次训练差不多消耗300~500千卡热量。所以，如果想增加运动消耗的热量，应该慢慢培养运动的习惯。

有些人的工作需要消耗力量（肌肉）、体力，这个时候体力活动则增加了额外的热量消耗。一般来说，肌肉越发达，体力活动消耗的热量也越多，同时工作时长和工作强度也会影响热量的消耗。

对于职业运动员来说，运动是职业的一部分，这时可以把体力活动和运动量相提并论。

9.7 如何评估一天的能量消耗

准确评估能量消耗的方式就是使用科学仪器测量，目前这种方式无法普及。一些可穿戴设备也可以用于评估能量消耗，这类设备主要参考心率，估算出能量消耗。当然，前提依旧是需要知道你的身高、体重、年龄等。利用可穿戴设备评估能量消耗的优点是方便省事，因为设备会自动采集数据。当然，目前的科技水平有限，这类可穿戴设备依旧无法和科学仪器相提并论。

目前普遍利用的是基础代谢和PAL相乘的结果评估能量消耗，那么体力活动水平是什么呢？

体力活动水平是指总能量消耗与基础能量消耗的比值，用以表示身体活动强度。

假定有甲、乙两个人，甲主要坐在办公室办公，而乙主要外出送快递，显然他们在工作中体力消耗是不一样的，所以你可以把PAL理解为，对生活中不同工作性质的"分级"，分级的标准则是工作中能量消耗的多少。

轻体力活动举例：大约75%的时间坐着或者站立，25%的时间活动。

例如，办公室工作、售货员、电器钟表修理、酒店服务、化学实验室操作、讲课等。

中体力活动举例：大约40%的时间坐着或者站立，60%的时间做职业活动。

例如，学生日常活动（正常课外活动）、机动车驾驶、电工安装、车床操作等动手活动参与较多的工种，以及送外卖、快递。

重体力活动举例：大约25%的时间坐着或者站立，75%的时间做职业活动。

例如，非机械化的农业劳动、炼钢、舞蹈、体育运动，以及装卸采集、采矿等重体力劳动。

如果一个人的基础代谢是2000千卡，某个人是一个办公室白领，也就是主要从事轻体力活动，那么他一天的能量需求量（或者消耗量）就是2000千卡×1.5＝3000千卡。

也就是说，他摄入3000千卡会达到能量相对平衡的状态，少于3000千卡，体重则有可能减少；大于3000千卡，体重则有可能上升。

关于PAL的差异

可能你手头上有其他营养学书，上面记载的PAL和本书中的数据存在差异。

我采用的数据是我国国家卫生健康委于2017年发布的最新行业标准，于2018年4月1日开始执行。之前很多书采用的是1985年世卫组织的PAL分级标准。

> **MEMO**
>
> 在实际运用中，大部分办公室白领的活动强度可能低于1.5，所以，通常我采用1.2~1.3这个区间的值与估算出的基础代谢相乘。

> **MEMO**
>
> 由于工作习惯和生活习惯的改变，相比我们父母那一代人，现代人的PAL值可能是"历史最低"。在这么多年内我接触的顾客中，办公室工作人群每日步行步数很少超过六千，其他活动量比如做饭、做家务、爬楼梯、骑自行车上班等也少得可怜。

我国早期参考了WHO的建议，但由此得出的PAL有个很显然的问题，即1985年的工作、活动情况与现在的差别很大，而且依据WHO的数据计算出的结果会偏高一些，这就导致最终结果很容易高估。综合考虑，我国国家卫生健康委给出的PAL的精准度更高。

9.8 如何估算运动消耗的能量

相比于活动消耗的能量，运动消耗的能量则比较好估算，例如简单且直接地利用可穿戴设备得到结果。现在可穿戴设备还可以预设运动模式，例如你要使用椭圆机，只要调整相对应的模式就会得到相对准确的结果。当然也可以参考表9.2，其中列出了常见的运动消耗。

表9.2 常见的运动消耗

运动名称	每0.45千克体重，每分钟消耗的能量
有氧体操（剧烈）	0.26千焦
篮球（剧烈、全场）	0.41千焦
足球（剧烈）	0.40千焦
骑自行车（速度）	
21千米/时	0.19千焦
27千米/时	0.24千焦
34千米/时	0.38千焦
40千米/时	0.58千焦
游泳（速度）	
18米/分钟	0.13千焦
41米/分钟	0.24千焦
跑步（速度）	
8千米/时	0.21千焦
10千米/时	0.25千焦
12千米/时	0.39千焦
14千米/时	0.43千焦
16千米/时	0.48千焦

运动名称	每0.45千克体重，每分钟消耗的能量
划船	0.40千焦
网球	0.13千焦
乒乓球	0.19千焦
步行（速度）6千米/时	0.15千焦
学习	0.05千焦

在生活中计算热量消耗时，我们在尽量减小误差的同时，也不要过于纠结数值是否绝对准确。例如你在执行某个饮食方案，你计算后的结果是热量的摄入小于支出，但你的身体给你反馈的实际情况并非如此，显然这时你估算的结果是有误的。

> **MEMO**
> 我们在记录（估算）热量的收支的时候，应该注意长周期内的变化，比如一周、四周，甚至更长时间，而不是只注意自己一天摄入了多少，消耗了多少。

9.9　热量的摄入和支出

我们梳理一下热量的摄入和支出，套用"金融"的概念，摄入热量好比赚钱，支出热量相当于花钱。

在现实生活中，一位身材不错的人，他很可能热量摄入少，热量支出较多。

"赚钱"方面：主要通过进食摄入热量。

摄入热量相当于赚钱，当你赚了很多钱没花出去，多余的钱（热量）就存在银行（身体）当中。

"花钱"方面

基础代谢：每日最低消费。

食物热效应：吃饭开销。

活动量：最低消费之外的生活必需支出。

运动量：购买非生活必需品、奢侈品。

肥胖的人则很可能摄入可观的热量，吝惜各种热量消费，除了消耗每日最低热量之外，绝对不浪费1焦耳的热量。

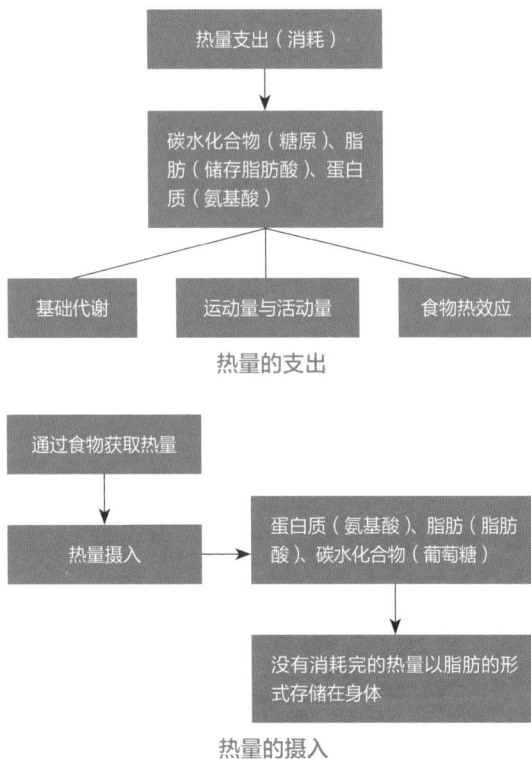

```
热量支出（消耗）
        ↓
碳水化合物（糖原）、脂
肪（储存脂肪酸）、蛋白
质（氨基酸）
```

```
基础代谢     运动量与活动量     食物热效应
```

热量的支出

```
通过食物获取热量
        ↓
热量摄入  →  蛋白质（氨基酸）、脂肪（脂肪
             酸）、碳水化合物（葡萄糖）
                      ↓
             没有消耗完的热量以脂肪的形
             式存储在身体
```

热量的摄入

9.10　人体三大供能系统

运动项目不同，主要的供能方式也有差别，如3000米跑、举重、400米冲刺，显然它们属于不同的运动类型。而人处于不同运动状态时人体的供能方式也有差异，这里不得不提人体的三大供能系统。

ATP（三磷酸腺苷），人体内能量的"通用货币"

人体内只要和能量相关的生理活动都需要ATP，例如肌肉收缩、食物消化吸收等。人体内ATP的来源是供能营养素，即脂肪、碳水化合物、蛋白质。

人体细胞内ATP的浓度很低，安静状态下肌肉内ATP的含量为4~6纳摩尔/千克，ATP最大生成率为1.6~3.0纳摩尔/（千克·秒）。

人体的三大供能系统分别为磷酸原（ATP-CP）供能系统、糖酵解供能系统（乳酸供能系统），以及有氧氧化供能系统，不同供能系统产生ATP的能力不同。

表9.3直观展示了三大供能系统的特点。

磷酸原供能系统

磷酸原供能系统又称为ATP-CP供能系统，在供能代谢阶段磷酸基团发生转移。我们在使用爆发力和最大力量阶段，主要由磷酸原供能系统供能，例如举重、力量举等对爆发力要求高的运动项目。所以尽管磷酸原供能系统持续时间较短，只有6~8秒，但输出功率是最大的。

糖酵解供能系统

糖酵解供能系统应该是健身人群和健美爱好者经常用到的供能系统。在抗阻训练中，骨骼肌中的肌糖原或者葡萄糖在无氧条件下酵解，同时产生乳酸，所以这一供能系统又被称为乳酸供能系统，该供能系统持续时间一般在两分钟。

有氧氧化供能系统

在三种供能系统中，有氧氧化供能系统是输出功率最低的供能系统，最大输出功率仅能达到糖酵解供能系统的1/2，但有氧氧化供能系统在长时间运动中起到了重要的作用。人体在肌糖原流失的情况

表 9.3 三大供能系统的特点

供能系统	底物（用什么供能）	供能时间	供给 ATP 恢复的物质和代谢产物	运动过程中可提供的能量
磷酸原供能系统	ATP、CP（磷酸肌酸）	6~8秒，最多30秒	CP CP+ADP（腺苷二磷酸）→ ATP+C（肌酸）	肌肉中储存的肌酸只能提供5千卡左右的能量，通过服用肌酸可以增加体内肌酸的储备量
糖酵解供能系统	肌糖原	平均2分钟，最多3分钟	肌糖原→乳酸	肌糖原可提供50~70千卡的能量
有氧氧化供能系统	肌糖原、脂肪、蛋白质	肌糖原：90分钟左右 脂肪：人体内脂肪储备量较大，理论上供能时间无上限	糖+氧气→二氧化碳和水 脂肪+氧气→二氧化碳+水 蛋白质+氧气→二氧化碳+水+尿素	葡萄糖氧化一般可提供1500~1800千卡的能量 脂肪氧化一般可提供2500~2800千卡的能量

下有大量的储存脂肪用于供能，这些都为长时间运动提供了保障。

磷酸原供能系统和糖酵解供能系统因为不需要氧气的参与，所以叫无氧系统，有氧氧化供能系统则是有氧系统。另外，无氧运动指的是代谢的反应不需要氧气，而不是指不需要呼吸。

9.11 供能系统和运动能力

三大供能系统针对不同运动类型供能的比例不同，一项运动中并不只由一种供能方式供能，而是由三大供能系统按照比例协同供能。

不同的运动类型、持续时间和运动强度，影响着三种供能系统所占的比例。

100米跑主要以冲刺、爆发力为主，项目的要求是在最短时间内完成跑步距离，需要肌肉输出的功率也是很高的，也就是短时间内消耗的ATP很多，所以以磷酸原供能系统和糖酵解供能系统为主。

400米跑的路程是100米的4倍，显然一直利用磷酸原供能系统冲刺是不大可能的，但依旧以磷酸原供能系统和糖酵解供能系统为主。

2000米跑或者马拉松运动的运动时长更长，这时尽管有糖酵解供能系统和磷酸原供能系统供能，但整体运动时长决定了供能系统以有氧氧化供能系统为主。

很多人熟悉的健美运动，其本质是抗阻力训练，主要以磷酸原供能系统和糖酵解供能系统为主，同时力量训练基本上也是如此。

10

热量与减肥

真的有人喝水都能胖？显然这是不可能的。

生活中我们偶尔看到一些重度肥胖的人，其中一些人属于病理性肥胖，例如下丘脑受损导致的肥胖，或者基因突变导致的肥胖，可即便是肥胖症也无法改变能量守恒定律。

水没有热量，喝水还会增加能量的消耗，产生食物热效应。有研究表明受试对象在饮水后10分钟的基础代谢率提高了30%，半小时以后达到了峰值，随后下降。所以，不要说自己喝水都能胖，绝大多数人的肥胖是因为摄入了太多热量，说自己喝水都能胖的人本质上只是没管住嘴。本章就来主要探讨一下热量与减肥。

10.1　下丘脑，让你知道自己吃饱了

下丘脑的大小只相当于一个杏仁，重量仅占全脑的0.3%左右，尽管不起眼，但功能不容小觑。人类所有文明、繁衍、感知的行为几乎都和下丘脑相关。科学家很早就发现了下丘脑对"食欲"的影响力，例如腹内侧下丘脑受损可能导致肥胖问题。

饿和饱都在下丘脑的管辖范围。曾有科学家在小鼠身上做过实验，用微弱的电流刺激其腹内侧下丘脑区域，结果小鼠丧失了感知饿的能力，它即便被活活饿死也感觉不到饿；而如果破坏腹内侧下丘脑区域，小鼠的饥饿感就无法控制，即便是吃饱了也会不断地进食。由此可见，腹内侧下丘脑是控制动物感知饥饿能力的关键。

动物实验得到的结论也受用于人类，如果腹内侧下丘脑被破坏，就会导致无法抑制食欲。尽管胃还有尚未消化完的食物，但大脑依旧传递"饿"的信号。可能有人会想，是否可以利用合理的电流刺激该区域，从而解决一部分人的肥胖问题。

科学家可以利用小鼠做实验来获得简单认识，但人的大脑和小鼠的大脑差异巨大，人脑的神经网络无比复杂，任何一种影响神经核传递的行为都有可能导致其他情况的发生。例如下丘脑部分区域遭受破坏，影响的可能不仅有食欲，还可能影响性腺，甚至让人变得残暴。下丘脑区域的确影响了一些人类的生理活动，科学家据此发现了瘦素。

10.2　瘦素可以用来减肥吗

瘦素，顾名思义，能防止变胖、抑制食欲、增加能量消耗。这么看来瘦素似乎是一种十分理想的减肥物质。科学家早在1995年前后就合成出了瘦素，可实际情况并不如你所想得那么乐观。

早期发现瘦素时，动物实验得到的结果可谓喜人，但人体实验结果则喜忧参半，最后甚至证明瘦素无效，这是因为瘦素本身就是由脂肪细胞所提供的。肥胖人群的脂肪细胞增大（增肥）过程中，瘦素本

身也会大量分泌，所以你可以简单理解为，肥胖人群根本不缺少瘦素。

下面简单介绍一下变胖的本质，增肥并不是脂肪细胞的数量增加，而是脂肪细胞的体积变大。对瘦素来说，脂肪就相当于它的领导，脂肪风光，瘦素便如鱼得水；脂肪减少，瘦素也就偃旗息鼓。

当我们进食的时候，瘦素通过血液循环进入下丘脑，然后发挥其功能——抑制食欲，其实这种抑制并不是大众想象的那种抑制，而是让你知道自己吃饱了。

当你减肥、节食的时候，脂肪细胞变小，这时瘦素水平也会下降，下丘脑中的神经肽增多，从而引发一系列饥饿的感觉。但大家要知道，这是一种正常的现象，我们的祖先就是靠饥饿的感觉去狩猎、获取食物的。

尽管瘦素可以抑制食欲，但它的"胆识"很小，因为完全仰仗着脂肪这位领导，所以不可能越界去消灭脂肪。它更像"卧底"，能力受限于脂肪，但实际职责是告诉大脑，脂肪的储备量是充足的。

这也是为什么瘦素在临床试验阶段的结果并不理想，因为肥胖人群的脂肪多，并不缺乏瘦素，这时额外增加瘦素的摄入并不会有理想的情况发生。一些无法控制食欲的肥胖人群体内的瘦素水平是很高的，但他们的瘦素"罢工"了，这与患2型糖尿病的人出现的胰岛素抵抗很像。你可以理解为，尽管瘦素很多，但它们都不干活。

未来有关瘦素与肥胖治疗也许会有新进展，目前瘦素对减肥没有帮助，但市面上有很多打着含有瘦素旗号的产品。

影响食欲的物质并非只有瘦素，2017年11月16日在《自然医学》杂志上刊登了一项最新研究。该研究显示一种名为白脂素（asprosin）的激素可以刺激食欲，也许未来我们会发现更多与食欲相关的物质。

我们还不能忽视个体差异，人的肥胖程度一部分取决于基因，另一部分则取决于所接触的外部环境，请记住这两个决定性因素。

假设"喝水都能胖"是个基因问题，理论上携带"肥胖基因"的人更容易囤积脂肪，但这并不是一个站得住脚的借口，因为"肥胖基因"必须和外部环境交互才能被"激活"，所以减肥成功的人往往都是自律的人，因为他们控制了外部环境对自己的影响。

10.3　为什么节食减肥很难实施

减肥很容易开始也很容易结束，你周围也许发生过这样的情景，某人突然嚷嚷着不吃饭了要减肥，这就是节食行为。节食是一门门槛很低的减肥法，当然也是很难坚持的，除非你身处的环境缺少食物资源。

人体可以储存脂肪，要归功于大脑全日无休地对能量平衡的监控，而减肥并不是大脑的职责所在，增肥才是大脑的工作重心。从某种层面上来说，减肥是一种反本能的行为。

在节食减肥时，当大脑监控到你摄入的热量低于过往的"均值"，它会很自然地开启"省电模式"，大脑可以从很多角度监控到能量平衡的变化，例如血糖的水平、脂肪供能多少等。

在"省电模式"下，大脑首先会调节瘦素等激素以增强你对食物的渴望。大部分节食减肥的人在这一步就失败了，更少的热量摄入势必会引发我们对食物更强烈的渴望，如果你靠节食这种单一的方法减肥，那么具体能坚持多久，完全取决于你的意志力。

同时大脑为了刺激你觅食，会释放很多信号。有没有发现饥饿的时候，嗅觉会变得异常敏感？这是大脑在刺激你进食的信号。当胃空空如也的时候，人体就会分泌一种激素蛋白，它的作用就是让嗅觉敏感、食欲大增。孕妇的嗅觉会异常灵敏，更容易分辨出食物的新鲜程度，以免误食腐化变质的食物。

在"省电模式"下，并不只有下丘脑区域活跃，其他区域也会活跃起来，毕竟单纯增加饥饿感对行动力的提升还不够，所以可能还会出现情绪波动大、好斗等行为。大脑这样安排是单纯从争夺食物，从而获取热量的角度考虑的。

这时能量消耗会有什么变化呢？智能手机在省电模式下会尽可能关闭耗电的程序，人体也是如此，例如身体会调节骨骼肌（肌肉）的工作效率，如果持续不进食，人体为了维持血糖平衡，糖异生就会增加，这个时候肌肉分解代谢也会增加。

单纯地节食对大脑来说相当于"自杀"，所以它才会努力刺激食欲，同时尽可能减少热量的消耗，这时一旦进食，大脑也会增加热量的吸收率。通俗一点说就是，在饥饿状态下进食，身体更容易囤积脂肪，在完全禁食和极度饥饿的情况下，肌肉会分解。因为对身体来说肌肉属于"高能耗"的存在，这也是节食减肥反弹后更胖的原因。

如果大脑在发现能量平衡出现问题时开启"省电模式"，那减肥似乎是一件不可能完成的任务。尽管大脑会利用各种方法"节能"，但这些只是增加了减肥的难度，想要成功减肥，还是有方法的，你需要的就是耐心，先从调整自己的饮食习惯、行为习惯开始。

10.4 减肥：饮食控制是关键，运动没你想得那么重要

突然决定节食，和突然开始运动，是减肥人群经常做的事。管住嘴和迈开腿确实是有效的减肥方式，但大部分人没有办法坚持下来，主要原因在于，很多人只是在冲动减肥，这很像冲动消费。

首先，没有人是在短时间内吃胖的，绝大多数人起码要经过一段时间的努力才会超重，既然长胖是以年为单位计算的，那么减肥也是如此。我知道很多人减肥的诉求很强烈，但是减肥为什么要以月为单位计算？应该以年为单位计算，重点是纠正自己的饮食习惯、行为习惯。例如一个人体重70千克的时候，和体重100千克的时候，饮食习惯、行为习惯肯定是不同的。

其次，对于重度肥胖的人群，本书不建议开始减脂时就增加运动量，我认为应把重心放在饮食上。相比起摄入500千卡热量，通过运动消耗500千卡的热量则显得困难很多。即便是你大汗淋漓，消耗了500千卡热量，接下来还要面临大脑给你的各种考验，例如忍受饥饿。

到达热量平衡以后，身体还要适应一段时间（所谓的平台期），体重才有可能继续下降。

并且有研究发现，身体质量指数（BMI）越高、年龄越大的人，运动后越容易出现能量补偿的问题。人体的能量补偿其实也很好理解，为了生存，人类储存能量的主要方式就是存储皮下脂肪。运动量突然增加，脂肪消耗增加以后，身体会想尽办法把这部分丢失的能量通过其他方式补偿回来，例如降低静息代谢、刺激食欲。但这并不意味BMI高的人不可能通过运动减肥，只是难度略大而已。很多人减肥一开始就控制饮食、增加运动，这没错，但是这相当于刚开始减肥就直接进入了高难度模式。不排除少数意志力强大的人最终可以成功，但绝大多数人只会更容易放弃减肥，很多人反复减肥又反复放弃，最终丧失了自信心。

实际上囤积脂肪是人的本能，从某些角度上来说减肥是一件违背人本能的事，所以不要因为减肥失败就对自己产生怀疑，更不要丧失自信心。减肥需要的是耐心，需要慢慢改变自己的饮食习惯、行为习惯。

最后，我想说的重点是，减肥本身就是一件长期的事，并且减肥的难度取决于你想减成什么样，以及你现阶段的情况，例如你想练成健身模特的身材，显然需要投入的时间成本是很高的。另外，BMI不同，投入的时间成本也是不同的，显然重度肥胖的人投入的时间成本要比超重的人多。

运动只是减肥的方式之一，运动的门槛比较高，练好不容易，练伤很常见。绝大多数开始减肥的人往往容易忽略这一点，并且很多人没有养成运动的习惯，昨天可能还躺在床上打游戏，今天突然想减肥了，然后突然开始运动。在漫长的人生中，偶尔的运动对减肥整体的效果可以忽略不计，如果没有形成规律的饮食习惯、行为习惯，运动对减肥并没有意义，反而只会让你越来越反感运动。所以如果你准备开始减肥，应将控制饮食放在第一位，运动可以慢慢来，哪怕从多走几步开始，重点是循序渐进。

10.5 没有"垃圾食品"，只有更糟的选择

饮食控制的关键在于选择，这也是本书想要传递给读者的核心内容之一。学习营养学的目的是做出更好的食物选择，哪怕面对两个很糟的选择，你也可以依据营养学知识做出不那么糟的选择。

有个有名的纪录片《超码的我》(Super Size Me)，主人公做了一个疯狂的实验，30天只吃麦当劳，结果体重增长了24.5磅（1磅≈0.454千克），胆固醇上升了65毫克。短短的一个月主人公从健康人变成了心脑血管疾病和糖尿病高发者，为什么会这样呢？就是因为他选择了更高热量、更多糖、更多脂肪的食物。并且请大家注意，本质上他这30天改变的是饮食习惯、行为习惯。

热量是我们赖以生存的基础，食物本身没有对错，毕竟没有人逼着你选择食物吞下。假如一个人肥胖，那不可能是吃一顿垃圾食品造成的，势必是他养成了不好的饮食习惯、行为习惯。

让我们看一位选择在同一餐厅进食的人，他没有胖，反而瘦了，他是一位美国的中学老师，名叫乔恩·西斯纳尔。

作为一名中学老师，乔恩·西斯纳尔进行了一次90天只吃麦当劳的实验，在了解食物的营养价值后选择麦当劳餐厅所能提供的食物，严格控制摄入食物的热量，并且每日行走45分钟。通过这样的方式，他在90天内成功减重15千克，这个数值在180天后也翻倍。同时，他的健康状况也得到了改善，低密度胆固醇（坏的胆固醇）从173毫克下降到113毫克。

这是一个有趣的实验，因为食物的来源都是麦当劳，只是选择的菜品不同。

《超码的我》的导演通过30天错误的选择，体重增长了将近25磅，而中学教师乔恩·西斯纳尔则通过正确的食物选择和热量计算，45天减少了22磅。

10.6 吃不胖？先排除病理性因素

你周围可能有这样的人，怎么都吃不胖，这类人和易胖的人通常互相羡慕对方的体质。

如果你感觉自己怎么吃都不胖，那么首先应该排除一下是不是病了。

正如有些肥胖成因是疾病，有些偏瘦原因也有可能是疾病。例如前面讲过的影响基础代谢的甲状腺功能亢进，这种疾病导致内分泌紊乱，患者的基础代谢率也会飙升，同时饥饿感也会增加，但普遍形体消瘦。

一些消化系统疾病也会导致食物无法被很好地吸收或者利用，这就好像浪费了一部分食物中的热量一般，同时给人造成怎么吃都不胖的假象。

有些寄生虫也会让人怎么吃都不胖，当然还有可能是癌症、肿瘤等疾病，这类情况发生概率很小，患者本身并非"怎么吃都不胖"的人群，之前体重都是正常的，只是患病后逐渐消瘦。相较于这种低概率事件，2型糖尿病让病人"怎么吃都不胖"则更为常见，通常糖尿病发病时都伴随着体重短时间内下降，这是因为糖尿病患者无法很好地利用糖（糖代谢紊乱），这时身体会分解脂肪，导致体重突然下降。通常糖尿病会伴随着"三多一少"，即多食、多饮、多尿、体重减少。

上述情况不管是哪种，都可以去医院检查，从而在短时间内得到答案。所以如果你感觉自己怎么吃都不胖，不妨去做个体检。

还有一些非病理性因素，例如生活节奏快导致很多人狼吞虎咽，这是一个十分不好的习惯。如果食物未被充分咀嚼就下咽，消化系统就无法很好地处理大的食团，结果就是浪费了一部分食物的热量。

10.7 吃不胖？可能你天生如此

有很多吃不胖的人，身体没有健康问题，并且体脂率很低，平均都在 10% 左右。目前比较普遍的观点就是，怎么吃都不胖的人基本天生如此。

某英国机构在 2009 年出过一个纪录片《瘦人为什么不发胖》（*Why Are Thin People Not Fat*）。该片介绍了一个有趣的实验，研究者招募了一批吃不胖的人，在一定时间内增加了他们摄入的热量，结果有一位受试者的脂肪增长速度在中后期开始变缓，但肌肉量增加了，当然这和我们认为的增肌是有区别的，他也不可能只靠吃就轻松获得肌肉。这个结果更像是身体"想尽办法"代谢掉多余的热量，而这主要取决于个体差异，也就是我们开始说的——天生如此。

就像之前说的，BMI 越高的人，运动的时候越容易出现代谢补偿，而吃不胖的人则更像代谢补偿的另一面，他们的身体更倾向于想尽办法多消耗热量，这会体现在很多小的细节上，例如增加肌肉的活动（抖腿、抖手）、适应性地增加肌肉量等。总之，这一切的行为和生理变化，是因为摄入的热量增加了。

换句话说，热量代谢的差异造就了一部分人怎么吃都不胖的体质。从人类进化的观点来看，这种基因面对饥荒的时候几乎会被淘汰。显然，怎么吃都不胖的人更容易练出让人羡慕的线条。所以从某些角度来说，怎么吃都不胖，对于健身来说是一项优势。

这么多年来我发现一个有趣的现象，减肥的人往往需要抑制自己的食欲，而很多吃不胖的人，则要痛苦地强迫自己吃饭。面对食物，他们都很痛苦，只是采取的行动大不相同。

10.8　年轻时吃不胖，中年后为何变得臃肿

有些高中、大学时消瘦的人，步入中年以后开始臃肿起来，难道年轻时怎么都吃不胖的体质改变了吗？

实际上是有这种可能性的，人在身体发育阶段热量代谢几乎处于人生巅峰，不光热量代谢高，激素水平也处于峰值，这个时候基础代谢水平也高，所以处于青春期发育阶段，感觉吃不胖很正常，因为多

余的热量都供给身体的组织器官生长和发育了。

当你生长、发育结束以后，可能食量并没有什么改变，却日渐肥胖，这一部分是由于身体发育的"福利"丧失，另一部分则是因为生活压力减小以及外部环境的改变。例如大学阶段一部分人除了期末考试，几乎没有任何学业压力，很多人脱离被管束的环境后，几乎整日休息，所以即便通过饮食摄入和高中阶段相同的热量，但自身基础代谢率有所下降，同时活动量和运动量减少了，胖是早晚的事。

11

生命的基础物质——蛋白质

你可以简单地认为，人就是蛋白质构成的，人长大的过程就是蛋白质不断"堆砌"的过程。当你接触运动的时候，蛋白质几乎是出现频率最高的词，对人体来说蛋白质是构造组织和细胞的基本原料，所以很多人才会将蛋白质称为生命的基础物质。既然蛋白质如此重要，下面我们就来好好地介绍一下与蛋白质相关的重要知识。

当你吃进去一块牛小腿肉，这块牛小腿肉并不会长在你的小腿上。这是因为人体无法直接利用蛋白质，你以任何形式摄入的蛋白质通常要分解成氨基酸后再被利用，所以你也可以简单地理解为，人体对蛋白质的需求，本质上是对氨基酸的需求。

11.1 什么是蛋白质？它有什么用

除了肌肉之外，心脏、肝脏、肾脏乃至于骨骼和牙齿都含有大量的蛋白质，人体基本上就是蛋白质构成的。

有些蛋白质在不断更新换代，人体内各个组织细胞的蛋白质就始终在更新中。例如肝脏中大部分蛋白质半衰期为1~8天，有些蛋白质的半衰期很短，只有几秒，衰减之后就要有新的蛋白质加入，这样人体才能维持正常，甚至满足最低的生理需求。人体内的所有含氮类化合物，如嘧啶、嘌呤、肌酸、胆碱、牛磺酸等都需要蛋白质，所以摄入足够的蛋白质是十分必要的，它就像构成人体的材料一般。

蛋白质不仅承担着"生命原材料"的角色，同时还参与生命活动，调节生理功能。蛋白质的种类也有很多，生理功能也不一样。例如当你运动、活动时，任何一个细微动作都会引起肌肉运动，这个时候肌球蛋白可以调节肌肉收缩。体内的各种酶几乎都是蛋白质，当氧气需求功能增加时，就要仰仗血液中的血红蛋白，因为它负责携带和输送氧气，血液中的脂蛋白、运铁蛋白、维生素A结合蛋白负责运输各种营养。我们在前文聊到的甲状腺激素、垂体激素、肾上腺素等都是由蛋白质或者蛋白质衍生物构成的。总结成一句话就是——蛋白质有着调节生理功能的重要作用。

11.2 供能只是蛋白质的"兼职"

你可以把蛋白质的"工作"理解为两大类，一类是合成代谢，另一类是分解代谢。这两类工作在生物体内是同时进行的，也就是处于动态平衡的。

供能主要由脂肪和碳水化合物负责，前者的存量够多，后者既可以暂存在肌肉和肝脏中，也可以直接利用。正是因为有它们，蛋白质才可以安心做好本职工作，尽管每时每刻都有供能的兼职做，但大部分情况下工作强度很低，不影响蛋白质的主要工作。很多人会放大蛋白质供能的能力，感觉会掉肌肉，这是不对的。蛋白质在合成的同时也在分解，就像你每天赚钱的同时也要花钱一样。

人体在摄入蛋白质以后，会把它分解成氨基酸，再将这些氨基酸用于合成体内各种蛋白质，而蛋白质供能基本是一个降解的过程（蛋白质分解成氨基酸）。

大致过程为蛋白质被分解为氨基酸之后，经过脱氨基作用生成α-酮酸和氨，然后α-酮酸进一步代谢。脱氨基是氨基酸分解代谢的最主要方式，大致有4种，分别是氧化脱氨基、非氧化脱氨基、联合脱氨基、转氨基，其中联合脱氨基是最主要的方式。你可以理解为，联合脱氨基＝氧化脱氨基＋非氧化脱氨基。

氨基酸在分解代谢时，可以直接氧化供给能量，也可以转化成碳水化合物以及脂类，还可以生成非必需氨基酸（但无法生成必需氨基酸）。

氨基酸经脱氨基作用会产生氨，氨是有毒物质，一般情况下人体将氨在肝脏合成尿素解毒（防止氨中毒），少部分氨在肾脏以铵盐的形式排出。

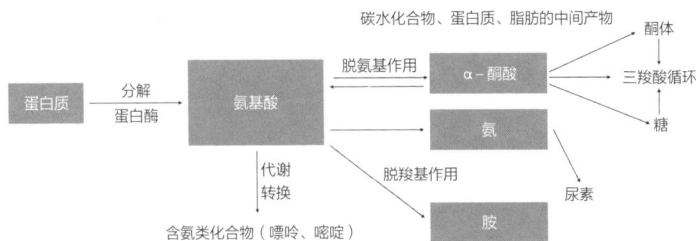

蛋白质的分解

氨基酸经脱羧基作用产生相对应的胺，是人体内神经递质的主要来源，例如色氨酸脱羧基产生5-羟色胺（5-HT），谷氨酸脱羧基生成 γ-氨基丁酸（GABA）等。

健康的成年人体内每天有1%～2%的蛋白质用于分解代谢，其中主要是肌肉蛋白。蛋白质分解产生的氨基酸中，有70%～80%会被重新用以合成蛋白质。

11.3　人体需要多少克蛋白质

蛋白质在体内分解产生的氨基酸，其全职工作主要是合成蛋白质和多肽，除此之外，像肾上腺素、嘌呤、嘧啶这些作用于人体生理功能的活性物质也是由氨基酸参与转变的。

肽、氨基酸、蛋白质，本质上来说是一样的，只是数量级有区别，你可以理解为：蛋白质＞肽＞氨基酸。

例如两个氨基酸构成了一个"小团体"，我们称之为二肽；三个氨基酸的"小团体"，就是三肽；小于10个氨基酸构成的"小团队"叫寡肽；10个以上氨基酸构成的"小团体"为多肽。通常将含有30个氨基酸残基组成的促肾上腺皮质激素称为多肽，而把含有51个氨基酸残基的胰岛素称为蛋白质。你也可以理解为多肽和蛋白质的区别，就是氨基酸"数量级"上的差别。

蛋白质分解的过程，就是蛋白酶不断地把蛋白质拆分，最终变成氨基酸，"拆分"的部分就是氨基酸之间相连的肽键。而蛋白质合成的过程，就是这些氨基酸再重新组合成各种蛋白质的过程。

表11.1是WHO对不同年龄组蛋白质安全摄入量的建议。

WHO的这个建议是1985年制定的，结合数据看相信很多人会感觉有些过低了。其实这只是安全摄入量的建议值。每个国家制定的蛋白质建议摄入量有差异，但基本上成年人每千克体重摄入1克左右的蛋白质是合理的。

表 11.1　WHO 对不同年龄组蛋白质安全摄入量的建议

年龄组	年龄（岁）	安全摄入量 克（千克/天）
婴儿	0.3~0.5	1.47
	0.75~1	1.15
儿童	3~4	1.09
	9~10	0.99
青少年	13~14（女）	0.94
	13~14（男）	0.97
成年人	≥18	0.75

　　WHO 要综合全球的情况去考虑蛋白质的摄入量，相对来说是一件复杂的事，因为单纯研究蛋白质摄入量所涉及的实验方法本身就有区别，同时还要考虑每个国家不同的经济条件和全民整体的生活水平。中国营养学会在 2000 年制定膳食标准时，就参考了十多个发展中国家关于蛋白质摄入量的研究，还考虑了不同饮食文化下蛋白质摄入量的差异，让实验对象进食的蛋白质中有一定豆类蛋白质，最终推算出我国居民（除老年人以外）蛋白质参考摄入量是每千克体重 1.16 克。老年人的蛋白质参考摄入量是每千克体重 1.27 克。不论是基于什么研究方法，基本上各国建议的摄入量都差不多。

11.4　运动人群需要多少蛋白质

　　运动人群普遍认为需要摄入更多的蛋白质，网上可以查到的蛋白质每日摄入标准又各不相同。实际上，进行不同的运动的人群对蛋白质的需求略有差异，但基本为每千克体重摄入 1.5~2.0 克蛋白质。

　　非运动人群每日每千克体重摄入蛋白质 0.8~1.0 克即可，这个建议的前提是热量摄入充足。

　　对于运动人群，不论是进行有氧运动、无氧运动还是进行以爆发力为主的运动，蛋白质需求量都要大于非运动人群，平均蛋白质的建议量是每千克体重1.5~2.0克。假定一位男士的体重为70千克，蛋白质需求量差不多在105~140克，对于普通健身爱好者来说，每千克体重1.5克蛋白质就已经足够了。

目前测量蛋白质合成率采用的普遍方式大致有两种，一种是利用氮平衡法（NBAL）进行测量，另一种则是FSR法。

前者主要利用蛋白质摄入和排出之间的平衡进行测量，后者则需要注入一种同位素进行跟踪测量。

有氧运动对蛋白质的需求。在有氧运动中，供能的主要是肌糖原和脂肪，所以很多人在进行有氧训练的时候往往忽略蛋白质的摄入，甚至有长跑爱好者认为有氧运动有别于抗阻训练（例如健美），而忽略了蛋白质的摄入。

从供能的角度来说，肌糖原和脂肪的确比蛋白质重要，但随着运动时长的增加以及肌糖原的大量消耗，身体蛋白质供能也在增加，这种蛋白质分解代谢的情况与人体在饥饿状态下的蛋白质分解代谢十分类似，所以进行运动时长较长的有氧运动的人也需要补充蛋白质。组织蛋白分解也会影响停止运动后的肌糖原恢复，同时不论任何形式的运动，本质上我们都不希望蛋白质供能增加，所以有氧运动人群建议的蛋白质摄入量是每千克体重1.2~1.4克。有些实验表明运动后需要每千克体重摄入1.5克蛋白质才可以保持蛋白质的正平衡。

力量训练、健美训练等对于蛋白质的需求。由于肌肉和蛋白质之间的关系，很多力量训练和健美运动员过度重视

MEMO

健身爱好者训练日每千克体重摄入1.5克蛋白质，非训练日摄入0.8~1.0克就足够了。蛋白质很重要，但我们本质上需要的是氨基酸。现实中我很少遇见蛋白质摄入不足的人，相反绝大多数健身爱好者都有蛋白质摄入过量的问题。很多人并没有系统地学习过营养学，只是通过广告认识到蛋白质很重要。往往带有商业性质的广告，都容易让你感觉自己蛋白质摄入不足，从而产生蛋白质摄入方面的"焦虑情绪"。

第二章　生命的基础物质——蛋白质

蛋白质的摄入量，实际上每天按照每千克体重摄入1.5~2.0克蛋白质就足够了，在能量摄入足够的前提下，额外摄入蛋白质只会增加蛋白质供能。

健美、健身爱好者的蛋白质摄入量建议。健美和健身爱好者往往容易摄入过量营养，其中一部分原因来自网络中的某些健身文章，这些文章容易给读者造成一种"自己什么营养素都缺乏，很多食物、补剂对增肌有帮助"的错觉。实际上大部分健美、健身爱好者一次训练中消耗的热量并不多，尽管他们感觉很疲劳。所以我一般建议健美、健身爱好者每千克体重摄入1.5克（运动员可以为每千克体重2克）优质蛋白质，就可以达到增肌、保持肌肉的目的。前面我们说过，人体本质上需要的是氨基酸，健美、健身爱好者蛋白质来源往往都是肉、蛋、奶，这些都是氨基酸含量很高的食物。

11.5 为什么运动和体力活动要增加蛋白质

翻阅《中国居民膳食指南》不难发现，我国蛋白质需求量是以体力活动量分配的。

体力活动会影响能量的消耗，而当能量供给不足的时候，蛋白质的"兼职"工作就开始增加，所以从某方面来说，能量充足可以减少蛋白质的消耗。同时体力劳动和运动十分类似，例如一个卸货的工人，肌肉收缩运动时间和频率肯定比一个办公室白领高。一方面他消耗了体能，增加了热量消耗；另一方面，更多的肌肉在收缩做功。在这样的前提下进行中度体力活动和重度体力活动的人，蛋白质摄入量应该增加。

体力活动和运动其实可以放在一起去讨论，因为它们的共同点都是肌肉收缩和做功增加，所以进行体力活动和运动的人需要多摄入一些蛋白质。

蛋白质的摄入量基本上只和体力劳动、运动相关，在《中国居民膳食指南》当中，蛋白质摄入量是按照PAL划分的。体力劳动强度和运动强度的大小取决于肌肉收缩（做功）。以不同的体力劳动为例，一位工人师傅将一台冰箱背到5楼，和一位外卖送餐员将一包食物送到5楼，产生的肌肉收缩是有差异的。假定他们都工作1小时，显然工人师傅的劳动强度更大，因为工人师傅的肌肉收缩更多，需要克服的阻力更强。

我们在进行体力劳动或者运动的时候，主要的能量来源是碳水化合物和脂肪，但是在这个过程中，随着劳动或者运动强度的增加，肌肉需要更多的机械性收缩来对抗外部增加的强度。我们平常锻炼的时候，不论是增加强度（重量），还是增加容量（总负载），肌肉都会对外部的刺激产生应激性、适应性变化。例如一个人通过系统训练会产生肌肥大，肌肥大的过程就是肌纤维变粗（增肌）的过程，而肌纤维变粗是为了适应训练强度，不同项目的运动员身材（肌肉）有差异，是适应不同类型的训练的结果，但是不论适应哪种类型的训练，想让肌纤维增粗都需要蛋白质。

很多人会在减脂阶段担心自己肌肉减少，其实完全不用担心，除非你放弃做力量训练。因为身体为了适应阻力训练，才让肌纤维变粗，如果你完全不做阻力训练，改为有氧长跑，那么肌肉则会为了适应运动类型做出改变。另外，运动会让蛋白质的分解代谢增加。因此，不论是体力劳动强度增加，还是运动强度增加，都可以适度地增加蛋白质的摄入量。

MEMO

从人体结构的角度来说，肌肉并不是为了大或者好看，运动也不是只有减脂、增肌两个选项。当不同类型的运动占比不同时，肌肉会为了适应不同的运动占比而做出改变。肌肉服务于运动，所以除非你完全放弃力量训练，否则不用担心掉肌肉。例如一个人从现在开始，完全放弃力量训练，然后每天跑20千米，从健美的角度来说，这的确是掉肌肉了，但从人体结构角度来说，因为运动类型改变了，所以肌肉也适应性地做出了改变。

11.6 什么会影响蛋白质的需求量

很多健身人群容易摄入过量蛋白质，主要原因在于媒体的宣传。

其实蛋白质从吸收到被身体利用，每个环节都是有最大限度的。尽管蛋白质十分重要，但并不意味着一味增加蛋白质的摄入量就能获得更多的肌肉。

影响蛋白质需求量的因素有很多，有些因素是不可控因素，例如性别、年龄。

男女有别，主要体现在生殖系统上。男性的睾丸主要分泌雄激素，女性的卵巢则主要分泌雌激素，尽管女性也会分泌雄激素，但分泌量极少，同时雄激素又是男性维持肌肉、蛋白质合成以及性征的主要激素，所以男性的蛋白质需求量普遍高于女性。

可以参考职业竞技健美运动员的蛋白质摄入量吗

很多人会参考职业竞技健美运动员的蛋白质摄入量，例如摄入每千克体重3克以上的蛋白质，这是非常不可取的。大部分职业竞技健美运动员都牵扯违禁药物的问题（当然其他竞技项目也会出现违禁品丑闻），这些违禁药物是反兴奋剂机构明令禁止的，包括合成代谢类固醇以及生长激素、胰岛素、IGF-1等肽类激素。这些药物绝大多数都是处方药，在医学上用于治疗一些特殊疾病，例如肌肉萎缩症，治疗剂量也都基于人体自然状态下分泌的剂量。而运动员在使用过程中剂量往往超过治疗剂量数倍，并且同时叠加多种药物，在使用这类违禁药物期间，他们身体对蛋白质的利用率超出正常人数倍，所以不应该把职业竞技健美运动员的蛋白质摄入量当作参考值。

儿童或者青少年对蛋白质的需求量普遍高于成年人，因为身体处于生长发育阶段。同样地，孕妇由于腹中胎儿处于生长、发育阶段，所以孕妇对蛋白质的需求量也要高于非孕女性。随着年龄增加，老年人的咀嚼能力和蛋白质的消化能力下降，尤其是一些患病的老年群体，他们需要额外增加一些易消化的优质蛋白质，只是需要注意整体热量的摄入，避免肥胖危害健康。

影响蛋白质需求的因素中，有些因素属于可以调节的因素，例如工作、生活压力、失眠、身体恢复情况、激素水平、摄入的热量。

在工作压力大或者失眠等应激情况下，人体蛋白质等需要量增加6%～12%，影响这个浮动区间的主要因素是个体差异。这也不难理解，每个人的抗压能力是不同的，但是对蛋白质的需求量并没有增加多少。例如一位体重为55千克的女性白领，即便是在工作压力大的情况下，额外增加的蛋白质需求量也仅仅相当于一个鸡蛋或者200毫升左右的牛奶。

身体恢复情况和抗压能力、失眠有着很大的关系，因为机能的恢复、肌肉组织的修复几乎都是在休息的时候完成的，同时压力和抗压能力也会影响身体的恢复，专业运动员也是如此。所以想身体尽快恢复，可以放松精神，以及增强心理抗压能力。

激素水平也是可以调节的，同时也和上述因素高度相关，例如雄激素就可以促进蛋白质的合成。这也是为什么一些睾酮类激素及其衍生物会被滥用。

但在这里我们讲的激素水平是自身分泌的激素水平。对于健身爱好者来说，维持良好的内分泌环境尤为重要。但当你面对压力以及睡眠不足或者训练过度的时候，自身激素水平也会应激性下降，所以良好的抗压能力、心理健康以及合理的休息，对运动、健身人群来说尤为重要。

热量摄入也是十分重要的，我们谈及的任何蛋白质摄入量建议，都建立在热量摄入充足的前提下。有些人习惯用减少摄入热量和碳水化合物的方式减肥，往往这个时候蛋白质摄入量就会增加。各种流行饮食方案我们会在后文中详解。

和运动相关的影响蛋白质需求量的因素有：运动时长、运动强度、运动频次、运动技巧和经验。

11.7　蛋白质的质量也会影响摄入量

人体必须把蛋白质分解成氨基酸后再利用。

对于人体来说有8种必需氨基酸十分重要，对于婴儿来说有9种，多了组氨酸。所谓必需氨基酸就是人体自身无法合成的，或者合成速度不够快的，主要从食物中摄取的氨基酸，而非必需氨基酸是人体可以合成的，并不是必须从食物中摄取的氨基酸。

除了必需氨基酸和非必需氨基酸外，还有条件必需氨基酸。

条件必需氨基酸最大的特点是通常需要其他氨基酸的辅助才能合成。

自然界中氨基酸有300多种，但是组成人体蛋白质的氨基酸只有20种，营养学中将组成人体蛋白质的氨基酸大致分为三种

必需氨基酸	只能从食物中摄入，因为人体无法合成或者合成速度不够快
非必需氨基酸	体内可以合成，并不是必须从食物中摄入
条件必需氨基酸	例如半胱氨酸、酪氨酸。这两种氨基酸在体内分别由蛋氨酸和苯丙氨酸转变而成。如果饮食中半胱氨酸和酪氨酸含量丰富，那么就可以直接供给人体，同时人体对蛋氨酸和苯丙氨酸的需要量可以减少30%和50%，所以这两种氨基酸是条件必需氨基酸

表11.2为必需氨基酸、非必需氨基酸和条件必需氨基酸的种类。

表11.2　必需氨基酸、非必需氨基酸和条件必需氨基酸

必需氨基酸

亮氨酸、异亮氨酸、缬氨酸
甲硫氨酸（蛋氨酸）、色氨酸、苯丙氨酸
苏氨酸、赖氨酸、组氨酸（对婴儿来说是必需氨基酸）

非必需氨基酸
丙氨酸、谷氨酸、丝氨酸
瓜氨酸、天冬氨酸、天冬酰胺
甘氨酸、丝氨酸

条件必需氨基酸
精氨酸、组氨酸、牛磺酸
胱氨酸（半胱氨酸）、脯氨酸
谷氨酰胺、酪氨酸

米饭这类食物中也有蛋白质，为什么不能当作蛋白质的主要来源？这个问题就与必需氨基酸和非必需氨基酸有关。米饭中缺少必需氨基酸，并且整体蛋白质含量偏少，这就导致米饭中蛋白质虽然可以被吸收，但是利用率不高，通常植物蛋白的利用率都低于动物蛋白，动物蛋白普遍利用率都在90%以上。

相对来说，动物蛋白的氨基酸价值更高，这实际上指的是必需氨基酸的数量（EAAs）。假定一个人需要100克蛋白质，显然必需氨基酸含量越高的食物，其价值越高。

但这并不意味着植物蛋白不好，相反，营养学界主流的建议是蛋白质来源中要有一定的植物蛋白，并且植物蛋白和动物蛋白混合食用的时候，因为动物蛋白的必需氨基酸是足够的，同餐摄入的时候可以补齐氨基酸，增加植物蛋白的利用率（植物蛋白中赖氨酸、蛋氨酸、苏氨酸的含量相对较低）。

11.8　蛋白质的消化吸收与利用

食物通过食道进入胃以后，随着胃酸的增加，胃蛋白酶原逐渐转变为有活性的胃蛋白酶，它可以对食物中的蛋白质进行简单的分解，形成蛋白胨、游离氨基酸等。蛋白质的消化起始于胃，但主要消化场所在小肠，小肠内蛋白质的消化主要由胰腺分泌的蛋白酶完成。

人体吸收蛋白质的能力是有限的（主要取决于消化腺分泌的消化液），蛋白质摄入过量，消化系统处理不完，消化腺工作超量，那么未被吸收利用的蛋白质就会在大肠内发酵。过量摄入蛋白质的人的屁会特别臭，就是因为未被吸收的蛋白质分解后产生了硫化氢、粪臭素等物质。对屁的感受有味道和气体，决定味道的主要就是蛋白质，而决定气体的则是碳水化合物。

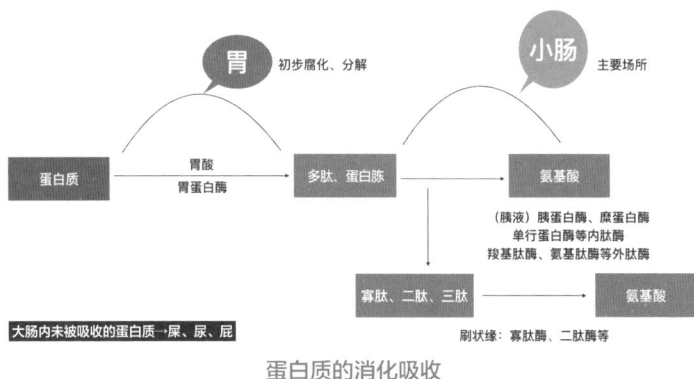

蛋白质的消化吸收

大部分蛋白质分解成氨基酸后都会进入氨基酸代谢库，进入氨基酸代谢库的氨基酸被称为游离氨基酸。氨基酸代谢库就相当于氨基酸的"待业中心"，在这里氨基酸等待着人体发出"工作信号"，然后参与合成代谢或者分解代谢。

游离氨基酸来自食物中被吸收的氨基酸，以及身体内组织蛋白分解产生的氨基酸，这些"待业"的氨基酸并不集中在一个地方，因为氨基酸本身无法自由通过细胞膜，所以在身体内也不是均匀分布的。通常肌肉中的氨基酸占比在50%以上，肝脏中的氨基酸占比大约10%，肾脏中的占比大约4%，血浆中有1%~6%。

身体消化吸收的氨基酸大多数在肝脏分解，但是支链氨基酸（亮氨酸、异亮氨酸、缬氨酸）的分解代谢则主要在肌肉中进行，换句话说，支链氨基酸可以作为肌肉合成的蛋白质原料，也可以给分解代谢的氧化供能。

当机体需要蛋白质供能的时候，肌肉会释放出部分氨基酸，同样氨基酸代谢库也会调动部分氨基酸，而组织蛋白质也会分解成氨基酸。例如有些氨基酸可以胜任碳水化合物的工作，我们称之为生糖氨基酸；有些可以完成"脂肪"的部分工作，我们称之为生酮氨基酸；有些多变一些，我们称之为生酮生糖氨基酸。

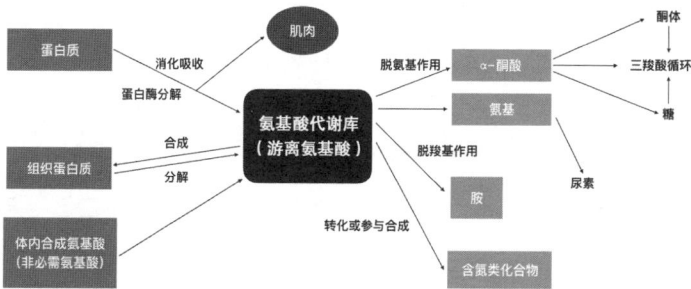

12

甜蜜的诱惑——碳水化合物

碳水化合物又称糖类，我们几乎每天都会接触碳水化合物。面包、麦片、蜂蜜、米饭、面条、水果等都含有碳水化合物。本章就来讲讲碳水化合物这一"甜蜜的诱惑"。

在大自然中，植物通过光合作用产生了各种碳水化合物。如果不考虑水分含量，植物的干物质七成左右是由碳水化合物构成的。从食物链的角度来看，光合作用下的植物是草食动物的口粮，草食动物又是肉食动物的盘中餐，而人类则处于食物链的顶端。

12.1 生活中碳水化合物的种类

尽管碳水化合物看似种类繁杂，但整体来说，它分为4类，即单糖、双糖、寡糖和多糖。

单糖：从名称上就很容易判断，它是最简单的糖类分子。一般来说单糖是不能继续被水解的，因为它已经是分子结构最小的糖了。

单糖是自然界中分布最广泛的糖，目前已知的单糖超过200种。营养学中的单糖，通常指的是葡萄糖、果糖和半乳糖，我们熟悉的单糖应该就是葡萄糖。当你摄入不同的碳水化合物以后，它们最终会在各种淀粉酶的作用下分解成单糖（也就是葡萄糖）后被吸收，然后再利用。利用的途径通常有3条。

一是直接被当作能量运用。

二是以糖原的形式存储在肌肉和肝脏中。

三是通过转化成脂肪的形式储蓄能量。

单糖家族——果糖：因为果糖大量存在于水果中，所以果糖的名称十分好理解，同时果糖也是单糖中最甜的（甜度最高）。

单糖家族——半乳糖：自然界中没有游离存在的半乳糖，它与葡萄糖结合形成乳糖，乳糖大量存在于哺乳动物的乳汁中。

双糖：两个单糖结合在一起。

寡糖：寡糖又称低聚糖，它是由3~9个单糖分子构成的聚合物，连接单糖分子的部分叫糖苷键。低聚糖的甜度为蔗糖的40%~60%，在人类膳食中它的主要来源是蔬菜和豆科植物。常见的低聚糖有棉籽糖、水苏糖、低聚果糖、大豆低聚糖、甘露低聚糖等。由于缺少一些关键酶，一些人在食用豆制品的时候会腹胀，这通常是由大豆低聚糖引起的。

尽管都属于单糖，但果糖和葡萄糖的吸收略有差别。小肠可以直接吸收葡萄糖，但无法直接利用果糖，而是先要经过肝脏转化，这也使得果糖的吸收比葡萄糖要慢得多，同时对胰岛素的影响较小。

从稳定血糖角度来说，果糖有着明显的优势，因为它的甜度更高，也就意味着在同样的甜度下，通过果糖摄入的碳水化合物也许会更少。

由于果糖的消化吸收要先经过肝脏，也就意味着果糖的吸收比蔗糖和葡萄糖慢很多，所以也不会引起胰岛素大的波动。据此理论，有观点认为补充果糖可以为身体持续供给能量，但目前这样的说法还未得到充分的论证。实际上也有人在摄入果糖含量高的饮料后产生腹泻、肠胃不适等状况，所以目前不建议长时间运动后补充果糖。

另外，果糖和痛风之间似乎有着一些联系，主流观点认为果糖在消化吸收过程中经过肝脏，这会与嘌呤代谢产生竞争，有可能导致嘌呤代谢异常。

果糖大量存在于水果中，但这不代表水果内全部是果糖，水果是优质的维生素和膳食纤维的来源，适当摄入对人体很有好处。营养素的来源不应单一，也不应过量摄入营养素。

蔗糖：很常见的双糖，由一分子葡萄糖和果糖构成。人体只吸收利用单糖，所以在吸收阶段，在酶的作用下，蔗糖分解成一分子葡萄糖和一分子果糖，葡萄糖在小肠内直接被吸收，而果糖则需要经过肝脏后才被吸收利用。日常生活中你可能很少见到蔗糖的字眼，实际上我们熟悉的白糖或者砂糖都是蔗糖，它天然存在于大多数富含碳水化合物的食物中，例如甘蔗、甜菜。从某种角度来说蜂蜜也是一种蔗糖，由于它的果糖含量高，所以甜度比普通砂糖要高。

乳糖：选择牛奶的时候你会发现，即便是配料表中没有白砂糖，但牛奶中依旧有碳水化合物，这其实就是乳糖。乳糖是天然存在于乳制品中的糖，也是双糖中甜度最低的。有的人喝牛奶后会肠胃不适、腹泻，主要原因是乳糖不耐受，即人体在消化乳糖阶段缺少一种将乳糖分解为葡萄糖和半乳糖的酶。其实乳糖已经是双糖了，它只需一步裂解就可以变成单糖，但乳糖不耐受的人恰恰缺少乳糖酶，或者乳糖酶的活性不够高，导致人体无法吸收利用，同时碳水化合物在吸收阶段的任何环节出现问题都会导致肠胃问题。人本身是哺乳动物，不大可能缺少乳糖酶，但是一些人成年后就没有服用乳制品的习惯了，所以体内的乳糖酶逐渐失去活性。

麦芽糖：由两个葡萄糖分子组成的双糖。由于其常见于谷物、发酵谷物（啤酒）和发芽的种子中，所以被称为麦芽糖，它在人类膳食结构中占比不高。注意，麦芽糖和麦乳精、麦芽糊精不是一类物质。

多糖在性质上和其他糖有很大的不同，它一般不溶于水，没有甜味，也不具备还原性，不形成结晶。在酶或者酸的作用下，多糖可被水解成单糖残基不等的片段，最终成为单糖。在讲解营养学知识时，我习惯把多糖分为两大类——淀粉和纤维。

淀粉类多糖并非单指用于烹饪的淀粉，你可以把淀粉类多糖理解为常说的主食。淀粉类多糖大量存在于谷物、根茎类植物中，和其他糖类一样，淀粉类多糖也由葡萄糖聚合形成，但由于聚合方式不同，所以分为直链淀粉和支链淀粉。

可能读到这你已经有些晕了，实际上你只需知道它们的聚合方式不同就可以了。含有相对较多支链淀粉的食物能够迅速被消化和吸收，而含有相对较多直链淀粉的食物，水解速度就较慢。它们对食物的口感也有一定影响。以米饭为例，不同品种的大米中既有直链淀粉也有支链淀粉，而这两类淀粉的比例则在某种程度上影响了米饭的口感。很多人喜欢软糯一些的米饭（粳米），它的直链淀粉含量就较少，支链淀粉含量就多；反之韧性口感较低，弹性较低的米饭（籼米），则其直链淀粉含量较多。所以，淀粉类食物如果糯性较大，一般其支链淀粉含量较多。

12.2　抗性淀粉和纤维

抗性淀粉和纤维（膳食纤维）在某些方面类似，不同的是纤维属于非淀粉结构的多糖。

先说抗性淀粉，实际上它的另外一个名字听起来更好理解——抗消化淀粉，你可以理解为，这类淀粉不好消化。

这一概念最早是由英国科学家提出的，早期观点只认为这部分淀粉属于不被肠道酶降解消化的部分。随后英国科学家根据淀粉酶水解时间的长短，通过模拟肠胃消化环境试验，将抗性淀粉的概念进一步详细，将在20分钟内水解的淀粉称为快消化淀粉，在20~120分钟水解的淀粉称为慢消化淀粉，120分钟以后仍然没有水解的淀粉称为抗性淀粉。

值得注意的是，抗性淀粉并不是一类完全相同的物质，也就是说即便是同类食物，它的抗消化性也会有差异，这种差异主要和食物本身的天然来源以及加工方式有着很大的关系，同时也和支链淀粉、直链淀粉比例有关。一般来说，抗消化性差异如表12.1所示。

表12.1　淀粉类型和消化

淀粉类型	食物的形式	在小肠中的消化
快消化淀粉	新鲜煮熟的食物	迅速完全消化
慢消化淀粉	多数为生的谷物类，或者高温糊化的干燥粉	缓慢，但完全消化
抗性淀粉一型	全部或部分研磨（精加工）的谷类和豆类	部分消化
抗性淀粉二型	未煮熟的土豆和青香蕉	部分消化
抗性淀粉三型	放冷的熟土豆、谷类食物	部分消化

抗性淀粉的所有益处都与可溶性膳食纤维类似，例如抗性淀粉没有办法在小肠中继续水解，这就使得它在接下来的吸收中变成肠道有益菌的食物，从而改善肠道菌群；同时抗性淀粉的抗吸收性又可以适度降低食物的升糖指数（GI）。正是基于这些，最近几年抗性淀粉的概念才会被引入减肥和2型糖尿病人的食谱。但并非把食物放凉了就绝对会降低GI，食物的升糖指数（GI）与食物中天然含有的抗性淀粉有关，并且和食物的加工方式也有着密切的关系（例如精加工）。

纤维是指纤维素或者膳食纤维，因为人体没有分解纤维的消化酶，所以人体无法把它当作营养素利用，在很长一段时间内纤维的作用未被重视。

纤维属于非淀粉多糖。对人体来说纤维具有以下几个作用。

• 人体没有针对纤维的消化酶，所以纤维不能被直接吸收利用，但同时部分纤维又是肠道内细菌的食物，这有益于肠道菌群的平衡，这一点与抗性淀粉类似；同时，细菌发酵后的产物可以参与人体代谢，例如膳食纤维可被分解成短链脂肪酸，它是给肠道黏膜组织供能的重要物质之一。

- 纤维可以吸附大量水分，因此可以让大肠腾出更多的空间容纳食物残渣，并且可以增加粪便体积，通常可以增加40%～100%的粪便体积。纤维有助于肠道蠕动，同时结合或者减少有害物质，并且抑制其活性，缩短食物残渣通过消化道的时间。

- 富含纤维的食物通常需要长时间的咀嚼，这在一定程度上会增加进食的时间以及减慢胃排空的速度，从某些方面说这会增强饱腹感，对减重来说是有益的。

综上，纤维对保护肠道健康有着积极的作用。

纤维除了对肠道健康有帮助之外，还可以影响血清胆固醇。一些研究表明高纤维燕麦有助于改善中老年人低密度胆固醇（LDL-C）颗粒的大小和数量，并且不会影响血液中的甘油三酯以及高密度胆固醇（HDL-C）的浓度。实际上纤维是通过什么机制影响胆固醇的目前尚不明确，成因也许多种多样。值得注意的是，富含纤维的食物几乎都存在于大众普遍认为的健康食品中，例如粗粮、轻加工食品、蔬菜、水果、坚果等。纤维的摄入还对稳定血糖有着一定作用。

12.3 我们需要多少膳食纤维

尽管膳食纤维有着重要的作用，但也并非多多益善，例如过量摄入膳食纤维则有可能导致便秘，甚至会影响其他营养素的吸收和利用，尤其是微量元素（维生素和矿物质）。那么我们究竟需要多少膳食纤维呢？

整体来说，膳食纤维分为两大类，根据是否溶解于水，分为水溶性膳食纤维和非水溶性膳食纤维。

水溶性膳食纤维具有黏性，因为可溶于水，所以能在肠道中大量吸收水分，使粪便保持柔软状态，并且能够促进有益菌大量繁殖。我们摄入的果胶（常见于水果中）、魔芋等中都有水溶性膳食纤维。魔芋盛产于云贵川地区，主要成分为葡甘聚糖，是一种可溶性膳食纤维，能量很低，吸水性强。

非水溶性膳食纤维来源于全谷类粮食，也就是粗粮，例如麦片、麦麸、糙米等。非水溶性膳食纤维有助于促进胃肠道蠕动，加快食物通过胃肠道，减少吸收。

那么我们究竟需要摄入多少膳食纤维呢？ WHO和营养学界的主流观点，认为每人每天摄入量在25~35克膳食纤维是合适的，如表12.2所示。一些慢性病人群的摄入量略高一些，例如美国糖尿病学会建议糖尿病患者每天摄入量在45~55克，美国癌症协会（ACS）推荐标准是每人每天30~40克，FAO建议正常人摄入量是每人每天27克，欧洲共同体食品科学委员会推荐标准是每人每天30克。中国营养学会的建议与WHO的一致。

表12.2　膳食纤维推荐量

能量摄入	建议的膳食纤维推荐量
低能量饮食（1800千卡/天）	25克/天
中等能量饮食（2400千卡/天）	30克/天
高能量饮食（2800千卡/天）	35克/天

那么具体摄入多少膳食纤维呢？根据《中国居民膳食纤维摄入白皮书》中的建议。

运动人群往往注重蛋白质的摄入，容易忽视蔬菜、水果、粗加工食品。依据《中国居民膳食纤维摄入白皮书》，我国成人平均每人每日摄入膳食纤维为13.3克，其中最少11.5克，中等为13.2克，最多14.5克。我国居民膳食纤维摄入普遍不足，且呈下降的趋势，整体来说与《中国居民膳食营养素参考摄入量》中膳食纤维的推荐量相比，能达到推荐摄入量（25克/天）的人群不足5%。

12.4　碳水化合物有什么用

碳水化合物最主要的作用就是供能，每克葡萄糖在体内氧化可以产生16.7千焦的能量。比较有趣的一点是，人的大脑只"认"糖，也就是说碳水化合物是大脑直接用以供能的营养素。单从供能的角度说，碳水化合物是利用率最高的，同时也是最为经济实惠的，因为它广泛存在于自然界。

人体有两个存储碳水化合物的"仓库"，分别是肝脏和肌肉。存储在肝脏中的碳水化合物被称为肝糖原。以一位体重为80千克的成年健康男性为例，他的肝糖原中有90~100克的碳水化合物，占肝脏重量的3%~7%。存储在肌肉中的碳水化合物被称为肌糖原，大约有400克。除了肝糖原和肌糖原外，人体有2~3克的葡萄糖存储在血液中，每克葡萄糖大约含4千卡的能量，所以正常人通过碳水化合物储备的能量是1500~2000千卡，这可以支撑一个人跑20千米。

下图为人体碳水化合物分布情况（以体重80千克的健康成年男性为例）。

■肌糖原　■血糖　■肝糖原

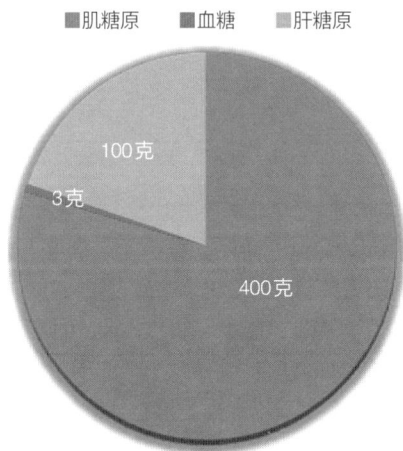

100克

3克

400克

脂肪和糖（碳水化合物）都是人体可利用和储存的能量，和脂肪不同的是，人体糖原的储备量是有限的，人体糖原的储备量上限为每千克体重15克，如果一位男性的体重为70千克，那么他储备的糖原上限大约为1050克，当然这是一个理论值。

当糖原储备充足，没有消耗利用完的糖，就会转化成脂肪储存在体内，以备不时之需。影响糖原储备的主要因素有饮食，例如24小时内禁食，或者采用生酮饮食、低碳饮食，会明显减少糖原储备量。糖原的消耗主要有两个途径：一是限制饮食（减少碳水化合物的摄入），这一点十分容易理解；二是运动（活动量增加）。

调节肝糖原和肌糖原存储量的则是胰岛素，作为一种可控制循环血糖水平的激素，当人体血糖水平升高以后，胰岛 β 细胞就自动释放胰岛素，且释放量最终会让血糖维持在生理浓度范围内，不会过高也不会过低。

胰岛 α 细胞则会分泌另外一种激素——胰高血糖素，它与胰岛素的作用相拮抗。你可以理解"拮抗"为同一个生理效应的相反作用。例如胰岛素可以降血糖，让它回到正常的生理浓度范围，而胰高血糖素则会在人体血糖低于正常值的时候，通过肝脏糖原分解和糖异生使血糖恢复到正常水平。

什么是糖异生？

糖异生可以理解为：机体为了维持血糖的正常生理水平，在机体内"糖原料"不足的情况下，将氨基酸（生糖氨基酸）、乳酸、甘油等非糖物质，转化成葡萄糖的过程。

接下来让我们回顾一下碳水化合物的作用。

第一，人体可以在肝脏和肌肉中储存碳水化合物。肌糖原和肝糖原的主要功能不同：肌糖原主要用于肌肉收缩，在做力量训练时，它是糖酵解供能系统的代谢底物；而肝糖原则用于维持血糖平衡，当血糖浓度低于生理浓度时，肝糖原释放，以此维持血糖平衡，防止低血糖的情况出现。

第二，每个细胞都含有碳水化合物，含量为2%～10%，它是构成机体组织的重要物质，并且参与细胞的组成和多种活动。

第三，节约蛋白质。

第四，预防酮症，帮助脂肪氧化。

第五，经糖醛酸途径生成的葡糖醛酸，是体内一种重要的解毒剂。

碳水化合物是如何节约蛋白质的

碳水化合物的主要工作是供能，而蛋白质的主要工作是合成代谢，供能是它的兼职。但在一些特殊情况下，蛋白质的兼职工作量会增加，常见的是在饥饿状态下。

在主动减少摄入碳水化合物的初期，蛋白质供能会增加，例如在低碳、极低碳水饮食初期。

当机体处于长期剧烈运动状态的时候，糖原储备量逐渐减少和血糖水平降低，蛋白质会收到"求救信号"，这时不光蛋白质供能会增加，脂肪供能也会增加。

既然碳水化合物发出了"求救信号"，脂肪和蛋白质就必须披着碳水化合物的"工作服"去工作，这一"替班"过程就是前述的糖异生。

糖异生的本质作用是维持正常的血糖水平，这背后服务的主要对象是大脑。长期低血糖会引发意识丧失（昏迷），从而对大脑造成不可逆的损伤。

糖异生本身并无危害，但在极端的情况下糖异生会减少瘦组织，也就是很多人担心的肌肉分解。

碳水化合物是如何帮助脂肪氧化的

适当摄入碳水化合物有助于脂肪氧化。

所谓的减肥，指的是脂肪被氧化，同时产生二氧化碳和水，这一过程需要通过三羧酸循环，它是蛋白质、碳水化合物、脂肪氧化的通路。

在这一循环中，脂肪在体内分解代谢的中间产物是乙酰辅酶A，但乙酰辅酶A必须和草酰乙酸结合才能进入三羧酸循环，最终被彻底氧化，所以与草酰乙酸结合是关键。但是草酰乙酸需要糖在体内分解代谢才会产生，当膳食中碳水化合物供应不足时，草酰乙酸也就相应减少，脂肪酸就无法彻底氧化，从而酮体增加。如果酮体蓄积过多，超过阈值，则会导致酮血症和酮尿症。

总的来说，糖分解代谢的中间产物是脂肪酸完全氧化的载体，也就是说碳水化合物分解代谢的产物是脂肪分解代谢引物的底物，也就是说脂肪分解代谢的产物和碳水化合物分解代谢的产物结合更利于脂肪的完全氧化。

12.5 碳水化合物和糖代谢紊乱

糖尿病患者会出现糖代谢紊乱，糖代谢紊乱在运动人群中也会出现。那么先让我们来认识一下糖代谢紊乱。

检查自己是否患有糖尿病的直接方式就是去医院做检查。糖尿病主要分为1型糖尿病、2型糖尿病。下面简单讲解一下这两种糖尿病。

1型糖尿病患者自身分泌胰岛素的功能丧失，所以必须依赖胰岛素注射，否则会有生命危险。

2型糖尿病患者不依赖胰岛素。2型糖尿病患者占糖尿病患者总数的90%，也就是说大部分糖尿病患者是2型糖尿病。因为大部分2型糖尿病无明显的病症表现，所以容易被人们忽略。

当我们吃了含有碳水化合物的食物之后，这些食物最终会被分解成葡萄糖并释放在血液中，这时胰岛 β 细胞释放胰岛素，胰岛素的重要功能之一就是降低血液中的葡萄糖浓度。

如果把血糖比喻成行驶中的车辆，胰岛 β 细胞就像指挥中心，而胰岛素则像执勤交警，它们有序地控制着血液当中的葡萄糖浓度。1

型糖尿病患者的指挥中心出了问题，所以它们只能从外面"请"（注射）胰岛素来维持血液中的葡萄糖浓度；2型糖尿病患者则像指挥中心和执勤交警都在低效率工作。所以这两种类型的糖尿病的最终表现都是血糖异常升高。而处在糖尿病前期的病人则像指挥中心和执勤交警都在岗，只是工作压力较大，有些应付不过来工作，所以血糖也会异常，只是不会像1型和2型糖尿病那样严重。

除了胰岛素，影响人体血糖平衡的其他因素

首先，当人体处于饥饿状态或者血糖较低的时候，人体会通过糖异生来提高血糖浓度。

其次，神经系统尤其是中枢神经系统对调节血糖也起到了关键作用，例如饱腹和饥饿这两种不同的状态对血糖都有影响，同时交感神经和副交感神经对血糖也有影响。交感神经可以抑制胰岛素的分泌，其结果就是血糖浓度升高。而副交感神经可以刺激胰岛素分泌，使血糖浓度下降。你不用担心它们会同时起作用，因为交感神经和副交感神经是对立的，二者是此消彼长的关系。

最后，内分泌系统中除了胰岛素还有其他激素可以影响血糖，胰岛素是目前为止人们发现的唯一可以让血糖浓度降低的激素。让血糖浓度升高的激素有：胰高血糖素、糖皮质激素（常用于抗炎）、肾上腺素、生长激素等。

所以不难发现，糖代谢是一个非常复杂的过程，主要由肝脏、神经和内分泌相互协作完成。

12.6 GI（升糖指数）和碳水化合物升糖速度的"快"与"慢"

在14.5节中，我们把血糖比喻成行驶中的汽车，而食物的升糖指

数就好比车速，换句话说，有些碳水化合物在血液内的"车速"很快，有些碳水化合物在血液内的"车速"较慢，有些碳水化合物在血液内的"车速"适中，车速就是GI。你也可以将GI理解为淀粉类食物在体内转化成葡萄糖的速度。

依照食物中碳水化合物在血液内的"速度"不同，将食物分为3类：GI值大于70的，称为高GI食物；GI值在55～70的，称为中等GI食物；GI值小于55的，称为低GI食物。

糖尿病与升糖指数

发现食物升糖指数的过程和糖尿病有着密不可分的关系，这里不得不提到加拿大多伦多大学的营养学教授大卫·詹金斯。

早期人们发现了糖尿病，并且观察到它与摄入的碳水化合物有着必然联系，但并未提出升糖指数的概念。当时采用的方案很简单，就是直接利用食物营养成分数据来控糖。1981年，詹金斯博士在屡次为糖尿病患者控糖失败后，对当时学界的普遍认知有了质疑，他认为肯定有一种食物和血糖之间的关系还没有被发现，于是他着手做了试验。试验方式和今天检测血糖耐受的方法一样，也就是记录试验者的空腹血糖，然后让试验者吃下食物，再分别记录试验者在吃下食物后几段时间内的血糖情况。他把葡萄糖当作参考，设定为100，然后将所有食物从0到100开始划分，结果不同食物在同样的时间内升糖速度不同，食物的升糖指数也就此被发现。

詹金斯博士测试了几十种食物，得到了一些颠覆传统认知的结果。例如，以前人们认为简单的碳水化合物如蔗糖会比复杂的碳水化合物更糟，结果发现有的淀粉类碳水化合物比白糖引起的血糖波动还大，并且同样的食物采用不同的加工方式引发的血糖反应也不同。

12.7　升糖指数的实际运用

在实际运用中可以直接查询食物的GI值，但食物的GI值不是一直不变的，主要原因是数据来源的差异，这是本书没有提供大量的食物GI值的原因。

因为食物来源和种类过于丰富，所以很难准确获取单一食品的升糖指数。例如麦片，有些即食麦片的加工方式和添加剂导致GI值趋于中、高。总体来说，避免精加工和过度烹饪的食物是不错的选择。表12.3是常见食物的升糖指数。

表12.3　常见食物的升糖指数

食物种类	食物名称	升糖指数（GI）
糖类	葡萄糖	100
	绵白糖	84
	蔗糖	65
	果糖	23
	蜂蜜	73
	方糖	65
谷物类及其制品	小麦（整颗水煮）	41
	小麦粉面条（湿）	81
	硬质小麦面条	55
	馒头	88
	烙饼	80
	油条	75
	米饭（支链淀粉含量多）	88
	米饭（直链淀粉含量多）	50
	大米粥	69
	黑米饭	55
薯类及其淀粉制品	马铃薯（煮食）	66
	马铃薯泥	73

食物种类	食物名称	升糖指数（GI）
薯类及其淀粉制品	马铃薯条	14
	炸马铃薯片	60
豆类及其制品	煮黄豆	18
	炖豆腐	32
	冻豆腐	22
	豆腐干	24
蔬菜类	胡萝卜	71
	南瓜	75
蔬菜类	菜花、芹菜、芦笋、黄瓜、菠菜、西红柿、生菜、青椒、茄子	小于15
水果	苹果	36
	桃	28
	梨	36
	樱桃	22
	葡萄	43
	葡萄干	64
	猕猴桃	52
	西瓜	72
	香蕉（熟）	52
	柚子	25
	菠萝	66
乳品和含乳饮料及其制品	牛奶	28
	巧克力奶（可可奶）	34
	酸奶（加糖）	48
方便食品	燕麦片	83
	白面包	87
	全麦粉面包	69
	黑麦粉面包	65
	面包（50%~80%碎小麦粒）	52

食物种类	食物名称	升糖指数（GI）
方便食品	面包（75%~80%大麦粒）	34
	面包（80%~100%大麦粉）	66
	面包（45%~50%燕麦麸）	47
	燕麦粗粉饼干	55
	小麦饼干	70
	苏打饼干	72
	华夫饼干	76

很多人在第一次看食物升糖指数的时候会很吃惊，有些食物的升糖指数比自己想象的高很多，难道很多食物从此就不能吃吗？这些食物可以吃，例如升糖指数高的食物在运动尤其是耐力运动中有着很大的作用，这些问题在后文中会详细讲解。

营养学是为了让我们更好地了解食物，知道食物的属性，而升糖指数只是食物众多属性之一，合理利用它才是关键。例如葡萄糖的升糖指数是100，那么一个人吃5克葡萄糖，和吃50克葡萄糖，乃至吃100克葡萄糖，对机体的影响显然是不同的。这里就要提出另外一个概念——血糖负荷（GL）。

知道食物每百克的碳水化合物含量以及它的升糖指数，就可以估算出血糖负荷。

食物的血糖负荷=升糖指数×碳水化合物含量÷100

GL值>20的，被称为高GL食物。

GL值在10~20的，被称为中GL食物。

GL值<10的，被称为低GL食物。

一般来说，当你减肥或者需要控制体重的时候，原则上尽量避免摄入高GI食物，但并不是所有高GI食物对你的影响都很大。由GL的公式不难发现，食物对整体血糖的波动影响除了取决于GI值之外，还与它本身含有的碳水化合物相关。

例如，西瓜的 GI 值为 72，属于高 GI 食物，但西瓜每 100 克碳水化合物含量只有 5.5，大部分是水分，所以它的 GL 值 = $72 \times 5.5 \div 100 = 3.96$，也就是说吃 100 克西瓜，血糖的负荷是较小的。

目前为止本书所有关于血糖和碳水化合物的讨论都基于单一食物，但我们一餐当中摄入的食物并不是单一的，而是十分复杂的，有些营养师面对这样的情况就会估算一餐当中的总 GI 值。

例如，某人的早餐为 1 个鸡蛋、250 毫升牛奶、50 克燕麦片、一小勺橄榄油，以及一份以生菜和西红柿为主的蔬菜沙拉，这份早餐的总 GI 值如何估算呢？

我们需要知道相应食物的升糖指数和碳水化合物含量。

鸡蛋主要提供蛋白质，橄榄油主要由脂肪酸构成，而生菜和西红柿只有 3% 左右的碳水化合物，并且升糖指数都低于 15，所以以上均可以忽略不计，只需记录实际摄入燕麦片和牛奶的碳水化合物含量，这两种食物都是预包装食品，碳水化合物含量都在营养成分表上。

100 毫升牛奶的碳水化合物含量为 3.4 克，实际摄入了 250 毫升牛奶，也就是通过牛奶摄入了 8.5 克碳水化合物。

100 克燕麦片碳水化合物含量为 60 克，实际摄入了 50 克，也就是通过燕麦片摄入了 30 克碳水化合物。

这一餐中碳水化合物摄入总量是 30 + 8.5 = 38.5（克）。

牛奶占一餐中碳水化合物的百分比为（8.5 ÷ 38.5）× 100% ≈ 22.1%。

MEMO

相信很多读者会认为这样计算好麻烦，首次计算的时候确实特别烦琐，因为一切数据都是陌生的。你不用刻意地记忆 GI 值，多查询几次，慢慢就熟悉了，而且我们吃的食物不会在 365 天内有 365 种变化，每个人喜欢吃的食物基本上是类似的，你现在就可以回忆一下最近一周吃的主食，你是吃米饭次数多还是吃面条次数多，抑或是吃其他食物次数多，所以在了解了自己习惯吃的食物的 GI 值后，其实需要查询的数据并没有多少。更何况熟能生巧，不要嫌麻烦，多查询几次就能自然地掌握。

燕麦片占一餐中碳水化合物的百分比为（30÷38.5）×100%≈77.9%。

牛奶的GI值为28，燕麦片的GI值为83，将它们的GI值与占一餐中碳水化合物的百分比相乘，得到的结果就是该食物一餐GI的数值，分别为28×22.1%≈6.2，83×77.9%≈64.7。再将它们相加，得到6.2+64.7＝70.9，这个数值就是估算出来的一餐总GI值。

为了方便大家理解，我将上述过程简化成表12.4。

表12.4　一餐总GI值的计算

食物	摄入的量	碳水化合物含量/克	占一餐总碳水化合物百分比/%	食物的升糖指数GI	一餐的总GI值
牛奶	250毫升	8.5	22.1	28	6.2
燕麦片	50克	30	77.9	83	64.7
鸡蛋	1个	无	无	无	无
橄榄油	10克	无	无	无	无
生菜、西红柿	各100克	无	无	无	无
一餐一共摄入		38.5			70.9

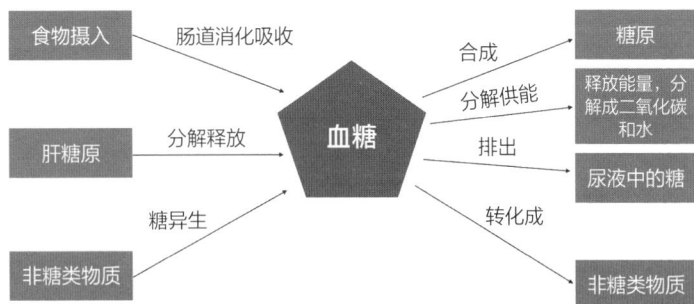

食物摄入 —肠道消化吸收→ 血糖 —合成→ 糖原

血糖 —分解供能→ 释放能量，分解成二氧化碳和水

肝糖原 —分解释放→ 血糖 —排出→ 尿液中的糖

非糖类物质 —糖异生→ 血糖 —转化成→ 非糖类物质

这是营养师常用的算法，前提是数据来源可靠。大家只需了解，

实际运用中尽量少吃高GI食物，增加中低GI食物的摄入，尤其是增加低GI食物的摄入。

12.8　似糖非糖的代糖

代糖有甜味，但对血糖没有影响。发达国家最早发现了游离糖摄入过多的问题，因为糖尿病人群和肥胖率激增，一些国家限制游离糖的摄入量，WHO更是建议"成人和儿童都应该减少日常游离糖的摄入量，要低于日常摄入总热量的10%"。

什么是游离糖

游离糖是指由厂商、厨师或消费者添加到食品和饮料中的单糖（如葡萄糖、果糖）和双糖（如蔗糖或砂糖），以及天然存在于蜂蜜、糖浆、果汁和浓缩果汁中的糖。

我们已经在前面介绍了食品标签，面对预包装食品时，相信你可以很轻松地从营养成分表和配料表中发现游离糖。

显然额外的"甜蜜"会影响健康，WHO表示："我们有确凿的证据表明，将游离糖的摄入量保持在总热量摄入的10%以下，可以降低超重、肥胖和蛀牙发生的可能。"这句话的言外之意就是，游离糖的摄入量对肥胖有着明确的影响，在这样的背景下代糖逐渐成了主角。

什么是代糖呢？通俗地解释，代糖就是既有类似糖的甜味，但不会像其他碳水化合物那样引起血糖的波动，大部分代糖都不属于碳水化合物（糖醇类除外）。

• 代糖和甜度。食品的甜度以蔗糖的甜度为参考，将蔗糖的甜度设定为100%，据此得到其他甜味物质的甜度。例如果糖比蔗糖甜了30%，所以果糖的甜度是130%。几乎所有人工合成代糖的甜度都是蔗糖的上百倍，例如糖精的甜度是蔗糖的400倍，阿斯巴甜和安赛蜜的甜度是蔗糖的200倍。

- 代糖的分类。代糖按照使用功能分为多种类型，但大体可以分为甜味素和营养型代糖。其实区分它们十分简单，甜味素不含有热量或者热量低到可以忽略不计，而营养型代糖例如木糖醇，每克的热量是2.6千卡，其甜度与蔗糖差不多。

另外，代糖也被分为人工代糖和天然代糖。人工代糖就是通过人工化学合成的代糖，而天然代糖则是从天然的食材中提取的代糖，例如甜菊糖、罗汉果糖、赤藓糖醇。品牌厂商更喜欢人工代糖，因为甜度更高，原材料更便宜；消费者更喜欢天然代糖，但是其甜度通常和蔗糖类似，原材料价格也更高。

12.9　代糖安全吗

首先要明确一个概念——代糖是食品添加剂，而食品添加剂在上市前需要经过大量的实验论证，论证内容包括安全剂量。如果一种代糖要被批准使用，除了要满足食品安全条件之外，还需要具备其他已经被批准使用的代糖所不具备的功能。

说到这你可能有些疑惑，代糖的功能不就是增加甜度吗？具备这一条件不就可以吗？实际上并非如此，每个代糖的特性是有差异的，例如阿斯巴甜尽管甜度十分高，但是甜味仅仅是接近蔗糖，同时它的甜度还会受到温度的影响，很多人笑称零度可乐没有"灵魂"，其实指的就是它的甜味尝起来有点怪。

作为食品添加剂，每一种甜味剂的属性是不同的，一种新的甜味剂想要上市就必须具备市面上甜味剂所不具备的特点。

任何添加剂都有食用的安全范围，代糖也是如此。阿斯巴甜的允许使用量为每千克体重60毫克，并且必须标注含有苯（因为患某罕见疾病的人无法代谢苯丙氨酸）。糖精的安全剂量是每千克体重5毫克。不同国家（地区）对添加剂的允许使用量的规定有差异。以阿斯巴甜为例，欧盟的标准要求高一些，每千克体重日均摄入量不超过

40毫克，50千克的成年人的日均摄入量上限是2000毫克。

12.10 代糖和减肥

代糖几乎不含热量，也不会引起血糖大的波动，它只提供甜味，衡量的单位则是甜度，所以依照它这个属性，对标的就是食品中的糖。

我们日常生活中很难吃到特别甜的固体食物，蛋糕等食品添加代糖的也不多，即便添加了代糖，也只是增加甜味，本身这类食物中糖并不是主要的碳水化合物来源。所以说代糖和减肥如果有关系的话，只是解决甜度问题，减少的能量来自添加糖，因为代糖本质上不会引起血糖波动。

围绕着代糖是否有助于减肥这个问题有过很多争论，甚至通过实验得到的结论都两极分化。有的实验证明代糖对减肥有帮助，有的实验则证明代糖不能帮助减肥，有的实验证明代糖又可能有其他不好的影响。接下来我们就了解一下各种说法的出发点，从而让你对代糖、减肥、安全性有一个比较直观的了解。

- 代糖对减肥有帮助。

WHO对游离糖摄入量的建议是"成人和儿童都应该减少日常游离糖的摄入量，要低于日常摄入总热量的10%"，这相当于什么概念呢？一瓶100毫升含糖可乐中糖的NRV%是10%，一个瓶装可乐大约500毫升，也就是一瓶可乐的含糖量就已经达到了日常摄入总热量的10%。

假定设计两组人每天喝2瓶可乐，一瓶是含糖的占NRV 20%，另一瓶则是不含糖可乐，也就是几乎没有热量，其他饮食热量摄入情况一样，活动量和运动量也相同。服用代糖饮料人群的体重肯定是可以得到控制的，一直到热量摄入和支出趋于一个动态平衡的时候。

- 代糖对减肥没有帮助，还存在一定风险。

尽管代糖不含能量，但其含有的甜味有可能具有刺激食欲的作用，认为代糖可以减肥往往只考虑了"结果"。代糖尽管不含能量，但甜味本身可以刺激大脑对"甜"做出反应，从而刺激肠胃、胰腺做出反应，例如释放胰岛素，但目前相关的实验设计还不够完善。例如，一项实验对象是17名确诊为糖尿病的人，让他们摄入葡萄糖以后再摄入三氯蔗糖，结果血糖水平的峰值增加了，胰岛素水平也平均上升了20%。

MEMO

代糖是一类食品添加剂的总称，从目前的研究来看，天然来源的代糖会更好一些，非营养性代糖有可能会影响肠道菌群，但是这些研究结果一部分来自动物实验，学界目前还无统一定论，并且所有的风险和摄入量、持续时间是相关的。我更希望大家理解的是，代糖的出现是因为消费者嗜甜，所以厂商为了迎合消费者的需求，生产了各种代糖；吃糖不代表不健康，吃代糖也并不意味着健康，偶尔吃糖或者代糖对于健康的影响不大。我们需要警惕的是，把吃糖或者代糖类食品，长期持续地加入到饮食行为中，变成一种习惯。

尽管实验人群是糖尿病人群，相关的实验也不多，但也从另一个角度告诉我们代糖并非百分百的安全，可能存在一定未知风险，所以不要肆无忌惮地摄入代糖类产品。

另外，有实验证明代糖对食欲有刺激作用，但这类实验通常结论是矛盾的，也就是有些实验证明代糖是可以刺激食欲的，有些则证明代糖没有刺激食欲的作用，这也是关于代糖的一个争议点。

简单来说，如果你想减重，饮食目标明确，那么代糖仅仅是你饮食中替代甜味的那一部分，其他营养素包括热量的摄入应该是有节制的。如果你毫无节制地摄入食物，只是单纯地认为代糖没有热量，那么代糖对你来说也许就是促进食欲的甜味来源。

每一种添加剂都有使用的安全范围，如果你追求更安全，那就尽量不吃。健身爱好者或者正在减肥的人是有可能代糖摄入过量的，很多打着健康旗号的食品实际上都添加了代糖，同时健身爱好者又习惯性地购买补剂，除了胶囊类补剂之外，几乎所有粉状的冲饮类补剂都含代糖（请看配料表）。单独服用一种食品相对来说安全性还可以，但健身爱好者实际上服用的并非一种食品，有的人可能摄入四五种含有代糖的食品，并且长期服用，这很容易造成代糖总量超标，并且嗜甜。毕竟你的大脑不知道哪个不是糖，你的感受器只能感受到代糖的甜味，从而调节你的消化道和消化腺。

目前对代糖的安全性研究都是建立在毒理学的基础上，并且出于"道德"因素，这类添加剂不方便直接招募受试者进行长期研究，所以每一种证明其安全或者有害的研究都具有一定的局限性，所以未来很有可能某个代糖突然就被禁止使用，或者对其添加量进行限制。关于代糖长期大量食用的安全性目前没有任何确定的结论。消费者应该深知一点，代糖并不可以肆无忌惮地摄入，相比起同等甜度的同类食品，它只是相对过量摄入游离糖来说，更安全一点。

所以，考虑代糖是否安全本身就是一个误区，代糖的产生是因为人们逐渐发现了糖摄入对健康的威胁，当饮食习惯无法改变的时候，代糖只是采用一种"备选方案"，你对甜的渴望是没有变的，所以代糖类的食品本身"对标"的就是高糖食品，例如你面对高糖饮料和与它口味类似的代糖饮料，选择后者相对安全一些。

最后，对于儿童来说，正确的思维应该是减少膳食中的游离糖，而不是用代糖替代游离糖。国家卫生健康委发布了《健康口腔行动方案（2019—2025）》，指出中小学校及托幼机构限制销售高糖饮料和零食，食堂减少含糖饮料和高糖食品的供应。

13

让你又爱又恨的脂肪

　　Lipids（脂类）主要源于希腊语lipos，和词素lip组成的词很多都和脂肪有关。营养学中讲到脂类主要指三种物质，分别是甘油三酯、磷脂和固醇类物质，我们吃的食物中脂类几乎都是甘油三酯，其余的是其他脂类。而让你厌恶的赘肉，几乎都是甘油三酯。本章我们来聊聊这些让你又爱又恨的脂肪。

现代人可能无法体会脂肪的重要性，我们祖先大多希望自己的皮下脂肪多一些，因为这与生活质量和寿命息息相关。今天有一项耳熟能详的运动项目——健美，健美运动员追求肌肉最大限度健壮的同时，还要尽量保持更少的皮下脂肪。

13.1　认识脂肪

先说说让你痛恨的脂肪。

想想看我们是如何对待脂肪的吧，我们通过节食来把脂肪逼走，通过运动消耗脂肪，甚至吃各种减肥药，总之我们利用各种手段对抗脂肪。尽管遭受如此的"虐待"，脂肪总会在你放松警惕的时候悄悄回到你的身上，它只为了完成它的本职工作——存储热量。

"常驻"身体的脂肪占了脂类的95%，我们形象地称之为脂库，其主要分布于皮下，其次分布于大网膜（一部分连于胃的腹膜结构）、肠系膜以及肾周围的脂肪组织中。从某些角度来说，脂库中的脂肪都是"钉子户"，因为脂肪细胞是常驻的，当机体能量消耗较多，同时食物营养（热量）供给不足的时候，脂库中的脂肪就要消耗自己提供能量，俗称被氧化消耗。反之，当身体摄入的热量没有被消耗完，那么人体就会将脂肪储存起来，丰富脂库，这时候你就变胖了。

脂库中的脂肪主要分为两类，一类是白色脂肪，另一类则是褐色脂肪。婴儿时期褐色脂肪占比较高，而成年人

第13章　让你又爱又恨的脂肪

MEMO

健美运动被称为body-building，它源于人们对力量的追求，但是健美真正发展起来则发生在近现代。从食物获取方面来说，健美只能出现在近现代，因为我们获取热量变得容易了，健美运动追求最少的脂肪和最大的肌肉，这在食不果腹的年代是无法想象的，同样在那个年代也几乎不存在减肥的问题。以前"膀大腰圆"被用来形容一个人强壮，现在被用来形容腹部皮下脂肪太多；以前消瘦到有腹肌是贫穷的人的特点，现在是大众普遍能接受的审美。从某些角度来说，能量的获取方式影响我们的生活、审美、运动，也让我们忽略了脂肪的重要性，很多人会烦恼一吃就胖，其实人类能进化到今天就是因为我们可以通过"变胖"来存储能量，只有生病的时候（例如糖尿病早期、癌症）才会莫名其妙地变瘦。

体内褐色脂肪一般占比小于等于2%。关于褐色脂肪和减肥之间的联系目前还在研究（没有定论）。人体内大部分脂肪是白色脂肪，随着年龄增长白色脂肪逐渐增多，在青春期发育阶段到达高峰，然后基本保持不变，这也是为什么需要重视青少年肥胖问题。变胖实际上是脂肪细胞增多，脂肪细胞变大。你可以理解为你吃胖了，脂肪细胞就跟着你变大了；你减脂，脂肪细胞就跟着你变小了。也就是脂肪细胞只是"体积"变大、变小。对于绝大多数人来说，成年后脂肪细胞数量基本保持不变，但如果过度肥胖，脂肪细胞则有可能增多。

身体脂肪堆积部分取决于遗传因素，有些人感觉自己某些部位更容易囤积脂肪，这主要受到基因的影响。另外，脂肪的堆积也受到激素的影响，例如男女脂肪分布就有区别，女性的脂肪更容易囤积在大腿、臀部、小腹，男性则更容易囤积在上腹部和腰部。

那么我们有什么方法可以减少脂肪细胞吗？其实抽脂手术就是一种破坏脂肪细胞的方法，但这种方法治标不治本。人体内脂肪细胞有几百亿个，通过手术取走的部分十分有限，且抽走太多会有风险，还有更为重要的一点是，脂肪细胞数量减少，但是余下的脂肪细胞还是可能会增大体积以储存热量，脂肪的工作能力和工作性质是不会改变的。目前来看人类脂肪堆积似乎是没有上限的。

13.2　了解脂肪家族

我们说的脂类（lipids）是脂肪（fat）和类脂（lipoids）的总称，脂类的特点是不溶于水而溶于有机溶剂。

脂肪酸可以从不同角度分类，可以以碳链长度分类，也可以按照人体必需脂肪酸的生理功能分类，还可以按照饱和与不饱和分类。但不论从哪个角度分类，描述的对象都是脂肪。

表13.1是脂类的一般分类。

表13.1 脂类的一般分类

	脂类的类型	举例说明
简单脂类	中性脂肪	甘油三酯（三酰甘油）
复合脂类	磷脂	卵磷脂、肌醇磷脂、心磷脂
	糖脂	脑苷脂、神经节苷脂
	脂蛋白	高密度脂蛋白（HDL）
	低密度脂蛋白（LDL）	—
	极低密度脂蛋白（VLDL）	—
	乳糜微粒	—
衍生脂类	脂肪酸	油酸、亚油酸、棕榈酸
	类固醇	胆固醇、皮质醇、雌激素、雄激素、孕激素
	碳氢化合物	萜烯

简单脂肪也就是我们说的中性脂肪，由于其化学结构主要是由甘油与脂肪酸形成的酯，所以又称甘油三酯或三酰甘油，它是脂肪在脂肪组织细胞中的主要存储形式。

脂肪有多种分类方式，例如我们摄入的脂肪按照动植物来源分为动物脂肪和植物脂肪，动物脂肪我们通常称为脂，而植物脂肪通常称为油。

动物脂肪又分为两大类，水产动物脂肪和陆生动物脂肪。很多人当补品吃的鱼油就属于水产动物脂肪，除了鱼类之外还有螃蟹、虾、贝壳类等。水产动物脂肪酸大部分是不饱和脂肪酸，这类脂肪的熔点较低，也比较容易消化。而陆生动物脂肪中大部分是饱和脂肪酸（少量不饱和脂肪酸），当然动物性来源中不饱和脂肪酸的含量与养殖、饲养方式关系很大，散养的普遍比圈养的不饱和脂肪酸含量多。

植物脂肪是我们常见的，例如橄榄油、花生油、大豆油、瓜籽油、菜籽油等，其脂肪中主要含有不饱和脂肪酸，而且多不饱和脂肪酸（亚油酸）含量高，占总脂肪的30%~50%。当然并非所有植物脂肪都是不饱和脂肪酸，例如椰子油中主要的脂肪酸就是饱和脂肪酸，棕榈油的饱和脂肪酸也高于一般的植物性脂肪酸。

你可能听过长链脂肪酸（碳链中碳原子超过12个）、中链脂肪酸（碳链中碳原子6~12个）、短链脂肪酸（碳链中碳原子小于6个），其实这是按照脂肪酸碳链长度来划分的。例如奶类脂肪中除了含有饱和脂肪酸与不饱和脂肪酸之外，还有大量短链脂肪酸。健身、减肥人群较熟悉的可能是中链甘油三酯（MCT）。椰子油中就含有中链甘油三酯。中链脂肪酸主要用于供给能量，而不是优先用于囤积脂肪。

饱和脂肪酸与不饱和脂肪酸

根据脂肪酸的饱和程度，我们将它分为饱和脂肪酸与不饱和脂肪酸，不饱和脂肪酸又分为单不饱和脂肪酸、多不饱和脂肪酸。

饱和脂肪酸。饱和脂肪酸常温下基本呈现固态，但也有例外，例如由牛奶中的"乳脂"分离出来的黄油在常温下就是固态的，但牛奶中的"乳脂"在常温下呈液态的微小球状。

曾经饱和脂肪酸被认为与心脏病、高血压、高血脂、中风、糖尿病、癌症等疾病相关，被认为是一种不健康的脂肪酸，但随着相关研究不断深入，人们发现饱和脂肪酸并不是一种不健康的脂肪酸，相反还发现了一些饱和脂肪酸有益的证据。

一些人可能认为低脂等于健康，进而尽量避免摄入脂肪。实际上脂肪酸是人体必需且十分重要的物质，起码按照目前研究来看，饱和脂肪酸的摄入量超过膳食指南标准总供能的5%~10%对进行耐力训练的人群是没有健康影响的（普通人建议不超过总供能的10%）。但是对健美和健身爱好者来说没有必要刻意增加饱和脂肪酸的摄入量，因为这两项训练的方法以及供能方式有别于耐力型运动，而且健美和健身爱好者在日常饮食中通过牛奶、鱼类、肉类摄入的饱和脂肪酸已经足够，能保证自身睾酮激素的水平。对于不运动以及缺乏运动的人群，过量摄入饱和脂肪酸对于健康依旧是有危害的。

不饱和脂肪酸。不饱和脂肪酸在常温下呈液态，如果把脂肪酸比喻成一间教室，里面的桌椅就是碳链骨架，饱和脂肪酸的所有位置（点位）都被氢原子坐满了，而不饱和脂肪酸则留有余位，单不饱和脂肪酸则留有一（单）个氢原子的位置，多不饱和脂肪酸则留有多个氢原子的位置。

单不饱和脂肪酸。实际上我们获得单不饱和脂肪酸的途径很多，例如吃坚果。总之，单不饱和脂肪酸是我们十分容易从饮食中获取的脂肪酸。对于健身人群来说，单不饱和脂肪酸可以更好地维持甚至增加血清中的游离睾酮数量。在一项针对没有运动习惯人群的实验中，采用低脂、高碳（高纤维）饮食方案，脂肪酸以单不饱和脂肪酸为主，配合训练后发现其下半身脂肪减少得更多，当然一部分原因是实验对象都是非健身人群。

让单不饱和脂肪酸扬名的是地中海饮食（Mediterranean diet），其饮食特点是富含单不饱和脂肪酸（以及多不饱和脂肪酸）以及膳食纤维，这也使得橄榄油家喻户晓。相关单不饱和脂肪酸减少患高血压和动脉硬化风险的研究有很多，大部分也都是证明单不饱和脂肪酸是有绝对益处的，尤其是以地中海饮食为主的研究。可这类研究中有相当一部分是观察研究，换句话说研究的是地中海饮食结构和观察对象的生活方式。但某些媒体在宣传时往往只是借用了"地中海饮食"的壳，把所有研究结果归功于橄榄油这类商品。其实改善脂肪酸摄入比例并不会绝对地治病或者变得健康，因为采用"地中海饮食"的当地居民同样也喜欢运动，我们应该看到的是一个整体的生活、运动、饮食结构，而不是孤立地看他们吃了什么。

多不饱和脂肪酸。碳链上多个位置没有被氢原子占据的脂肪酸是多不饱和脂肪酸。多不饱和脂肪酸可分为 ω-3 脂肪酸和 ω-6 脂肪酸两大类，这两种脂肪酸的名称你肯定听过，尤其是在食品广告中，例如亚麻酸和亚油酸，它们分别属于 ω-3 脂肪酸和 ω-6 脂肪酸，人体不能自身合成。ω-3 脂肪酸主要来源于深海鱼类，例如三文鱼，其植物性来源主要有亚麻籽和奇亚籽。

中链脂肪酸

在营养学和生物化学中，中链脂肪酸的定义是包含 8~12 个碳原子的饱和脂肪酸，这里主要指辛酸（包含 8 个碳原子）和癸酸（包含 10 个碳原子）。在有机化学中，中链脂肪酸的定义则是包含 6~12 个碳原子的饱和脂肪酸。

关于中链脂肪酸的研究最早可以追溯到二十世纪五六十年代，因为它不依赖左旋肉碱，所以最初的研究方向是替代长链脂肪，用于脂肪吸收障碍人群的营养干预。

从消化吸收角度来说，中链脂肪酸对胃排空的速度没有影响，对胆盐和胰脂肪酶依赖很小，并且通过门静脉直接转运至肝脏，所以消化吸收速度快，并且不依赖肉碱转运系统，可以直接通过线粒体膜进行氧化分解供能。中链脂肪酸的消化代谢速度和葡萄糖差不多，但产生的能量却是葡萄糖的两倍（8 千卡，比长链脂肪少 1 千卡，也是碳水化合物的 2 倍），它基本上以供能为主，不容易囤积脂肪。

中链脂肪酸和椰子油：最近几年兴起的椰子油主要成分就是中链脂肪酸，其实不只椰子油中含有中链脂肪酸（椰子油中 58%

是中链脂肪），棕榈仁油（54%是中链脂肪酸）、牛奶及其制品，以及母乳中（中链脂肪酸大约占总脂肪比15%）都有中链脂肪酸。椰子油的问题在于，C12的月桂酸含量太高，这就导致长期、大量服用椰子油有可能对血脂和胆固醇有一定影响（C12的月桂酸代谢过程更像长链脂肪酸代谢过程），而椰子油中的中链脂肪酸，通常是C8、C10的中链脂肪酸，换句话说中链甘油三酯（MCT）油不等于椰子油，椰子油只是含有MCT。椰子油对血脂、胆固醇产生影响，需要长期、大量摄入，如果脂肪酸摄入很合理，那么偶尔摄入一次椰子油是没有什么影响的，椰子油具有一定的风味，以饱和脂肪酸为主，所以比较适合时间较长的高温烹饪。

　　另外一种被称为"防弹咖啡"的"生酮咖啡"，也使用了椰子油，它是用椰子油、黄油，2~4小杯浓缩美式和适量的水混合，有的人还会撒上一些坚果碎，如果你在低碳、生酮期间，可以偶尔尝试一下生酮咖啡。

　　中链脂肪酸和饱腹感：摄入中链脂肪酸会增加体内的酮体，所以中链脂肪酸类的产品在宣传的时候经常和生酮、低碳这类名词绑定，一方面是因为中链脂肪酸对血糖影响很小，另一方面则是酮体升高以后，饱腹感会增强，或者说食欲会下降，但是以下几点你必须知道。

　　第一，中链脂肪酸并不会导致酮中毒，酮体升高到一定水平以后就会慢慢下降，并不会毫无节制地上升。

　　第二，有研究发现摄入一定量的中链脂肪酸确实可以增强饱腹感，但连续服用几周后人体就会慢慢适应，饱腹感也就随之下降。现实中也确实遇见过很多这样的情况，所以我个人建议中链脂肪酸的摄入依据饮训练计划调整（因为健身人群的饮食计划是根据训练内容设计的），例如在耐力训练时增加有氧，这个时候饮食计划以低碳、生酮为主，可以用中链脂肪酸替代部分其他摄入脂肪。

第三，目前来看MCT的安全剂量是每日1千克体重摄入1克，适宜摄入量是每天20~30克，中链脂肪酸的摄入量建议是10克，过量摄入中链脂肪酸（例如摄入50~70克）则有可能出现腹痛、腹泻的情况。

中链脂肪酸和减肥：严格来说中链脂肪酸和减肥并没有什么直接关联，你不可能因为使用了含有中链脂肪酸的产品而变瘦，目前可查阅到的研究基本上都是动物实验，也有部分人体实验，主要方法是用中链脂肪酸替代了部分膳食中其他脂肪酸，但试验周期普遍过短，例如被引用较多次的一篇刊登在《肥胖研究》期刊上的试验，整个试验周期只有4周，受试者只有24人（都是中度肥胖人群）。

这类实验更大的意义在于，证明了中链脂肪酸在短期内的一些作用，以及前面介绍过的一些消化、吸收代谢上的特点。偶尔进行控制碳水的饮食的时候，中链脂肪是一种不错的脂肪。

中链脂肪酸和运动：有的运动员在空腹有氧（备赛减脂期间）或者训练前会摄入一部分中链脂肪酸，前文提到了中链脂肪酸有生酮的作用，不仅可以增加饱腹感（短时间几周内），而且生成的酮体也可以当作长时间运动时肌肉以及大脑的能量物质。

我们能够接触到的中链脂肪酸产品以MCT为主，产品内的脂肪主要是C8和C10的中链脂肪。目前来看，主要研究的是耐力型的运动项目，且尚无统一结论，整体来说短期内补充，例如4周的时间，或者偶尔几次，对于节约糖原以及提高耐力型运动项目的运动表现有一定帮助。健美运动员备赛周期短（一般是三个月），在这段时间内摄入碳水较少，运动量较大，又担心长脂肪，可以选择增加一些中链脂肪酸的摄入。对于需要控制碳水摄入的人群来说，也可以适当增加一些中链脂肪酸，个人建议整体摄入量在10克左右即可，因为摄入量突然增加可能会引起腹泻，同时有研究表明中链脂肪酸在耐力运动中消耗比例一般，耐力训练中每小时中链脂肪酸的消耗在6~9克。

13.3　必需脂肪酸

必需脂肪酸（Essential Fatty Acid，EFA），指的是人体不可缺少而又不能自身合成的，必须通过摄入食物获得的脂肪酸。这个概念和必需氨基酸是类似的，例如前文提到的 ω-3和 ω-6系列，提到了 α-亚麻酸、亚油酸这两种必需脂肪酸，其实这两个系列中花生四烯酸、二十二碳六烯酸（DHA）等都是人体不可缺少的脂肪酸，但人体也可以利用亚油酸或者 α-亚麻酸来合成。

日常生活中，只要不进行严格的脂肪控制，合理地从鱼类、肉类、禽蛋类、坚果当中摄入脂肪，那么不大可能缺乏必需脂肪酸。

13.4　胆固醇——类固醇的原料

胆固醇是衍生脂类中较为常见的，目前已知胆固醇仅存在于动物体内。健身人群十分熟悉胆固醇，但提及胆固醇时往往担心胆固醇过高。其实胆固醇的作用十分重要，它是体内合成类固醇的原料，这里的类固醇不仅包括健身人群关心的睾酮激素，还包括维生素D、胆盐、肾上腺皮质激素等。

我们可以通过进食直接获取胆固醇，例如吃鸡蛋。通过进食摄入的胆固醇称为外源性胆固醇。人体自身合成的胆固醇则是内源性胆固醇。

人体内的胆固醇主要是内源性胆固醇，大约70%的胆固醇由人体自身合成，理论上即便一个人完全不摄入胆固醇，人体每天合成的内源性胆固醇也维持在0.5～2.0克。所以除了婴儿和孕妇人群之外，正常的健康人群即便暂时减少胆固醇的摄入量也不会对身体造成危害。

HMG-COA还原酶（3羟基-甲基戊二酸单酰辅酶A），它是胆固醇合成代谢中的关键酶，HMG-COA还原酶是胆固醇合成的限速酶，它的活性可以影响（调节）胆固醇的合成速率。例如，当食物中胆固醇的含量增加，可以影响HMG-COA还原酶的合成，从而使胆固醇的合成减少；反之，如果食物中胆固醇的含量减少，则会增加胆固醇的合成。

禁食或者感到饥饿，则可以使HMG-COA还原酶合成减少、活性降低；反之，如果摄入高糖、高饱和脂肪酸食物后，HMG-COA还原酶的活性则会增强，胆固醇合成也会增加。胰岛素可以使HMG-COA还原酶活性增强，胰高血糖素可以使HMG-COA还原酶的活性减弱，所以胰岛素可以促进胆固醇的合成，甲状腺激素也可以促进HMG-COA还原酶的合成，同时甲状腺激素还可以促进胆固醇的转化（胆汁酸）。

现在许多国家都放开了对鸡蛋摄入量的限制，以往认为鸡蛋的胆固醇含量过高，每日摄入超过两个就会超出上限，因为会增加患心脑血管疾病的风险。但随着更多研究开展，人们更新了这一认知，正如前文所讲，外源性胆固醇摄入并不主要决定体内胆固醇量，人体利用胆固醇的能力也是有限的，并且高糖、高饱和脂肪酸都会影响胆固醇，并非局限于某种食物，而关乎整体的膳食结构。但这并不意味着我们可以肆无忌惮地摄入，例如饱和脂肪酸的增加会让内源性胆固醇合成增加，这也是为什么很多肥胖人群同时也是心脑血管疾病的高发人群。

综上所述，并不是只有鸡蛋当中有胆固醇，我们更应该关注日常饮食行为和习惯，例如高糖、高饱和脂肪酸摄入，本身也会影响体内胆固醇的情况。

我们应该关注自己的胆固醇水平，在体检的时候有些机构只会给出总胆固醇量，实际上除了关注总胆固醇量之外还应该注意高密度胆固醇和低密度胆固醇，也就是HDL-C和LDL-C。HDL-C水平较低，一般被认为心脏病风险较高；LDL-C水平较高，心脏病风险也会增加。HDL-C水平较高、LDL-C水平较低是比较好的。这里说的高、低指的是胆固醇水平正常范围内的高低。

13.5　脂肪与糖谁是健康"杀手"

让我们简述一下近现代人们的饮食结构变化。

人类曾经长期处于食不果腹的饥饿状态，1931年以后，美国和欧洲一些国家的居民逐渐过上衣食无忧的生活。美国早在1914年就开始把维生素放入食品中，二十世纪六七十年代，西方早期发达国家的人对营养品已经十分了解，例如心脏有问题时应该吃什么，吃什么有助于睡眠等，这些知识大部分都是从广告中获得的。当时大部分人是不缺少营养素的，随之而来的肥胖、心脑血管疾病、代谢类疾病也逐渐凸显。人们开始意识到有可能是摄入营养的问题，最终锁定了在脂肪和糖两种营养素上，最终脂肪"背了这个锅"。

我不敢妄言这段历史影响了糖与脂肪的"争斗"，但起码我们对于脂肪的"恐惧"，以及认为碳水化合物"无害"与这些有着必然的联系，所以在很长一段时间低脂饮食几乎等同于健康饮食，同时健康饮食也标榜着自己低脂肪。

20世纪70年代，一本名为《阿特金斯减肥法》的书流行起来，与当时"谈脂色变"不同的是，《阿特金斯减肥法》并不认为脂肪可怕，反而认为碳水化合物会引起肥胖。《阿特金斯减肥法》甚至不建议摄入乳糖，由于这样的膳食结构会引起血酮增加，所以又被称为生酮饮食，同时由于不限制肉类的摄入，又被称为吃肉减肥法。

现如今面对糖与脂肪的争论，你会发现人们很容易从一个极端走向另一个极端。我向来不提倡任何极端的饮食方案，仅从目前可查到的研究给出如下建议。

首先，在脂肪和蛋白质的学习中，介绍过必需氨基酸和必需脂肪酸，但从未提过必需碳水化合物，这样看来碳水化合物似乎不是必需的营养素。实际上持有类似观点的人不在少数，但目前并没有答案，人类的饮食习惯和行为习惯是一代代延续下来的，受到内部自身基因的影响，也受到外部环境、文化的影响。对营养、食物、疾病的研究还在继续，所以妄下结论是不符合科学精神的。米饭变成了"垃圾食品"的本质原因是加工得过于精细，以及人体摄入的游离糖增加。因此应该减少精加工食物的摄入，并且减少或者尽量不吃游离糖。

其次，每日摄入的脂肪酸占营养素摄入量的百分比是多少，目前没有统一的答案，最合适的脂肪酸摄入量也没有统一标准，现有的研究对象样本也不够充分，每个研究的出发点差别也很大。当然未来不排除人们会依据个体差异，例如根据遗传学、基因情况等针对一类人给出膳食营养结构建议。目前来看，饱和脂肪酸没有我们想得那么不健康，但也没有站得住脚的长期研究显示它可以被无节制地摄入。对于习惯耐力运动的健身人群来说，适度增加饱和脂肪酸的摄入是可以的，日常生活中我们不应该从单一渠道摄入脂肪酸，而应该从鱼类、坚果类、乳制品等多渠道摄入。我不建议过少地摄入脂肪，这会影响内分泌水平，同时也会影响脂溶性维生素的摄入。一般健身爱好者维持每日的训练量除了要额外增加一些蛋白质，对其他营养素的需求和正常人差异不大。我们可以根据定期身体检查来看自己体内营养素的流失情况，再补充体内缺乏的营养素，优先考虑通过食物补充体内缺乏的营养素。

显然以往的认知让我们对脂肪产生了恐惧，实际上，体内脂肪过少与脂肪过多都有危害，目前主流的观点认为脂肪供能占一天膳食供能的20%～35%，饱和脂肪供能不超过10%，同时脂肪食物来源丰富一些。

表13.2介绍了膳食脂肪分类。

表13.2　膳食脂肪分类

	类别	碳原子数量	食物来源
饱和脂肪酸	丁酸	4	牛奶、牛油
	MCT、中链脂肪酸	6~12	椰子油、坚果
	软脂酸	16	棕榈油、动物脂肪
	硬脂酸	18	动物脂肪、可可类制品（代可可脂、巧克力制品）
单不饱和脂肪酸	油酸（顺式结构，n-9）	18	花生油、橄榄油、菜籽油、芝麻油、坚果（核桃、开心果、腰果、榛子、杏仁、夏威夷果等）
	反式脂肪酸（反式结构，n-9）	18	易出现于由人造黄油、氢化植物油制作的糕点、甜品、炸制食品中，但存在氢化植物油，并不一定存在反式脂肪酸
多不饱和脂肪酸	亚油酸（必需脂肪酸）	18	几乎所有植物油都含有亚油酸，在动物脂肪中含量较低
	亚麻酸（必需脂肪酸）	18	菜籽油、大豆油、核桃油、亚麻油等
	共轭亚油酸（CLA）	18	乳制品、牛肉、膳食补充剂
	二十碳五烯酸（EPA）	20	鱼类（鲱鱼、沙丁鱼、鲑鱼）、鱼油
	二十二碳六烯酸（DHA）	22	同二十碳五烯酸

13.6　脂肪消化吸收迁移

下面是脂肪消化、吸收的过程。

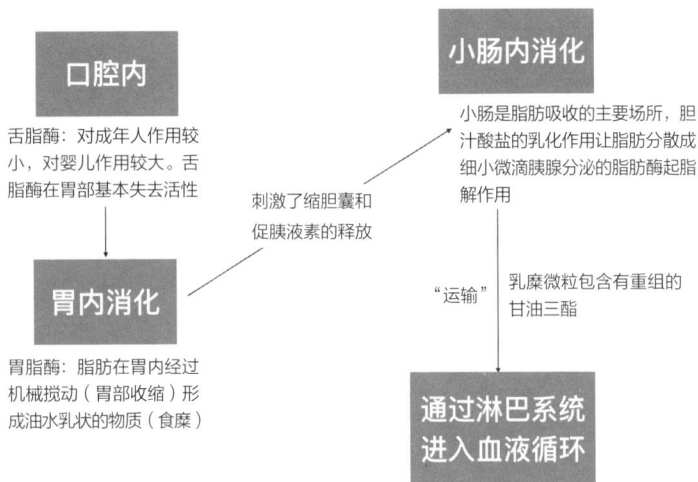

口腔内

舌脂酶：对成年人作用较小，对婴儿作用较大。舌脂酶在胃部基本失去活性

刺激了缩胆囊和促胰液素的释放

胃内消化

胃脂酶：脂肪在胃内经过机械搅动（胃部收缩）形成油水乳状的物质（食糜）

小肠内消化

小肠是脂肪吸收的主要场所，胆汁酸盐的乳化作用让脂肪分散成细小微滴胰腺分泌的脂肪酶起脂解作用

"运输"

乳糜微粒包含有重组的甘油三酯

通过淋巴系统进入血液循环

14

女性健身

男女在生理上的不同决定了女性与男性在很多方面都有着差异。女性应该详细了解自身的情况，从而走出健身的误区。

14.1 女性的运动生理学特点

* 在哪个阶段最适合锻炼?

女性的生理周期分为5个阶段,分别是黄体期、卵泡期、排卵期、经前期以及月经期。生理周期的阶段性差异,导致女性在各个阶段的内分泌情况也略有差异。有研究认为在黄体期女性的工作能力和运动能力最强,卵泡期和排卵期次之,经前期和月经期相对较弱,但这种说法没有得到普遍的论证。《运动生理学》也认为女性在黄体期的运动能力和工作能力最强。

* 并不是越瘦越好。

卵巢主要分泌雌激素,而雌激素容易让脂肪囤积。女性适宜的体脂含量应该占体重的20%左右,并且主要分布在胸部、臀部、腰腹部、大腿等部位的皮下,女性皮下脂肪约为男性的2倍,所以我们不难看出女性更容易囤积脂肪。脂肪对女性来说十分重要,在人类漫长的进化过程中,女性在繁衍方面起到了决定性的作用,而脂肪则是储存能量的载体。女性在哺乳和怀孕阶段对能量的需求是增加的,在食物资源匮乏的年代,脂肪在保证女性生理周期正常、生育、分泌母乳等方面起到了重要作用。女性能量摄入不足或者过度节食,会导致生理周期不规律、不正常。

有研究认为女性为了维持正常的生理周期,身体脂肪最少为体重的17%,很多女性认为20%的皮下脂肪有些高了,实际上这是正常的,过低则会影响生育以及内分泌系统。

* 正常情况下你不会练成"金刚芭比"。

由于激素分泌情况不同,女性的肌肉量为男性的80%~89%,同时由于女性肌肉中存在琥珀酸脱氢酶,肉碱软脂酰转移酶的活性相对男性来说较低,所以脂肪氧化能力也相对弱一些。但有研究表明女性在中等强度运动中脂肪氧化程度更高,但整体来说男女的脂肪氧化能力差异并不大。

男性主要分泌雄激素，而女性主要分泌雌激素，雄激素的主要作用就是使肌肉变得肥大，这使得男性更容易获得肌肉，女性虽然也分泌雄激素，且雄激素对女性维持正常生理状况十分重要，但女性的雄激素整体量过低，不及男性最低值的一半，所以女性正常情况下肌肉没有男性肥大。同时女性分泌的雌激素也使得女性的柔韧性普遍优于男性，这样的优势在运动中表现为女性关节活动范围更大，在柔美舒展的运动中表现出色。

在日常生活中见到的女性"金刚芭比"，要么是天赋异禀，要么是经过了长时间的科学训练。如果肌肉过于肥大，也不排除用了一些外源性的合成类固醇（例如雄激素）。

14.2 在月经期间能不能运动

月经是一种正常的生理现象，在月经期间可以运动，但需要注意以下问题。

第一，你如果痛经，请一定不要运动。

第二，有些女生并不是每次在月经期间都会痛经，或者其疼痛感不强，几乎不影响运动，但是在这种情况下我依然建议你休息，如果要运动，应该注意控制整体运动强度，同时不建议做增加腹压的动作，例如深蹲、卷腹等。

第三，在月经期间尽量避免做新动作，应该选择自己熟悉的动作，同时也不要增加运动强度。在月经期间，整体运动强度应该低于日常训练强度，个人建议仅为日常训练强度的70%。

第四，在月经期间外阴和子宫会充血，所以应该避免或者尽量不做骑行这类运动。

第五，实际上在月经期间是可以游泳的，我曾咨询过女性游泳运动员，她们在月经期间的运动强度会减半，只做适应性训练。对于普通女性来说，你可以在月经期间游泳，但我不建议在月经期间游泳，除了众所周知的不方便因素之外，也会增加感染的风险，这完全取决于泳池水的洁净程度，这是不可控的因素。

第六，有些人担心在月经期间运动会导致所谓的"经血逆流"，从而引发子宫内膜异位症。目前并无确凿证据表明运动和子宫内膜异位症有关，经血逆流只是子宫内膜异位症的假说之一，我们不妨想一想，如果"经血逆流"的说法成立，那么在日常生活中，躺在床上时大部分动作都有可能导致经血逆流，并且持续时间比运动久，如果经血逆流和子宫内膜异位症有必然的因果联系，那么子宫内膜异位症会成为每个女生常患的疾病。目前已知和子宫内膜异位症有因果性和相关性的有遗传因素、内分泌因素、环境因素、免疫缺陷等。

如果你真的担心某些动作会导致子宫内膜异位症，那就尽量避免做这些动作，或者干脆在月经期间不运动。

14.3 运动以后为什么生理周期不规律

生理周期不规律一般体现为，月经提前到或者月经推迟，甚至短暂性闭经。运动以后生理周期不正常的主要原因归纳为三点：饮食因素、运动因素、心理压力。

饮食因素。生理周期不规律大都与饮食不规律或者极端饮食有关，例如突然间减少热量的摄入。在现实生活中比较常见的例子就是，一些女性只服用某些减脂类代餐包，只摄入低热量。在热量长期摄入不足的情况下，女性自然无法维持正常的生理周期。

一般来说，饮食不规律和不合理造成的生理周

MEMO

如果女性在排卵后怀孕，那么整个生理周期（月经）就"暂停"。正常、规律的生理周期代表着女性身体处于"准备孕育"的状态，所以女性往往对于外部的环境变化较为敏感，压力过大、饮食不规律、热量摄入过少、脂肪摄入不足等问题出现时，女性就有可能生理周期不规律。单从进化的角度来说，女性生理周期对于外部环境"敏感"，有助于人类的繁衍，因为生理周期不规律意味着怀孕的概率下降。

期不规律，在恢复正常饮食4周左右后，月经也会逐渐恢复，如果没有恢复，应该及时去医院进行专项检查。

还有一种饮食因素则是营养结构不合理，例如脂肪摄入不足，过于追求低脂肪（低热量），脂类的摄入量与体内的内分泌息息相关，如果过于严苛地限制脂肪摄入也会造成生理周期不规律的情况，最常见的就是月经推迟或者不来月经。

运动因素。适度的运动反而对生理周期的恢复有帮助，但饮食和运动不当则有可能造成心理压力。我个人接触比较多的就是女运动员三联征。

心理压力。心理压力一般和运动、减肥无关，大多是生活因素导致的，从而影响了生理周期。

女运动员三联征由美国运动医学会（ACSM）提出，主要指的进食功能障碍、生理周期不规律（闭经）、骨质疏松这三种症状。通常这三种症状并不会同时出现，但它们之间有一些关联性。例如热量摄入过低导致闭经，或者过量运动导致生理周期不规律，节食（热量摄入过少）导致闭经，同时由于热量摄入过低，营养素摄入也会相应地受到影响，再加上运动因素，则有可能导致骨质疏松等问题的出现。总之，女运动员三联征与不良饮食、过量运动相关，并非只出现在女性运动员身上。

尽管这种女运动员三联征也会出现在男性身上，但相比之下在女性身上更容易出现，并且广泛来说它不仅限于运动员，大众健身人群也有可能出现女运动员三联征，例如为了减肥严苛运动，训练过度或者过劳，或者突然增加训练强度都有可能导致生理周期不规律，从而导致下丘脑的垂体功能障碍，甚至导致闭经。换句话说，当运动变成一种有负担或者功利心很强的行为时，它带来的额外的压力则有可能损害身体健康。

进食功能障碍则是源于另外一种压力，是指减肥控制饮食时，由于缺乏专业的指导或者自身心理问题，进食时会产生一种负罪感，或者偶尔暴食后催吐。

14.4 产后何时可以运动（减肥）

MEMO

有些运动机构会将产后3个月至6个月定义为产后身材恢复的"黄金期"，实际上影响产后恢复的相关因素很多，包括孕前体重、孕中增加的体重、产后体重等，并不存在"黄金期"的说法。产后3个月时，女性可以适当地进行低强度的运动，或者是增加活动量。这个阶段进行运动可以缓解产后可能会出现的心理问题，暂时换个环境进行一些运动，例如户外散步或者低强度的瑜伽，有利于放松心情。到了产后6个月，这个阶段可以适度增加运动强度、时长和内容，因为通常在这个阶段，孩子开始添加辅食，所以女性的母乳压力降低，身体机能也开始慢慢地恢复。

自然分娩和剖宫产的情况是不一样的，如果是后者，可以运动的时间需要详细咨询医生，因为存在伤口愈合的问题。你在咨询医生的时候要明确3个问题。

• 让医生观察伤口恢复情况，然后询问是否可以运动。

• 如果可以运动，运动强度上应该注意什么。

• 哪些运动（动作）是不建议做的。

总之，得到医生的建议后再开始运动，但不论是自然分娩的女性还是剖宫产的女性，一般开始运动的最佳时刻是孩子开始增加辅食以后，在孩子添加辅食之前，我不建议采取过量运动（减肥）的行为，注意这里主要指的是以减肥为目的的过量运动，并不是指一动不动。

因为母乳喂养阶段，女性为了泌乳，本身就需要更多的热量，平均产生1毫升的乳汁，就需要消耗0.67千卡的热量，也就是说如果每天分泌母乳1000毫升，则额外需要将近700千卡的热量。所以母乳喂养阶段显然不适合控制饮食，为了保证母乳的质与量，还要注意均衡膳食。

另外，产后女性需要注意的一点是，运动会导致乳酸（肌糖原消耗产生乳酸）增加，一些研究认为这会影响母乳的口感，导致孩子不喜欢吃，所以即便开始运动，也要考虑到这点。

如果在母乳期控制饮食，势必会减少热量的

摄入，从而间接影响母乳。我遇见过很多产后的顾客群体，在这个"特殊时期"很难调整心态，这是很多没有经历过带娃的人无法理解的，虽然有了初为人母的喜悦，但毕竟毫无经验，一时间生活节奏被打乱很多，每日可谓是精疲力竭，这个时候需要的是家人更多的宽容和谅解，只要你有信心和时间，减肥只是时间的问题。

14.5 "产后恢复"

我将产后恢复一词打上了引号，是因为本质上来说产后不需要"恢复"，人类分娩的历史是伴随着进化的整个历程，自然分娩是很正常的事，分娩后身体机能也会自然恢复，如果无法恢复，人类这个物种也不可能演化到今日。

所谓的产后恢复概念是最近几年兴起的。我作为一名健身教练培训师，在上课过程中很多学生都会提到产后恢复的问题，本质上这部分内容对于教练来说只涉及3个方面，分别是形体恢复、盆底肌恢复，以及腹直肌分离恢复。

形体恢复方面。如果产后体重增长过多，所谓的"产后恢复"和一般的减肥没有任何本质的区别，在此不赘述。

盆底肌恢复方面。盆底肌位于耻骨和尾骨之间，像一张网兜住了整个骨盆底部。很多女性在怀孕期间以及产后会出现尿失禁或者憋不住尿的情况，怀孕期间出现该问题有可能和子宫增

> **MEMO**
>
> 以凯格尔运动为主的盆底肌锻炼，并不是练腹肌或者练核心，很多人对于盆底肌是陌生的，实际上日常生活中我们每天都要用到盆底肌，比如憋尿（或大便）时，用到的就是盆底肌。在进行盆底肌训练的时候，可以想象自己在憋尿，或者想象在排尿的过程中中止排尿，中止排尿时可以想象在左右方向上，左右两侧坐骨互相靠近，在前后方向上，耻骨联合与尾骨互相靠近。

大压迫膀胱有关，也有可能和盆底肌过度伸展有关。当然最常见的还是产后出现该问题，因为分娩有可能造成盆底肌损伤，但大部分人在产后是可以逐渐恢复盆底肌功能的。

如果恢复得不理想，那么请阅读下面的文字。

• 盆底肌必须也只能由专业医生检查，任何教练或者不具有相关医疗资质的人（包括作者本人）不具备为私人进行盆底肌检查的资格。

• 教练能指导的盆底肌恢复训练就是凯格尔运动，这是一系列锻炼核心区的运动，同时要配合呼吸进行。一般坚持做凯格尔运动2~3周就会见到成效。凯格尔运动中很多细节和动作与普拉提类似，但要在专业人士指导下进行。再次强调，教练能做到的也只是各种"凯格尔运动"的计划安排，同时凯格尔运动一天只需花10~15分钟。

MEMO

盆底肌训练和下蹲或者深蹲训练是有一定区别的，整体来说是胸内压、腹内压和盆腔内压有差别。深蹲的时候，胸内压和腹内压较大，而盆底肌训练过程中并不需要过多的腹内压和胸内压。你也可以这么理解，下蹲的时候，核心区域的力是"向下"的，而盆底肌训练中，盆腔（盆底）区域的力是"上提"的。

• 如果做凯格尔运动时感觉盆腔疼痛，这种疼痛应该明显有别于腹肌疲劳下的肌肉酸痛，一旦出现盆腔疼痛，就要及时停止凯格尔运动，疼痛原因不排除阴道脱垂或者盆底肌过度紧张，这时做凯格尔运动只会让情况更糟，而判断你属于哪种情况的必须也只能是医生。

• 在恢复阶段并不建议做下蹲（深蹲）训练。

腹直肌分离恢复方面。女性、男性都可能出现腹直肌分离，也并不单纯出现在妊娠女性身上，只是在孕妇以及产后女性身上较为常见，一部分女性在孕中期就会出现腹直肌分离的情况。

一般来说，产后腹直肌分离会逐渐地自我恢复，腹直肌分离常用手指来判断。实际上用手指来判断腹直肌分离是参考分离间距有几个手指宽，计算出两侧腹直肌之间的距离（一指约等于1厘米）。腹直肌的分离程度最好由专业人士评估，如果自我评估，大致方法如下。

• 仰卧。

• 屈膝。

• 将手指放在肚脐上方，然后做一个卷腹动作。

• 卷腹幅度不要太大，到肩胛骨离开地面即可。

- 观察腹直肌之间的距离大约为几根手指宽。

另外，在两侧腹直肌之间的距离恢复内指以内之前，在缺乏专业人士指导下，不建议做所有腹部的训练，尤其是卷腹，这可能会让腹直肌分离情况更糟，因为腹直肌并未恢复正常的功能。

一旦被确诊为腹直肌分离，并且没有很好地恢复，一定要到专业机构治疗，腹直肌分离大于5厘米，这个时候应该去医院咨询。

14.6 无深蹲不翘臀？怎么练出"蜜桃臀"

想要练出好看的臀线可以深蹲也可以不深蹲，这取决于你对自己身材的要求。深蹲的过程中臀大肌的确会参与，并且十分活跃，但不只有臀大肌参与，股四头肌、内收肌、股二头肌都会参与，其他涉及的肌肉还有竖脊肌、腹直肌、前锯肌、冈上肌等，主要负责支撑身体等。总之，对于健身爱好者来说，深蹲是一项门槛很高的动作，完成它需要一定的技巧，并且身体多个肌肉群都会参与。缺乏锻炼的人通常只能模仿深蹲做一个下蹲的动作，本质上并不标准。所以"无深蹲，不翘臀"的说法并不科学，因为深蹲做标准了难度大，做不标准那就是在自损身体。

网上有很多所谓教你练出"蜜桃臀"的文章、视频，但我想说，并非所有人都能练出"蜜桃臀"。

蜜桃臀实际上指的是一种臀形，臀形大致上分为以下4种，即方形、圆形、桃心形以及V形，显然所谓的蜜桃臀指的是第三种臀形。

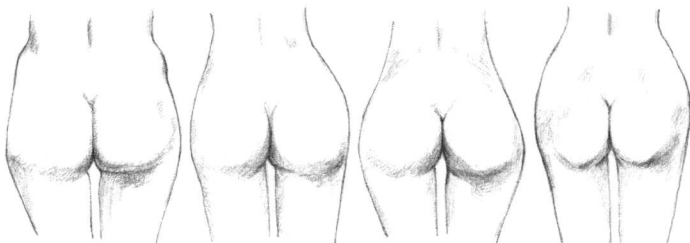

臀部的基础形状是天生的，后天可以改变的是臀部的肌肉，就像用肌肉进行臀部填充一般。在实际教学中，V形和方形臀看起来更饱满，很难甚至不可能变成桃心形，而圆形是最接近桃心形的，区别主要在于臀部下面的脂肪分布，通过肌肉锻炼可以让臀部下方变得饱满。

除了臀形之外，还要看腰臀比，蜜桃臀往往需要较宽的髋骨，并且从髋骨外侧到腰身的曲线较大，说得直白一些就是腰要细，髋骨要宽一些，腰臀比要合适。

14.7　腋下的小肉球是副乳，还是肥肉

很多人认为副乳指的是女性在穿内衣的时候，从腋下到上胸位置多（挤）出来的一团肉，实际上这并不是副乳，只是副乳经常出现在这里。副乳也不一定只会出现在女性身上，男性身上也有可能会有副乳。

可以想象一下，沿着乳头的位置画两条垂直于地面的线，从锁骨到腹股沟几乎都有可能形成副乳。

在胚胎时期，从腋窝到腹股沟的两条线上有6~8对乳腺的原基，出生前除了胸前的一对之外，其他副乳腺基本退化了，当然也有可能出现不可控的意外，那就是乳腺的原基并未完全退化，结果就有可能是——患上多乳症。男性也有可能存在副乳腺点问题。

很多女性实际上并不存在副乳问题，确认自己是不是真的有副乳很简单，副乳在生理期也会发胀，随着生理周期结束副乳也会缩小，而脂肪是不可能在几天之内变大或变小的。如果你确实有副乳，应该找医生咨询，这不是什么大问题，不用担心。

14.8　穿高跟鞋对形体有什么影响

高跟鞋的作用是将脚后跟垫高，只让前脚掌着地，很多女性第一次穿着高跟鞋走路很困难就是因为不适应着地时的重心。

穿高跟鞋可以将臀部垫高，同时大腿后侧肌肉群紧张程度也增加，小腿（腓肠肌、比目鱼肌）处于紧张的状态，如果步行，膝关节和踝关节承受的压力也比平时大很多，所以穿高跟鞋走路时间久了的话，脚踝会感觉不舒服，同时小腿也会酸胀。很多女性小腿肌肉发达就与长期穿高跟鞋有关。长期穿高跟鞋还会增加患膝关节炎的风险，因为胫骨和腓骨的扭矩增加了，这意味着股骨下端和髌骨的摩擦也会增加。

同时由于高跟鞋让身体处于前倾的状态，为了更好地保持平衡，骨盆就要相应地进行调整，腰背部肌肉群和臀部几乎都处于紧张状态，例如腹直肌很难在这个时候收紧，即便收紧了腰背部压力也会成倍增加。所以穿高跟鞋久了会觉得腰背酸痛。

在日常生活中，很多女性穿高跟鞋也会出现跟腱炎的情况，这依旧是由于不正常的重心和小腿肌肉群的受力增加，跟腱的受力也增加，尤其在步行阶段。

一些人如果需要穿高跟鞋，我给你的建议如下。

- 别穿太高的高跟鞋，选择合适的鞋跟高度（3厘米左右）。

- 鞋头不要过窄，尤其是有拇外翻的女性，高跟鞋已经让前脚掌着地了，如果鞋头再过窄，那么穿这双鞋会让你非常难受。

- 准备一双平底鞋，平时尽量减少穿高跟鞋的次数。

MEMO

这里说的长期穿高跟鞋，并不单纯地指穿高跟鞋的时间长，还需要考虑其他影响因素。你可以这样理解，体重50千克和体重60千克的两个人，同时穿一小时高跟鞋，高跟鞋对他们的影响显然是有区别的。即便是同样体重的两个人，一个人工作的时候60%的时间在步行，另一个人60%的时间在站立或者坐着，高跟鞋对他们的影响显然也是有区别的。从审美角度来说，高跟鞋是合理的，但它不符合人体的生物力学。

14.9　是否可以局部减脂

大多数研究证明不存在局部减脂，其研究的除了诸如仰卧起坐一

MEMO

你可能听过一个概念——"顽固脂肪"，实际上这并不是营养学、生理学或医学的概念，这只是一个商业概念。脂肪是人体为了生存所储备的能量，在缺乏食物资源的情况下，脂肪的多少几乎等于生命的长度，所以脂肪本来就是"顽固"的，只有生病的人才会突然出现脂肪分解增加的情况。

类的通过运动局部减脂之外，还包括一些声称可以通过涂抹某种产品实现局部减脂的，目前来看都缺乏足够有效的证明。在一项长达27天的实验中，受试者一天做140个仰卧起坐，然后每日递增个数，到第27天，仰卧起坐的个数增加到336个，但是腹部脂肪并未出现局部减少的情况。

人体集中储存脂肪的部位都差不多，差异在于某些人可能某个部位更容易囤积脂肪，某些部位更容易分解脂肪，简单来说就是身体有些部位的脂肪更容易被分解，有些则更难被分解。一些实验表明上半身的脂肪和腹部深层脂肪（腹肌以下的内脏脂肪）相对其他部位来说更快也更容易减少，腹部的皮下脂肪减少则需要更久的时间，大腿（股骨周围的脂肪）以及臀部的皮下脂肪最难减少，尤其对于女性来说更难减少。曾有研究发现女性臀部、大腿脂肪多更有助于维持良好的内分泌水平，有可能因为这个女性更难减少臀、腿的皮下脂肪。

15

训练与饮食

健身圈有个说法，"三分练、七分吃"，尽管我对这个说法并不赞同，但饮食对训练的帮助的确是巨大的。一次完整的训练基本上包括3部分，分别是训练、饮食和休息。本章将介绍训练与饮食的相关话题。

训练、饮食、休息可以说是同等重要的，在食物资源丰富的今天，人们研究出了各种各样的流行饮食法。前面简单聊过阿特金斯减肥法，本章则详细列出了常见"流行饮食法"，每种饮食方案的优劣都尽可能地介绍给大家。对于饮食方案，我基于个人的经验给出的建议是——不要极端饮食，同时也希望读者清楚每一种流行饮食法的结构和原理。

最后，没有最好的饮食法，只有在均衡膳食的前提下选择更适合自己现阶段的饮食方案。

15.1 可持续的饮食方案才有用

首先介绍LEARN减肥法，它兼顾了减肥中的执行性和可操作性。LEARN由5个英文单词首字母构成，分别是Life Style（生活方式）、Exercise（运动）、Attitude（态度）、Rela-tionship（社交关系）、Nutrition（营养），这一减肥理念显然考虑了减肥的整体可能性，反过来说，一个人肥胖的成因不可能只是营养摄入或者态度问题，而是涉及很多方面的问题，同样减肥也要兼顾所有的属性，这样才能增强减肥的执行力和可操作性。

我们之所以会考虑各种饮食方案，本质上是因为我们所处的环境中的食物种类过于丰富，在我接触的众多运动人群和非运动人群中，几乎所有人都知道什么食物是健康的，例如很多人都清楚多吃菜有好处，都知道吃粗粮比吃精加工粮食好。我曾经做过一些简单的测试，给出20张烹饪制品的图片让测试人员分辨哪些属于相对健康的食品，哪种长期吃对身体不好，尽管我只测试了21名人员，但结论是所有人都知道什么食物是相对健康的。

换而言之，尽管多数人没有系统学习过营养学，但基本上都知道怎么吃会危害健康，肥胖人群也十分清楚影响自己健康的那一部分脂肪是怎么获得的。

饮食方面决定执行力的因素比较直观，面对好吃的食物，执行力就强；面对不好吃的食物，执行力就相应地变弱。就像很多人都知道多吃蔬菜好，可仅仅知道这一点意义是不大的，因为一些人不爱吃菜，短时间内多吃蔬菜是容易做到的，难的是把这种饮食行为培养成一个习惯。

一个人的饮食习惯往往受到环境因素的影响较大。

环境因素。 一个人的饮食习惯很大程度上受到家庭整体饮食行为的影响，例如婴儿在添加辅食阶段就开始受到饮食习惯的影响，婴儿时期到青少年时期大部分饮食行为是跟随家人一起的，所以说整个家庭的饮食习惯会影响一个人成年以后的饮食习惯。

儿童肥胖主因在家长。 在日常生活中我经常遇到未成年人减肥，在课程中我并不建议直接给这些未成年人制订健身、饮食计划，而是先观察未成年人和其家长的体型是否趋同，然后再询问孩子平时的饮食情况，如果父母肥胖或父母一方肥胖，更应该重视减肥的是父母，而不是已经有肥胖问题的未成年人。理由很简单，未成年人还没有独立生活，他的饮食行为是受到家里影响的，显然这个时候需要"教育"的是孩子的父母，他们改变观念才可能影响孩子减肥。换句话说，如果真的执行一个有效的塑身方案，应该把重心放在肥胖的父母身上。

MEMO

环境因素对饮食的影响很复杂，例如"南甜北咸"。不同地区的人有不同的饮食习惯，这与气候、地理条件、人口流动有关系。一个家庭或家族也是环境因素，例如孩子的饮食习惯从小就受父母的影响，父母不爱吃蔬菜，孩子也很难喜欢上蔬菜。我们的工作、生活条件也是一个重要且复杂的环境因素，例如出租车师傅容易患便秘和胃肠疾病，这是因为他们吃饭的时间通常不规律，所以不好的饮食行为习惯一旦养成，就容易促成某些"职业病"。还有一个不容忽视的方面就是抗压能力，每个人面对环境时的抗压能力也对饮食行为习惯有着影响，例如不规律的饮食行为、节食行为、暴食行为等，通常都是人们面对工作、生活压力时做出的选择。总之环境因素是最容易忽视的因素，也是最容易影响饮食习惯的因素。大多数人都知道很多减肥的方法，但是不能坚持下去的最主要原因是，单纯、单一的饮食方案，无法适应现阶段的工作、生活环境。

宗教因素。有些食物对于一些信宗教的人来说是禁止摄入的，但这对现代社会来说并不是大问题，即便以素食为主，也并不意味着营养会缺乏。

总之，一个饮食方案是否适合自己，首要考虑的是能否长期执行，只有长期可执行的饮食营养方案才是有效的方案。反过来思考一下，除了中毒之外，任何不良饮食行为也不会因为偶尔一次就造成危害。

15.2 饮食行为习惯的养成

首先，很多人在开始减脂或者增肌的时候，饮食行为习惯改变过大。例如一些减肥人群可能昨天一整天摄入了4000千卡热量，今天突然只摄入不到2000千卡热量，昨天吃垃圾食品，今天吃水煮蔬菜和肉，这样的改变过于极端，即便在短时间内可以咬牙坚持，但长期来看，很大概率会中途放弃。

- 改变饮食行为，先从少吃开始。

过于极端的饮食控制加运动减肥，很容易造成能量补偿的出现，所以一开始应该慢慢地改变自己的饮食行为习惯，前两周可以先从少吃开始，例如以前吃两碗饭，现在少吃半碗，这样的饮食行为改变，对减重的影响并不大，两周下来体重差不多只减少0.5千克左右。这是一个适应期，你慢慢开始主动减少进食量了，但是整体饮食结构不用改变。

- 增加一些健康食材。

上一个阶段可能持续2周，或者4周，然后开始增加一些健康的食物，如果不知道怎么选择，可以记住一些关键词：轻加工、富含膳食纤维、蔬菜。你可能完全不爱吃这些食物，那么可以试着在一餐中增加一些你既不喜欢也不讨厌的食物，然后减少一些会让你增肥的食物，这个阶段持续大约4周。

到此为止，你可以理解为，你为减肥或者更健康的饮食方式做好了准备，接下来需要制定目标了。

不论做任何事情，我们很容易制定一个大的目标，尤其在你踌躇满志的时候，但往往这种目标很可能无法有效地实现，我将这些不可持续、难以实现的目标，称为冲动目标。

绝大多数的行为习惯都是长期养成的，不论你是减重还是塑形、增肌，都应该以年为单位计算。为何有的人可以坚持长期运动？因为他乐在其中，他的内部动机强烈。

运动心理学中有两个核心名词——内部动机和外部动机，这几乎可以解释一切运动与动机的问题。

什么是外部动机呢？所有导致动机加强的外部因素都可以称为外部动机。例如一个人给你3万元，需要你每天跑10千米，持续3个月，这3万元就是外部动机，而当这个外部动机消失以后，你大概率不会每天跑10千米了。

什么是内部动机呢？简单来说就是自发性地喜欢，例如你去运动，然后发现了运动的乐趣，进而有规律地持续运动，你对运动的喜欢就是内部动机，这是你自发的。

第15章 训练与饮食

MEMO

不要吃得过饱，同时尽量不要让自己在特别饿的时候吃饭。我相信很多人都知道吃七分饱就可以，实际上七分饱是一个"形容词"，本质上只是建议大家不要吃撑了，细嚼慢咽有助于避免吃得太撑。吃得快往往会出现"倒饱"的情况，就是你觉得自己吃饱了，结果过一会感觉很撑，你可以理解为大脑（身体）的反应没有跟上你进食的速度。吃得过饱也会影响工作效率，让人昏昏欲睡、意志消沉，所以尽量慢慢吃，不要吃得快，并且要客观地评估自己的饭量，准备的食物不要太多。另外就是尽量避免在很饿的情况下点餐、进食，人在饥饿状态下往往会高估自己的饭量，优先选择热量更高的食物，并且会在一开始就加快进食的速度，这都是本能。有的人会在这样的情况发生后对自己刚才的进食行为懊悔不已，往往会选择催吐或者过量运动等补偿行为，这会对心理健康有一定影响，所以尽量避免在饥饿的状态下进食，即便在饥饿状态下进食，也试着理性一点，少吃一点，本着细嚼慢咽的原则，让身体（大脑）慢慢地知道自己饱了，当然这个过程可能不是一次可以实现的，同样需要你克制，多尝试几次。请记住，任何一个饮食行为习惯，都不大可能一次养成。

尽管网上有很多体重超重人群减肥的励志案例，但体重超重人群进行严格饮食加上刻苦训练的可行性是很低的。一部分原因在于体重过重导致关节负荷大，运动中很容易造成伤病；另一部分原因则是难以坚持，即便是开始挥汗如雨加上严格进行饮食控制，一旦到达临界点之后，放弃减肥、体重反弹的概率大。

同时，很多人从正常体重到超重体重经历了一个漫长的过程，短时间内减肥也不现实。之前美国有个减肥真人秀《超级减肥王》（*The Biggest Loser*），所有选手都超重，他们在专业健身人士的带领下运动，饮食方案也由营养师团队制定，吃的食物都是低热量的健康食物，表面上看减脂效果的确很好，这些参赛的减肥选手也掌握了运动技巧和饮食方法。但一项针对2009年第八季14名选手长达6年的追踪研究发现，只有一名选手保持了身材。其他选手不仅出现了体重反弹的问题，还出现了基础代谢率下降的问题，显然这些都和极端的脂肪减少有一定的关系。

减肥本质上改变的是习惯，这种改变需要不断地增加内部动机，例如在《超级减肥王》这样的减肥真人秀当中，因为选手在摄像机的监督下锻炼，比赛机制为末尾淘汰制，所以选手之间有很强的竞争。另外，选手吃的是品牌方赞助的健康食物，指导参赛选手的都是知名的教练，这几乎就是完美的减肥条件，这些都属于外部动机。很多人参加封闭管理的减肥训练营，当环境受限制，生活受约束，同时满足外部动机和内部动机的时候，大部分人都能减肥成功，但是一旦脱离开这种环境以后，大部分人就很难坚持了。

外部动机和内部动机的区别在于，外部动机不容易让人坚持，而内部动机更容易让人养成习惯。大多数参赛选手的体重反弹，有的甚至比之前还胖，其中一部分原因就是外部动机的刺激结束，内部动机几乎丧失。所以减肥或者养成运动习惯背后的关键就是——增强内部动机。

如何增强内部动机呢？这需要我们制定一个较为现实的目标。我经常见到一些冲动目标，例如一个月我要瘦到××千克，三个月内我要……有这样的目标是好事，可实现过程应经过客观评估。几乎所有想要减肥的人群都有自己的生活和工作，而减肥只占了他们生活的一小部分，很多人在制定冲动目标的时候，往往没有考虑过时间成本等。所以制定目标时，我们应该以大的目标为前提，然后理性思考，将它细化为无数个可实现的小目标，这样逐渐接近大目标的时候，对内部动机的增强是有很大帮助的。

以我接触的一个顾客为参考，他的原始体重是103千克，工作是地产经纪，定的大目标是减重至75千克。接下来将这个大目标细化为小目标（见表15.1），当然他已经经历过前面4周的准备阶段了。

整体总结：饮食行为习惯的养成，应该循序渐进。有减肥、塑形需求的人是类似的，都是冲动开始，很难实现目标，毕竟绝大多数人除了运动之外还有其他社交活动，运动时间有限，尽管我们都知道应该适度运动。

也有人会出现内部动机丧失的情况，尤其是在面临生活压力的时候。每个人所处环境和性格特点是有差异的，但希望大家明白的是，要实现任何目标，都需要付出相应的时间成本，以及增强抗压能力。

表 15.1　逐步改善饮食行为习惯的示例

阶段	时间	饮食	目标	热量缺口	实际情况	其他
第一阶段	3~4周	晚餐减少20%~30%的食物量，增加20%~30%的蔬菜，主食中加入30%粗粮（混合），增加活动量（步行）	体重下降到100千克以下，不影响工作的前提下适应现阶段饮食行为习惯	3~4周预计饮食缺口为6300~8400千卡，活动量缺口为1890~2520千卡，总共热量缺口为8190~10920千卡	3周体重到达98千克，第四周无变化	无暴饮暴食情况，不影响工作、生活
第二阶段	4周	饮食结构基本与上一阶段保持，每周有两餐鸡腿肉蔬菜沙拉，在原基础上增加一周一次运动量	最低目标是保持现阶段体重理想目标是下降1~2千克	4周预计总缺口（饮食+活动）维持在10920千卡，运动量缺口为200~2800千卡，总热量缺口11120~13720千卡	第二周体重下降0.7千克，到第四周一共下降1.3千克	第一次运动后肌肉延迟性酸痛明显，疼痛持续4天，在第二周训练时疼痛基本消失，第四次训练后基本适应强度，不影响工作与生活。实际饮食比预期少一些，饮食习惯初步养成
第三阶段	4周	饮食结构不变（与第二阶段一致），整体食物量强度减少（考虑到工作性质，以早餐和午餐减量为主），热量减少5%~10%	最低目标是保证现阶段体重，形体有一定的变化理想目标是体重下降1~2千克	4周预计总热量缺口为16 000千卡左右	体重下降1.7千克	因敏感到减脂的好处，内部动机增强，执行力增强，步行数（活动量）大于预期

阶段	时间	饮食	目标	热量缺口	实际情况	其他
第四阶段	4~8周	进入训练加速期，保持之前的饮食习惯，第一个月（前四周）增加一次训练，第二个月（后四周）尝试在此基础上再增加一次训练	最低目标是保持饮食结构，体重下降1~2千克 理想目标是体重下降3~5千克	4~8周预计总热量缺口为40 000千卡左右	体重下降4.3千克	前四周增加了运动强度和次数，并未出现不适，后四周又增加了一次运动，以肌肉锻炼的拉伸训练为主，状态良好，并未出现不适以及未影响工作和休息
第五阶段	4周	每周不间隔地进行两天轻断食（"5+2"轻断食），在某个轻断食日增加一次快走或者椭圆机训练，时间为40分钟~1小时 一周一共运动3次，主要为力量训练，其中一次为力量训练+快走45分钟	最低目标是保持饮食结构，体重下降1~2千克 理想目标是体重下降3~5千克	4周预计总热量缺口为30 000千卡	体重下降0.7千克	四周并未达成目标，但身体线条明显清晰，运动能力提升、肌肉量增加，顽容的内部动机（热情）并没有减弱

阶段	时间	饮食	目标	热量缺口	实际情况	其他
第六阶段	8周	力量训练中有一次训练强度较大，所以在力量训练前一天，适度增加了碳水化合物摄入量（300克），其余时间依旧保持"5+2"轻断食 前四周，保持每周3次力量训练+1次有氧训练，后四周增加一次力量训练或者有氧训练	最低目标是保持饮食结构，体重下降1~2千克理想目标是体重下降3~5千克	8周预计总热量缺口为50 000千卡	体重下降4.1千克	经过几个月的摸索，顾客基本知道自己喜欢并且适合什么类型的运动，塑形目标基本达成，由于外形的改变增强了内部动机，运动习惯已经基本养成，并且没有影响到工作和生活尝试了生酮饮食，对工作影响较大，训练状态不好，所以及时停止
第七阶段	4周	开始调整饮食结构，增加每周一次的"放纵餐"，因为饮食结构已经趋于健康，所以以地中海饮食结构为基础，也就是粗加工食物为主，适度减少红肉，增加蔬菜以及豆类，坚果	最低目标是可以初步看到腹肌的轮廓理想目标是体重下降3~5千克	4周预计总热量缺口为30 000千卡	体重下降2.3千克，可以看到腹肌轮廓，但并不算清晰	本月比较担心饮食结构的改变造成暴食，体重反弹，但由于前期内部动机的增强，安排的"放纵餐"计划很顺畅并没有执行，自律性特别强，他主动要求增加运动量，但出于整体考虑并没有增加

阶段	时间	饮食	目标	热量缺口	实际情况	其他
第八阶段	4周	饮食结构不变，由于假期的到来，增加运动时长，每周尝试增加2次空腹有氧训练（快走），训练后1.5小时吃第一餐，其余按计划照旧	最低目标是保持饮食结构，体重下降1~2千克；理想目标是体重下降3~5千克	4周预计总热量缺口为30 000千卡	体重下降1.1千克	实际热量缺口＞预估热量缺口，顾客主动增加了运动量，并且主动减少了食物的摄入量，可能由于运动强度的增加，在第二周的第三天出现了饥感，在此期间胃口不住，食物摄入量更少，每日预估为500~800千卡，持续了3天，在第三周才开始恢复训练
第九阶段	4周	在无监督状态下独立完成饮食、训练	最低目标是体重不反弹；理想目标是养成习惯、体重不反弹	维持现阶段的热量收支平衡或者使热量更低	体重下降0.8千克	养成了运动习惯，这四周，每日平均步数为9700步，每周2次休息，1次有氧训练，1次户外运动（顾客个人爱好打篮球），3次力量训练，饮食行为习惯基本养成

243

第15章 训练与饮食

15.3 和减脂相关的因素

和减脂相关的因素如表15.2所示。

表15.2 和减脂相关的因素

饮食	• 食物摄入总热量影响整体减重 • 食物种类选择影响脂肪代谢，特别是碳水化合物摄入过量，有可能降低脂肪氧化能力（过量和不足都会有影响） • 可以长期执行的饮食方案才是有效的方案 • 相比起运动，饮食的有效控制对于长期体重管理意义更大
运动强度	运动时长越长，脂肪的氧化速度也就越快，器械训练（阻力训练）与有氧运动组合，更有利于塑形，这并不意味着你要每天进行器械后再进行有氧运动，可以把两种训练安排在一个运动周期内
性别	抛去其他因素，单纯看脂肪氧化速度，女性比男性更快一点，但没有太大的生理意义
环境	尽管高温和低温环境下人体的代谢率会有所升高，但对于运动来说，炎热环境下会增加糖原的消耗，并且降低脂肪的氧化速度，在极度寒冷的状态下情况也差不多
其他	情绪、压力、睡眠等都会直接、间接地影响一个人的能量代谢或者内分泌

饮食对于减脂的重要性在本书中多次提及，所以在此不赘述，仅总结以下几点。

• 整体来说，碳水化合物的摄入量尤其是游离糖的摄入量要控制，进行高强度耐力训练的人的碳水化合物摄入量在下文有讲述。

• 流行饮食法有很多，严格来说短期内选择任意一种适合自己的饮食法都可以，但请记住，一个无法长期执行的饮食方案基本上是无效的，反复减脂则有可能形成"溜溜球效应"（减肥反弹），对于减脂人士的身心都是一种打击，所以不妨依据自身情况，交替执行多种减肥方案。

- 学习营养学的目的是更好地认识和了解食物，当你知道一顿吃多了以后，你会明确地知道接下来如何处理，而不是产生焦虑，或者过量运动。

- 不要过度饥饿，这很容易造成暴食，也不要在饥饿感很强的情况下点餐，这很容易吃得过多。

然后让我们聊一聊运动强度。

在一系列研究实验中，可以确定的是脂肪氧化的速度随着运动强度的增加而提高，但是如果运动强度再增加，脂肪氧化的速度就会下降。对于不经常训练的人群来说，50%的最大摄氧量就可以使脂肪氧化速度达到最优（强度更低），当然这样的情况不可能一直保持，这种低运动强度下的脂肪氧化比例增加更像是人体的应激反应，随着运动水平的不断提升，脂肪氧化比例会下降，这种情况也有可能和肥胖以及胰岛素抵抗有关。

但对于经常训练的人群，以最大摄氧量为例，中等强度的训练，也就是达到最大摄氧量的62%左右，脂肪氧化比例最大，这里存在一定的个体差异，范围在最大摄氧量的45%~70%，我们也可以理解为，运动对于减脂效率的影响是存在一定的个体差异的，同时心率在最大心率的70%~75%这个区间，是氧化脂肪的最佳心率。

另外，关于哪种运动对于减肥帮助更大的研究很少，从现实角度考虑，这类研究的意义也不大。每个人习惯的有氧运动方式不同，对于非职业运动员人群来说，能够长期规律执行的运动方案才是有效的方案。

还有一个容易忽视的问题，就是训练水平会提高。例如一个人在跑步机上以坡度5速度6快走，刚开始心率可能维持在最大心率的60%~70%，但随着训练时间的延长，例如一个月后，以同样的坡度和速度训练，心率可能会下降。所以应该定期改变运动习惯，或者直接增加运动强度。

不论采用何种减肥方法，随着身体脂肪的减少，减肥难度会增加。在尚无真正有效、健康的解决方案时，面对所谓的减肥瓶颈期，你只能尽量减少从食物中摄入的热量，或者增加运动量，抑或者两者同时进行。如果你想获得低体脂率（5%~7%），那么你必须明白，要使体脂率小于10%，难度非常大，由于脂肪减少至接近安全值，代谢率会出于保护身体的目的而下降，并且维持起来十分困难，一旦恢复饮食，基本上只需一半的减脂时间就会恢复体重。

减肥要循序渐进，并且你要明确一个基础的事实，减肥是有难度之分的，最简单的就是减掉影响你健康的那一部分脂肪，男生从体脂率15%，女生从体脂率20%开始，每下降1个百分点，难度都增加一倍，需要付出的时间成本也会更多。

还有读者关心哪种运动的减脂效果最好。你甚至可能看过如"轻松瘦腿，这几个动作就够了""每天10分钟一个月练出马甲线"等标题。要知道任何形式的运动都有难度，你可以快速跑完400米，你也可以花1个小时跑完5千米，你可以1分钟跳绳100次，你也可以10分钟完成500次。当你面对一项运动时，不要考虑它是不是可以消耗更多热量，要知道运动强度是一个变量。所以应该考虑自己是不是喜欢这种运动方式，或者自己是否排斥这项运动，至于热量能消耗多少，那都是有兴趣运动之后的事了。选择一种你能长期、持续进行的运动，哪怕只是户外的健步走，暂且不要考虑它能消耗多少热量，而是以动起来为前提，慢慢让身体习惯运动，在运动的过程中慢慢享受运动带来的快乐和益处。

15.4　饥饿感与饱腹感

有个关于减肥的小笑话，大意是："不吃饱了哪有力气减肥？"尽管这是一个笑话，但揭示了一个十分现实的问题——运动的确会引发人的饥饿感。

目前有些观点认为运动导致食欲增加类似一种补偿机制，也就是大脑在发现热量流失以后，本能地刺激你进食的欲望。

并不是所有人都会因为运动而产生强烈的饥饿感（个体差异），但是大部分人还是在运动后尤其在初期阶段，容易产生热量摄入增加的问题，即便没有明显感到饥饿，有些人也容易多吃，这一部分是由于个体差异。每个人的工作环境、工作性质，乃至面对的压力不同，当运动以后，其热量摄入会有变化。另一部分则是由于每个人的饮食习惯和外部生活环境上有差异。

整体来说，想要减肥，就要直面饥饿。只是每个人对于饥饿的忍耐程度有差异，饥饿感过强往往会让人产生暴食的问题，而很多人暴食后心态会产生变化，减肥的内部动机会受到影响。与之对应的则是饱腹感，我们经常看到某某食品添加了某些成分，更具饱腹感，但有些并不是那么有效。如果你在减脂阶段经常被饥饿感困扰，可以参考以下建议。

MEMO

即使某种药物可以抑制你的食欲，但这明显属于外部刺激，你不可能永远使用这种药物，另外长期使用这类药物也会产生一定的耐受性（药物作用降低）有的人会有这样的想法，先用一段时间，抑制食欲，减下体重以后保持，持有这种想法的人往往高估了自己的意志力。这里的因果关系很明确，你是因为使用了某种药物，所以食欲被抑制，当你停止使用这种药物之后，你对食物的渴望就恢复了。当你有靠"外挂"减肥的想法时，摸摸自己身上的脂肪，回忆下自己怎么胖的，然后放平心态，慢慢地改善饮食、行为、习惯。

• 循序渐进地减少热量缺口。热量缺口的建立一方面取决于运动输出，运动制造的热量缺口越大，运动后产生的饥饿感可能就越强烈，以周为单位给身体一个缓冲更为合理。另一方面，减少通过食物摄入的热量确实可以减脂，但如果短时间内减少得过多，那么接下来的一段时间大概率都会产生较强的饥饿感，所以制造热量缺口的时候，不要过于极端。

- 在选择食物的时候，尽量符合自己的饮食行为习惯。例如很多人不习惯吃麦片，但听说吃麦片更好，于是用麦片替代了主食，但吃自己不爱吃的食物，则会让饮食这一行为变得煎熬，即便在短时间内会产生饱腹感，但是饥饿感来得也很快，因为本质上饥饿感和食欲也有一定的关系。

- 适当增加一些高纤维的食物摄入。一方面人类吃精加工食物的时间很短，另一方面精加工食物通常流失了大量的营养素，尤其是膳食纤维，而现代人普遍膳食纤维摄入不足，而真正让人有饱腹感的食物一般都是富含膳食纤维的食物。我更建议从食物中获取膳食纤维，而不是通过补剂，因为二者有着本质的区别，例如全谷物食品通常需要你更多地咀嚼（这本身就有利于饱腹感的产生），并且全谷物食品本身占消化系统的空间就比精加工食品高，摄入膳食纤维补剂只能作为偶尔膳食不均衡的暂时方案。

- 了解自己容易产生饥饿感的时间段。例如有的人选择晚餐不吃碳水化合物，但这一饮食习惯导致晚上睡不着。与其这样，还不如晚餐适当地增加碳水化合物，其他几餐中减少碳水化合物。另外，也要了解自己在什么运动强度后更容易产生饥饿感，例如有的人在进行强度较大的腿部训练后，适度增加一些热量摄入反而会让自己尽快恢复、更好入睡。总之，我们要了解自身的情况，并且明白一个简单的道理：热量收入和支出需要保持动态平衡，并不是每天的热量收入和支出都是固定不变的。

15.5 反复减脂对健康不利

体重反复增减被称为"溜溜球效应"，体重在反复增减中更容易出现整体上升的趋势。在不少人身边这类现象也常见，不少人长年叫嚣着减肥，也在阶段性实践着减肥，但体重还是整体呈现上升趋势，这一点在动物实验中也有所体现。当实验动物体重在第一个增减反复之后，进入第二个增减反复周期时，限制食物热量摄入之后减轻体重需要花费之前2倍的时间，而反弹回原体重则只需要三分之一的时间。

尽管一些观察性实验显示体重反复增减并不存在健康风险，但有些研究表明体重反复增减会增加患心脏病的风险（肥胖人群本身患心脏病的风险就较高）和患高血压的风险。不仅如此，体重反复增减对心理也有一定影响。

本质上来讲，减肥的过程就是对抗"溜溜球效应"的过程，减肥的基础是良好的饮食控制，运动是需要时间成本的，而体重反弹则大概率源于摄入热量（吃）存在问题。所以正确认识食物的营养价值，不要把进食当作一种负担（心理构建）才能为减肥打下良好的基础。很多人体重反弹是因为极端饮食，每个人的饮食习惯受到多种因素影响，例如儿童时期喜欢吃的食物，长大以后很难完全割舍。

人对食物是有感情记忆的，所以在减肥过程中应该详细了解食物给自己带来的益处或者坏处，从而学会取舍，不建议采取极端的饮食方案（例如生酮饮食）。本书前文讲解了营养素，并介绍了很多饮食方案的优劣，你可以从中选择适合自己的饮食方案，这样可以更有效地依照自己的饮食习惯调整热量摄入。

另外，减肥反弹是很正常的，这里讲的"溜溜球效应"指的是反弹后体重比减肥前还要重。通常在一个阶段中，体脂率有2~3个百分点的浮动是很正常的。

15.6　你知道什么是减肥吗

你也许觉得这个问题很无聊，相信你了解不少减肥药物的研发以及各种减肥的新发现，有没有想过这些科研实际上跟你脑海中的减肥概念关系不大？

实际上当营养师和科研人员谈及减肥的时候，指的是减掉影响你健康的那部分脂肪，而大部分人减肥则是从审美角度出发的。

很多人对减肥的诉求本质上是拥有一个好身材，他们并没有肥胖造成的健康问题，所以实际减肥和审美角度的减肥是两个概念。科学界通常以BMI及腰臀比的变化为参考判断是否肥胖，并且研究的是减重至正常体脂范围，很多人并不属于应该减肥的人群，他们的BMI和腰臀比在正常范围内，本质上需要的是塑形，这需要增加一些肌肉锻炼，保持一定的运动习惯。

MEMO

减肥时出现体重波动是很正常的事，但减肥方法选择不当，容易出现"溜溜球效应"（体重反弹）。我们在减肥的过程中，体重出现波动是正常的，但总体重应该是下降的，或者与之前基本持平。

目前学界对于肥胖的客观统计数据除了BMI之外还有腰臀比，而后者在一定程度上可以解释苹果型肥胖和梨型肥胖，如果你经常查阅一些与减肥相关的文献，应该会发现这两种肥胖很常见。

腰臀比就是腰围和臀围的比值，需要测试者在站立状态下放松，然后测量其腰围和臀围，腰围在肚脐处测量，臀围为臀部向后最突出部位的水平围长，腰臀比=腰围/臀围。亚洲男性平均腰臀比为0.81，亚洲女性平均为0.73。男性正常的腰臀比应在0.85~0.9，女性则应是0.75~0.8。

腰臀比和BMI通常可以较为客观地反映一个人的肥胖程度，我们在减脂的过程中除了关注体重之外，还应该关注自己的BMI变化以及腰臀比变化，还可以用照片或者视频记录自己的变化。

苹果型肥胖又称为向心性肥胖，常见于中年男性。梨型肥胖常见于女性，因为女性脂肪更容易集中堆积在臀部、大腿周围，形态看上去呈现梨形。这两类以形体为区分点的肥胖，容易出现在肥胖程度较重的人群身上。储存脂肪的部位也都和多种疾病有一定相关性。

15.7 地中海饮食结构

"地中海饮食"一词最早是由美国流行病学专家安塞尔·基斯在

1958年提出，但当时并未引起学界的重视。地中海饮食名声大噪是在20世纪90年代中期由医学博士沃尔特·威利特提出之后。

早期地中海饮食结构并未得到重视的主要原因是：这种饮食结构比较原始，菜品几乎泡在橄榄油里，谷物类也都是粗粮，几乎不存在精加工的食物，也没有大量的肉类。由于当地居民在沿海地区，所以蛋白质来源都以鱼类为主（从鱼身上获得脂肪酸），尽管安塞尔·基斯研究发现了地中海饮食（当时主要研究的是希腊饮食）和心脑血管发病率低之间存在关系，但当时的营养学界并不认为这项研究具有代表性，如果你细读本书，很自然地明白接下来营养学界争论的是"糖和脂肪哪个更不好"。

所谓的地中海饮食泛指希腊、西班牙、法国和意大利南部等地处地中海沿岸的国家和地区（并不是特指某个国家）的人们的饮食特点。他们以自然食材为主，轻加工烹饪食物，食材包括橄榄油、新鲜的蔬菜和水果、海鲜、豆类，以及少量的牛肉和乳制品、酒类等。这种饮食结构强调多吃新鲜蔬菜和水果、鱼、豆类、坚果，其次是谷类，并且烹饪时要用植物油代替动物油，尤其提倡用橄榄油，当然这主要是因为当地盛产橄榄油。

地中海饮食结构的特点是比较明显的，因为红肉吃得很少，所以饱和脂肪酸摄入较少，不饱和脂肪酸尤其是单不饱和脂肪酸摄入较多，同时膳食纤维摄入量较大。简单来说，地中海饮食结构基本上和各国制定的居民膳食指南是类似的，它是一个整体的饮食结构，而不是单一指某个食物。同时，地中海沿岸人们的普遍生活压力小，并且进行有适度的运动或者体力活动，因此地中海饮食结构更像是一整套健康的生活方式，也就是本书中反复强调的饮食行为习惯。

个人认为地中海饮食结构比较适合作为健美训练时的饮食营养结构。我们应该关注地中海饮食的膳食营养结构，即以粗加工食物为主。例如粗加工谷物、豆类、坚果，同时摄入一定量的 ω-3 脂肪酸，蛋白质来源中红肉占比较少（所以饱和脂肪酸摄入较少），以白肉、深海鱼、贝类为主，还包括豆类、坚果等植物蛋白质来源，并且这类蛋白质来源也富含膳食纤维（以非水溶性膳食纤维为主）；蔬菜与水果的摄入比例较高（水溶性膳食纤维摄入较多）。上述食物因为粗加工，并且烹饪方式较为简单，所以保留了大多数微量元素。

ω-3 脂肪酸的来源在日常生活中比较常见的就是鱼油，所以如果你一周可以吃 2~3 次深海鱼，是不用额外补充 ω-3 系的脂肪酸的，素食者可以考虑从奇亚籽和亚麻籽中摄入 ω-3 脂肪酸。整体来说 ω-3 脂肪酸的摄入量并没有一个统一标准，目前建议摄入量在 1~2 克。

15.8 不吃碳水化合物的生酮饮食

你或许见过"以斤"收费的减肥广告，或者在网络上看过减肥人士告诉你不运动、不忌口也能减肥的视频，实际上这些减肥方法的内核基本上都是阿特金斯减肥法。

阿特金斯减肥法在前文已经简单介绍过了，它又叫生酮饮食法或者吃肉减肥法，本质上就是一种极低碳水化合物或者低碳水化合物饮食法，这种饮食法主要规避的就是膳食中的各种碳水化合物。很多人执行它的第一步就是不吃主食，所谓的"不忌口"实际上是指肉可以随便吃，也不用担心脂肪的摄入量，只要想尽一切办法不摄入或者减少摄入各类碳水化合物。

那么这种饮食方案可行吗？

生酮饮食的确在一些疾病的治疗上作为辅助干预的手段，例如多囊卵巢综合征以及2型糖尿病等，但是生酮饮食只适用于患有特殊疾病的人群，并且需要在专业人士指导下进行。不建议在没有专业人士指导的情况下尝试生酮饮食，因为遇见一些自己进行生酮饮食结果诱发疾病的案例。

15.8.1　为什么很多"不忌口"的服务都是28天

生酮饮食短时间内的确是"见效"很快的，主要原因如下。

第一，开始阶段体重下降很快，尤其是前两周，因为主动减少碳水化合物的摄入以后，体内的糖原（肌糖原、肝糖原）会被大量消耗，基本上24小时以后消耗殆尽。糖原减少会让一部分水分流失（体液流失），所以掉的体重中有水分的重量（存储1克肌糖原需要3~4克水），当然也有脂肪的重量。这个过程中，蛋白质的分解代谢也会增加。

第二，如果配合一些稍高强度的运动，那么在体内糖原亏空或者不足的情况下，的确会促进脂肪分解，但是在低碳的情况下锻炼体验是很差的，起码在刚开始阶段是这样，身体适应（3~7天）之后会好很多。

第三，这时我们之前讲过的糖异生就发挥重要作用了。由于生酮饮食中肉类摄入是足够的，所以机体会在糖异生作用下将其他非糖类物质转化成糖，不光是氨基酸，还有乳酸、甘油等，最终供给那些只吸收碳水化合物的组织和器官。因为是"备用能源"，所以刚开始身体会有一些不适，通常一周左右身体会逐渐适应。

第四，摄入碳水化合物后会引起胰岛素的释放，所以当碳水化合物摄入锐减的时候，胰岛素释放也会大幅减少，胰岛素利用营养素时更倾向于尽可能地储存起来，包括脂肪，而生酮饮食让胰岛素水平尽可能低，这会让脂肪合成受到抑制，同时脂肪分解供能增加。

MEMO

虽然酮体升高会抑制食欲，但是有的人可能没有任何感觉。影响食欲的因素较多，如果你的酮体在升高，但你吃的食物并不是自己喜欢的，或者不能适应当前的饮食结构，那么极有可能依旧出现食欲旺盛的情况。

第五，生酮饮食的特点是蛋白质和脂肪摄入量大，这会增强饱腹感，并且酮体升高会抑制食欲。

第六，增加了蛋白质和脂肪摄入以后，人们很难再吃更多的食物，加上碳水化合物摄入减少，食物的总热量摄入也在减少。

这样看来阿特金斯减肥法似乎是个不错的选择，仅从减重来说。有不少实验对比了低碳高脂饮食和高碳低脂饮食，得到的短期结果中，以阿特金斯减肥法为代表的低碳高脂饮食短期内减脂效果明显优于高碳低脂饮食，尤其在开始阶段的第一个月，但是基本上从第二个月开始体重下降速度就变缓，这也是为什么大部分所谓不忌口的减肥班基本上只开28天（四周）。本质上他们安排的就是阿特金斯减肥法的饮食方案，即使搭配一些代餐产品，本质上也是用的低碳高脂饮食。

换句话说，大部分不忌口减肥班只开28天，正是利用了阿特金斯减肥法在初始阶段的减重效果。在一些短周期（不超过6个月）的实验中，采用阿特金斯减肥法的受试者平均体重减少3~10千克，效果明显优于采用高碳低脂饮食，既然有这么明显的减重优势，为什么这些减肥班不能开得更长一些呢？答案很简单，主要原因有两个。

第一个原因是后续减肥效果不明显。

正如上面所言，阿特金斯减肥法初始阶段的减重效果很好，因为减少碳水化合物的摄入以后，身体会在短时间内流失一部分水分，机体内胰岛素分泌很少的情况下更不容易囤积脂肪，同时体内储存的脂肪供能也会增加，但能量平衡以及人体适应以后，这种减重的效果就没那么明显了。对比高碳低脂饮食和低碳高脂饮食的实验不难发现，6个月后两种饮食方案的减肥效果趋于无差别。在一项针对绝经前超重妇女的研究中（用LEARN减肥法分析），受试者在6个月后体重甚至有所反弹。大多数实验表明，高碳低脂饮食和低碳高脂饮食一年后在减重效果方面无明显差异。

第二个原因是难以长久保持。

一个饮食方案是否有效，除了它本身的理论依据和在营养方面有专业研究支持外，还需要具有持续性，目前没有任何关于以阿特金斯减肥法为主的生酮饮食的长期、大量的研究，甚至部分观察研究得出的结论都是矛盾的。同时一些实验中受试者中途放弃实验的概率也很大，这种情况在一些短期实验和长期实验中都出现过。在实际生活中也不乏一些尝试阿特金斯减肥法的人群，但他们也只是断断续续地执行，这也不难理解，我们的生活环境是无法轻易改善的，每个人的社交圈也较为固定，这些都会潜移默化地影响执行力。

15.8.2　我是否可以尝试生酮饮食

如果不存在任何健康问题，只是单纯的肥胖，尝试生酮饮食减重是没有什么问题的，但要在专业人士的指导下进行。同时你要清楚地认识到，生酮饮食开始阶段，下降的体重中有一部分来自水分以及体内储备的糖原，并且这部分体重很容易恢复（反弹）。

由于生酮饮食限制了碳水化合物的摄入，在适应期会比较难受，容易产生脾气暴躁、情绪波动大、无法集中精神等问题，这个适应期大约为一周，适应期的长短因人而异。

生酮饮食中肉类和脂肪摄入量较大，膳食纤维摄入量较少，容易出现便秘的情况，还有不少女性出现内分泌失调的问题。如果出现前述问题，需要尽可能多地摄入蔬菜，尤其是富含膳食纤维的蔬菜，同时增加饮水量。一般除个体差异因素外，内分泌失调大多是在非专业人士指导下或自己盲目尝试生酮饮食导致的。

生酮饮食是可以缓解一些疾病的症状的，目前并无充足证据显示生酮饮食可以直接有效地治疗疾病。

任何流行饮食方案都要依据自身情况来执行，如果无法有效地长期执行，仅仅是偶尔一餐或者几餐的变动意义是不大的，一旦饮食结构大幅改变，例如突然增加碳水化合物的摄入，对身体的胰腺功能十分不友好。

由于生酮饮食的蛋白质摄入量很高（一般蛋白质热量占总热量的

35%），肾功能正常的人可以在专业人士的指导下尝试生酮饮食，有肝肾问题的人尝试生酮饮食需要谨慎。

15.8.3　生酮饮食对于健身人群有特殊优势吗

我国最早尝试生酮饮食的主要为健身人群，对于这类人群来说，生酮饮食有两点吸引他们的地方。

第一，健身人群希望最大限度地增长肌肉（肌肉肥大），同时尽可能地减少脂肪堆积，生酮饮食会使胰岛素更少地分泌，这就减少了脂肪储存的可能性，同时促使脂肪短时间内分解增加。

第二，一些书中介绍，生酮饮食会给身体创造一个更好的合成代谢（激素）环境，说得直白一些就是，执行生酮饮食时体内睾酮值也会提升，但是这一说法仅停留在理论阶段，缺少足够高质量的研究支撑。在生酮饮食有助于提升睾酮值的假说中有一个观点认为，酮体的增加和脂肪的摄入会帮助增加游离睾酮，但是在一些相关研究中受试者脂肪摄入量占总热量的25%时，游离睾酮就可以增加，并未发现增加脂肪摄入量后会形成更好的合成代谢环境。一些针对低碳饮食的实验中，测试阶段肌肉的增长与单纯的增加蛋白质饮食无关。

即便生酮饮食可以提升睾酮值，也只是短时间内的应激性提升（因为膳食结构改变），人体很快就会适应，并且单纯关注睾酮值意义也不大，因为激素必须与受体结合才会产生作用。换而言之，睾酮值的多少与它实际的"工作"质量是两回事。生酮饮食最大的问题在于使胰岛素的分泌量过少，这对于减少脂肪的堆积是有帮助的，但舍弃了胰岛素在合成代谢方面的优势。

不仅如此，一些研究还发现，过量摄入蛋白质反而会降低睾酮值，所以个人建议适度低碳饮食就好，我们更应该关注的是碳水化合物的质量，例如减少摄入游离糖。

生酮饮食的问题在于极端化，我们更应该重视碳水化合物的摄入量和摄入质量，所以个人建议可以尝试减少碳水化合物的摄入量，例如少于150克，同时注重碳水化合物的来源，这种较为温和的饮食方式更加容易执行，生酮饮食的益处也可以享受到。

15.9 碳水循环的优与劣

碳水循环基本涉及两种流行饮食法，就是前面所讲的高碳低脂饮食和低碳高脂饮食。实际操作中碳水循环的饮食方案有很多（因人而异），但整体膳食结构中变化最大的就是碳水化合物，同时碳水循环针对的对象也很明确，即健身、健美人群，并且不适合新手，而且需要付出很高的运动时间成本。

低碳日、高碳日训练安排的原则

低碳日。一般来说，碳水循环刚开始（启动）以低碳日为主，同时配合运动。

碳水循环中低碳日的安排与生酮饮食法（阿特金斯减肥法）类似，只是具体执行中每个人脂肪摄入量有差异，有人增加脂肪摄入量，有人则摄入正常脂肪量，还有一些运动员摄入中链脂肪酸，认为这样可以抵消碳水化合物缺失带来的影响。中链脂肪酸的问题在前文讲过，它参与运动供能的能力有限，短时间内可能有效，长期以摄入中链脂肪酸为主的饮食结构是否有效目前还存疑。

与摄入碳水化合物相关的方案也很多，有类似生酮饮食中极低碳水摄入的，也有采用极低碳水或者低碳饮食的（不超过150克碳水化合物），但不论是哪种饮食方案，在减少碳水化合物摄入并且增加运动量以后，肌糖原储备都会减少，在这样的前提下运动会带来两个好处：其一是脂肪供能可以增加，其二是肌糖原在运动的情况下加速消耗逐渐进入亏空的状态。所以低碳日本质上就是在减少碳水的情况下运动，通常低碳饮食会持续2~4天，目的就是最大限度地消耗肌糖原，同时促进脂肪分解。

高碳日。碳水化合物摄入增加，恢复糖原（主要肌糖原恢复），同时配合运动。

如果长期限制碳水化合物摄入，运动能力会受到影响，所以在持续几天的低碳饮食之后，在肌糖原亏空的情况下增加碳水化合物的摄入，一方面主要恢复肌糖原储备，并不会优先增加脂肪的储存，另一方面肌糖原的恢复有助于在高碳日进行力量训练。

一般来说，肌糖原恢复储备充足至少要24小时，所以高碳日之后，有些碳水循环的计划会主张休息一天，然后持续高碳日，这样算下来低碳日3~5天，然后高碳日2~3天加休息1天，差不多一周，然后第二周重复。当然，计划是灵活的，并不是一成不变的，但只需要记住碳水循环的一般原理即可，总结碳水循环的基本原理如下。

低碳日。减少碳水化合物摄入量，同时最大限度地增加糖原消耗，并且一定程度上促进脂肪氧化，所以除了进行阻力训练外，还要做有氧运动，平均一次的训练时间起码要90分钟。

高碳日。恢复糖原储备，做力量训练。

不论低碳日、高碳日安排几天，达到上述目标即可，即低碳日训练主要消耗脂肪和肌糖原（减脂），高碳日训练以增肌为主，提高训练质量。所以高碳日和低碳日训练也是有所区别的，有人把它简化为低碳日减脂，高碳日增肌，因为一般低碳日训练倾向于减脂的耐力训练，而高碳日训练则会倾向于以增肌为主的力量训练。

在低碳日的训练中倾向于耐力训练的主要原因是，促进脂肪分解，同时消耗肌糖原，训练安排上可以做有氧运动，也可以做多组数和重复次数的训练，总的原则是尽量让肌糖原得到消耗。而在高碳日，由于膳食营养结构的改变，进行力量训练理论上至少可以维持肌肉量，让身体持续保持正平衡，实际操作中，在第一个高碳日有些人采用空腹力量训练的方式，同时在训练后补充碳水化合物，这种方式有助于肌糖原的快速恢复，即便不做空腹力量训练，这一天安排力量训练对于增肌也有帮助，因为在胰岛素的刺激下，肌肉对蛋白质的利用会增加。

表15.3至表15.6为碳水循环计划模板，可以依据自身时间来执行。

表15.3 碳水循环计划模板一

周一	周二	周三	周四	周五	周六	周日
低碳日	低碳日	低碳日	高碳日	高碳日	低碳日或中等碳水日	低碳日或中等碳水日
15RM左右的阻力训练以及有氧训练	15RM左右的阻力训练以及有氧训练	15RM左右的阻力训练以及有氧训练	休息	力量训练	力量训练或力量训练+有氧训练	休息

表15.4 碳水循环计划模板二

周一	周二	周三	周四	周五	周六	周日
高碳日	低碳日（减少碳水摄入，可以尝试极低碳水饮食或者生酮饮食）	低碳日	低碳日	低碳日（减少或不摄入碳水化合物）	高碳日（相较于低碳日增加100克左右的碳水化合物）	高碳日
力量训练	休息	15RM左右的阻力训练以及有氧训练	15RM左右的阻力训练以及有氧训练	休息	力量训练结合15RM左右的力量训练	力量训练

表15.5 碳水循环计划模板三

周一	周二	周三	周四	周五	周六	周日
低碳日	低碳日	低碳日	低碳日（可以减少或不摄入脂肪）	高碳日（空腹力量训练或不吃碳水化合物进行力量训练）	高碳日	低碳日

周一	周二	周三	周四	周五	周六	周日
15RM 左右的阻力训练及有氧训练	15RM 左右的阻力训练及有氧训练	15RM 左右的阻力训练及有氧训练	有氧训练	空腹力量训练，训练后补充易消化的碳水化合物，以更好地恢复肌糖原	力量训练	有氧训练或休息

表15.6　碳水循环计划模板四

周一	周二	周三	周四	周五	周六	周日
低碳日 15RM左右的阻力训练以及有氧训练	低碳日 15RM左右的阻力训练以及有氧训练	低碳日 有氧训练，尽量安排在下午，训练后补充一些易消化的碳水化合物，以更好地恢复肌糖原	高碳日 力量训练尽量安排在和前日一样的训练时间	高碳水日 力量训练后补充一次碳水化合物，为了与次日的低碳日衔接，可将之后的碳水化合物摄入量减少	低碳日 休息或有氧训练	低碳日 休息或有氧训练

碳水循环的优点

　　碳水循环的优点是初期在低碳日可以有效地减脂，在高碳日配合力量训练，可以在一定程度上保留肌肉。正是因为这些优点，碳水循环是最近几年流行的饮食法中，被健美运动员使用最多的方法。

实际操作中的问题与碳水循环的缺点

　　碳水循环需要花费的时间成本很高，很多碳水循环包括一周五次以上的训练，也有在第一周为了达到更好的效果，只休息一天，在第二周开始增加休息时间。普通健身爱好者在尝试碳水循环阶段要根据自身的情况，包括实际的运动能力，以及工作和生活，合理、灵活安排整体低碳日和高碳日以及休息时间，只要遵循碳水循环的原则即可。

目前，碳水循环仅存在于理论层面，还没有足够的实践研究，理论层面的依据也缺少足够的科学实验证明，所以客观来说这种碳水化合物跳跃式变化的饮食方案是否真正可行，更适合哪类人群，以及长期采用碳水循环的安全性还有待证明。

有两类人不建议采用碳水循环，第一类就是非运动人群，碳水循环并不是单一的饮食方案，而是需要搭配相应的运动，缺乏运动的人进行碳水循环无疑是养成不规律饮食行为习惯。

第二类就是有患糖尿病风险的人群，从某些角度来说，碳水循环也算是一种极端饮食，所以即便是健身人群，也建议检查一下身体健康情况，同时直系亲属中有糖尿病患者的人（遗传风险），也是不建议采用碳水循环的。

同时，碳水循环和其他流行饮食法有着共同的特点，那就是长期执行会有难度。整体来看碳水循环似乎可以解决"馋碳水"的问题，毕竟不像生酮饮食那么极端，但执行碳水循环的难度也不小。因为在低碳日你依旧需要减少摄入碳水化合物，在高碳日则需要尽可能多地摄入碳水化合物，最主要的难度来自运动。在实际执行碳水循环的过程中，很多人第三周开始可能出现体重反弹的情况，主要原因是运动量并未达到预期，也有可能是在低碳日或者高碳日饮食摄入量的问题。

本质上来讲，执行碳水循环的门槛很高，需要严格执行饮食计划，并且依据自身情况及时做出调整。如果你想既减脂又增肌，那么对训练效率（训练强度、训练时长、计划安排）是有一定要求的，这也是为什么碳水循环的受益者往往都是职业运动员。但即便是职业运动员，当体脂下降到一定程度以后，碳水循环的优势也会变弱，所以碳水循环的方案很少用于职业运动员备赛后期。长远来看碳水循环可以当作某个时期一种阶段性的尝试，长期减肥效果可能并不理想。

在碳水循环阶段，在低碳日摄入的碳水化合物是较少的，也有采取低碳、中碳这样的方案，例如第一天低碳200克，第二天低碳150克、第三天低碳50克这样的方式，在高碳日摄入的碳水化合物一般在400~500克，也有人摄入得更多，这取决于一个人的体重和糖原储备量，肌肉量越大，肌糖原储备也就越多。

脂肪平均摄入在50~60克，有些人也会选择摄入MCT。

在低碳日，因为运动量增加以及碳水化合物减少，所以糖异生会增加，个人建议在低碳日可以适度增加蛋白质摄入量，例如平常训练日每千克体重摄入蛋白质1.5克，低碳日可以增加到每千克体重2克。

总之，碳水循环是一种运动时间成本较高的流行饮食法，如果在刚开始1~2周明显感觉这个方式不适合自己，请立即停止。

15.10　低热量饮食与极低热量饮食

低热量饮食和极低热量饮食可以理解为典型的限制热量饮食，通常低热量饮食每日摄入的热量低于基础代谢，针对的主要是非运动人群。由于运动并没有为这类人群一天当中的热量支出有所贡献，为了制造更大的热量缺口，就会限制热量摄入，一般摄入800~1000千卡热量。

让我们先梳理一些概念。极低热量饮食（或者超低）简写为VLCD。根据美国心肺血液研究所（NHLBI）的定义，每天通过饮食摄入的热量低于800千卡，就是极低热量饮食。相比之下，低热量饮食（LCD）温和得多，即每日摄入1000~1500千卡的热量。

本质上来说，这类限制热量摄入的饮食方案有一个明显的弊端，即在执行中很难坚持下去，很少有人可以坚持超过1个月。在一些实验中，极低热量饮食的放弃概率更大。

正是因为有这种好入门但不好执行的缺陷，国内的低热量饮食和极低热量饮食呈现的形式都是搭配各种代餐粉、营养粉。为了简化流程、增加操作性，通常会由营养师设计一份食谱，所谓的设计只是搭配产品后加入少量热量低的零食，通常都是蔬菜，一般你能接触到的低热量食谱是这样的。

低热量食谱

早餐：鸡蛋1个，牛奶200毫升，××品牌代餐包1份。

加餐：黄瓜、西红柿等蔬菜。

午餐：××品牌代餐包1份，××品牌营养素1份，半个拳头多的米饭，1份蔬菜（少油），100克肉。

下午加餐：苹果1个。

晚餐：××品牌代餐包1份，蔬菜1份。

这类食谱中出现的代餐包基本就是由蛋白粉混合一些膳食纤维做成，有些产品以大豆蛋白、植物蛋白为主，加入一些代糖，名称上通常叫××肽、××代餐包，还有一些是谷物棒混合了一些蛋白质，作为一种"健康零食"或者代餐。这类产品通常售价较高，并且会搭配一些服务，例如"在线专业营养师咨询"。实际上这类方式更像是外部动机刺激，以消费和仪式感增强你的执行力，但长期执行还是有一定难度的。

整体来说，现在的低热量饮食与低碳、生酮饮食很像，只是对热量摄入控制得更为严格，搭配的产品由于是预包装食品，所以热量是可控的，通常一份热量在100~300千卡，不会很高。搭配食谱的目的是方便销售人员销售，因为这类产品在设计之初，比较看重是否可复制，量化食谱的目的除了可复制之外，最主要的是省去客服人员的培训成本，即便新手上岗，也可以短时间内掌握产品和食谱的特点。

即便不懂得如何搭配饮食，只要记住一个原则——顾客饿了就让他吃产品。而这类产品一般会有使用周期，例如一周的量、一个月的量，这种强制限制热量摄入的方法仅仅考虑到了营养，而忽略了个体的意志力以及人的社交属性，除非限制一个人自由，并且采用订餐制执行，否则低热量饮食和极低热量饮食方案很难长期执行。

通俗地总结低热量饮食或者极低热量饮食，那就是饿着，尽量少吃，不要超过固定的热量，而且通常这个热量比基础代谢还要低。

如果你想尝试低热量饮食，首先确保自己是健康的。其次，即便你有钢铁般的意志，也不要长期坚持极低热量饮食，这有可能会导致营养不良。有人在执行低热量饮食方案的过程中，出现过内分泌失调、患上厌食症的情况，甚至还出现过猝死的案例。

对于运动健身人群来说，极低热量饮食势必会影响运动能力，同时也有可能增加肌肉的分解。如果你想要在短时间内减轻体重，在身体健康的前提下可以尝试这种饮食方案，在坚持不下去的时候，循序渐进地恢复饮食或采用其他饮食方案。但对于职业健美运动员来说，低热量饮食或者极低热量饮食往往是他们备赛过程中最后阶段所必经历的，尤其是当体脂率达到10%以下难以下降时。

最后，有一些研究极低热量饮食和低热量饮食的观察实验发现，早期采用极低热量饮食的人的体重下降更快，但在一年之后，两种饮食方案并无显著差别，所以低热量饮食更适合需要控制体重的人群，也更容易坚持，短期内对训练和肌肉的影响也不严重，也可以更好地保持肌肉。

15.11　轻断食和一日三餐

如果用一句话概括轻断食，那就是偶尔不吃饭；如果你本来一日吃三餐，那轻断食就是偶尔不吃两顿饭。

实际上人类历史上一日三餐并不常见，大部分人真正养成一日三餐的习惯几乎都发生在现代，理由也很简单，全球范围内普遍解决了食物的问题，所以历史上偶尔的断食（吃不上饭）还是很常见的。

以我国为例，商代人一日两餐，上午进食称为大食，下午进食称为小食，直到宋朝依旧保持一日两餐，直至明朝，大部分人也都是一日两餐。一日三餐最早出现在江南等生活较为富裕的地区，这与现代人稳定的一日三餐较为类似。严格来说，今天加上各种零食、水果，一日四五餐都有可能。

所以，尽管轻断食的概念是现代人提出的，但本质上我们的大多数祖先都被动地轻断食过。依照现代人的饮食、生活习惯，轻断食的概念被英国人迈克尔·莫斯利总结出来。如果说旧石器饮食法是在模仿农耕文明前的祖先，那么轻断食则更像模仿农耕文明后的祖先。

轻断食有很多形式，最常见的就是"5+2"轻断食，就是以一周为单位，一周七天，其中五天正常饮食，其余的两天（非连续性）选择每天只吃一顿饭，差不多摄入热量500~600千卡。

本质上来讲，"5+2"轻断食和前面说的低热量饮食及极低热量饮食是类似的，不同的是轻断食更容易执行，因为一周只执行两天，并且是不连续的两天采用低热量饮食。同时有越来越多的研究（主要是动物实验）证明，偶尔的轻断食对于健康是有益的。

但在现实执行中需要注意以下问题。

• 尽管很多"科普文章"说，轻断食适合管不住嘴的人，同时也宣称平常不用计算热量、不忌口，但如果你真的这样做了，偶尔轻断食对你来说可能只有一个月的有效期。平时饮食的大原则不建议改变，轻断食绝对不意味着五天大吃大喝、两天食不果腹。

• 你还是要控制好自己的食欲，否则很容易造成暴饮暴食，然后挨饿，接着再暴饮暴食，个人不建议有暴食倾向的人采用轻断食。

• 健身人群可以尝试偶尔轻断食，不用担心肌肉减少，你的肌肉没那么容易消失，可以将正常饮食的5天安排为训练日，轻断食的2天安排为休息日。

• 在刚开始执行轻断食时可以从摄入热量800~1000千卡开始，循序渐进地减少摄入的热量，给自己一个缓冲期。

• 轻断食和极低热量饮食一样会出现一系列相关的代餐产品，这类产品仅仅是方便代餐而已，如果感觉吃这类非常规食物没有饱腹感，那就吃正常的食物，注意控制摄入热量就好。

- 如果你工作压力很小，那么我个人不建议你进行轻断食，轻断食比较适合工作节奏较快的人。

- 轻断食的方式有很多，但本质上就是延长断食的时间，例如你断食日的一餐是18点左右开始吃的，第二天恢复饮食的第一餐是9点左右吃的，那么也就意味着你断食的时间差不多是15小时。

"规则"减肥法。除了"5+2"轻断食之外，还有18∶6轻断食或者16∶8轻断食，我更习惯把这种轻断食方式称为"规则"减肥法。因为它在执行阶段更像是用一定的规则来限制你，例如18∶6轻断食既像轻断食，又类似过午不食。在一天24小时中，18小时处于断食的状态，如果吃饭，就在6小时内完成。例如12点吃完第一顿饭，那么在18点之前，可以想吃几顿吃几顿，实际执行中没有想象的那么轻松，因为在这样的规则下，你可能吃不了多少东西。

想象一下，胃排空一顿饭大约要4小时，即便在此期间随便吃，3小时以后饿了再吃一顿，那在6~8小时内，也就能吃2顿正餐，所以本质上是用规则限制了饮食的行为。

一些所谓的食谱，实际上也是利用"规则"来减肥，只要你严格按照规则（食谱）来吃，短期内见效还是有可能的，长期可行性不大。例如所谓的GM减肥法，它就是一种食谱，大致方案如下。

第一天：蔬菜日，除了土豆的其他蔬菜都能吃。

第二天：水果日，除了香蕉的其他水果都能吃。

第三天：蔬菜与水果日，除了土豆和香蕉的其他水果都能吃。

第四天：香蕉和牛奶。

第五天：肉类和西红柿。

第六天：蔬菜和低脂肉。

第七天：蔬菜和水果。

这可能是我看过最简约的食谱了，实际上这也是利用规则来减肥，例如在蔬菜日除了土豆的其他蔬菜可以随便吃，实际上即便让你放开吃蔬菜，你也吃不了很多，所以即使严格按照食谱去执行，也摄入不了多少热量；在水果日也是如此，尽管水果的热量普遍高于蔬菜，但在实际执行阶段也吃不下多少。

个人不建议执行这种"规则"减肥法，以GM减肥法为例，即便一个人严格按照这样的饮食方案执行一周，当他恢复饮食行为以后，体重大概率会反弹。

15.12　食物的能量密度

食物的能量密度，指的是食物的热量与重量的比值，同样重量的食物，如果它的热量更高，那么它的能量密度就越大。

例如，100克的白面包的热量大约是280千卡，而100克苹果的热量大约是52千卡，同样是100克，苹果的能量密度小于白面包，而100克的西蓝花热量大约是33千卡，所以西兰花的能量密度又小于苹果。在上述3种食物中，能量密度最大的是白面包，能量密度最小的是西蓝花。

对于营养师来说，了解食物能量密度是十分必要的，因为食物的摄入量会直接影响饱腹感。我们能看到的几乎所有健康膳食指南，基本上选择的食物都是体积大，但是能量密度小的食物，而通常垃圾食品都是体积相对较小，但能量密度较大的食物。

15.13　"旧石器饮食法"带给我们的反思

作为流行饮食法中的一员，旧石器饮食法被一些健身和减肥人群所追捧。

旧石器饮食法又叫原始饮食法，从名称上不难看出它主要区别于现代饮食，而现代饮食的特点就是精加工和经过人类驯化。

旧石器饮食法的观点

旧石器饮食法基本上模仿旧石器时代人类的原始饮食结构，所以不吃谷物，也不会摄入乳制品，因为牛奶是奶牛被人类驯化后产生的，其他被人类驯化的食材诸如花生、豌豆、玉米等也都不摄入，只剩下少量几个品种的坚果可摄入，旧石器饮食法不会用植物油，只采用动物脂肪烹饪，偶尔摄入一些水果，蜂蜜应该是单糖最主要的来源。

支持旧石器饮食法的人认为，农业文明相较于人类进化史上的狩猎阶段太过短暂，人类的基因并没有本质的改变，同时支持者们认为，人类肥胖、心脏病、高血压、糖尿病等代谢类疾病在现代爆发，主要归咎于我们的身体（基因）还无法适应现在的饮食。

旧石器饮食法从某些方面来说分割了狩猎文明时期与农耕文明时期。按照旧石器饮食法的发明人描述，处于石器时代狩猎阶段的人身体强壮，没有高血糖、糖尿病、高血脂等代谢类疾病，内分泌水平也正常，通过狩猎可以锻炼身体，且强度是现代人训练无法比拟的，而且他们除了吃肉类还会吃野果、种子、坚果、蔬菜，这就是旧石器饮食法的饮食结构。

旧石器饮食法可取之处。从某种程度上来说，现代人出现的肥胖问题以及代谢类疾病、心脑血管疾病的确和大量食用精加工食品有一定关联，所以如果人们可以通过旧石器饮食法重视精加工食品问题，那么它还是有可取之处的。

旧石器饮食法有待商榷的地方。人类祖先饮食结构与生活环境（地理环境）是相关的，例如临海生活的居民与内陆居住的居民饮食结构肯定有差异，并且他们的生活并非我们想象的那样——有稳定的肉类摄入，狩猎对于持有原始工具的人来说并非易事，一些考古学研究发现，人类的祖先只是偶尔可以通过狩猎摄入肉类，平时的饮食中植物类食材占了相当大的比重。

现代人与古代人相比基因突变的概率的确很低，每百万年只有0.5%，这个数值看上去的确不多，可从基因层面上来讲，这已经很大了。例如没有两个人是完全一模一样的，难免存在着各种差异。实际上所有人在基因层面上有99%是相同的，也就说只需0.1%的差别就可以产生人与人之间的差异性，所以每百万年0.5%的基因突变概率已经很大了。

最后，近现代由于医疗和公共卫生的进步，人类平均寿命得以延长，而古人平均寿命很短，很多人可能还没有到心脏病、高血压突发的年纪就已经去世，除非有大量考古学发现证明古人都是在身体健康的情况下死亡的，否则我们无法仅从想象中揣测效仿祖先的饮食更为健康。

15.14　碳水化合物与耐力运动

从供能角度来说，碳水化合物是优质、廉价的能源。人体有两个储存糖原的场所，分别是肝糖原和肌糖原。

一般来说，人在安静、休息状态时，60%的热量消耗来自脂肪，35%来自葡萄糖和糖原，2%~5%来自蛋白质。

轻度和中度活动时，55%的热量消耗来自脂肪，40%来自葡萄糖和糖原，2%~5%来自蛋白质。

高强度冲刺型运动时，3%的热量消耗来自脂肪，95%来自葡萄糖和糖原，2%来自蛋白质。

高强度耐力型运动时，15%的热量消耗来自脂肪，70%来自葡萄糖和糖原，5%~8%来自蛋白质。

很多健身人群不想让蛋白质分解，但这是不可能的。人体蛋白质、脂肪、碳水化合物都在供能，蛋白质无论如何都会占一小部分的供能比例，只是这和"掉肌肉"是两个概念。整体来说蛋白质的合成大于分解，人体就处于蛋白质正平衡状态。

脂肪、蛋白质、碳水化合物供能占比多少取决于人的外部环境，例如在休息状态下主要由脂肪和碳水化合物供能，脂肪供能会更多一些，以往在讲到这个问题的时候，会有学员认为那我待着不动不就是在减肥吗？其实这是两个概念，安静、静止状态下基本上是基础代谢在供能。假定一个人基础代谢2000千卡，他1分钟消耗的热量只有1.4千卡，即便都让脂肪供能，1克脂肪分解释放的能量是9千卡，也就是说休息状态下需要起码6分钟才有可能消耗1克脂肪。

在进行轻中度体力活动，诸如外出步行、短途自行车代步等活动时，碳水化合物（糖原、葡萄糖）供能增加，脂肪的供能减少。当进行高强度爆发力运动的时候，由于肌肉的收缩、做功，以及糖酵解供能系统几乎都来自碳水化合物（糖原、葡萄糖），如果持续运动，随着肌糖原消耗的增加，脂肪参与供能的比例增加，蛋白质氧化（分解）的情况增加。

碳水化合物对于运动时间较长的耐力运动尤为重要，例如以马拉松为主的长跑运动，这类运动项目中肌糖原的恢复基本上和运动表现、成绩是直接挂钩的，这也是为什么很多职业长跑运动员更注重休息日，主要目的还是恢复肌糖原以及维持肌糖原的水平。

有氧、耐力项目运动员以及爱好者（非糖尿病人群）补充碳水化合物的建议如下。

耐力运动项目的特点是持续时间较长，一般都在1小时以上，并且间歇很短或者没有间歇，以有氧氧化和糖酵解供能系统为主。耐力运动项目有别于针对力量和肌肉的抗阻训练，健身爱好者不用刻意增加一天的碳水化合物的摄入量，在进行有规律的抗阻训练之后，适度补充蛋白质、碳水化合物即可。

肌糖原超量恢复

肌糖原超量恢复的原理和健美运动"充碳"以及碳水循环中在低碳日之后安排高碳日的原理一致。早期这类方法常用于耐力项目的运动员，例如在开始的3~4天摄入较少的碳水化合物，同时增加运动强度，其目的就是消耗肌糖原，然后再采取3~4天的高碳水化合物饮食，平均每千克体重摄入8~10克的碳水化合物，同时减少运动量，这种做法被称为肌糖原超量恢复。

对于耐力运动来说，增加肌糖原的储备量可以帮助有效提升运动成绩。

对于健美运动员来说，体内肌糖原亏空的前提下，短时间内摄入大量碳水化合物并不会囤积脂肪，而会逐渐恢复肌糖原，同时细胞内液增加，肌肉饱满度也会增加。

肌糖原恢复时间

在一次时间较长的耐力训练后，即使增加碳水化合物摄入量，肌糖原也很难短时间内恢复到运动前水平。一般来说，增加碳水化合物摄入量也需要至少24小时才可以恢复肌糖原，如果在一次较为筋疲力尽的耐力有氧训练后，需要1~2天的休息或者低强度的训练，并且补充碳水化合物才可以让肌糖原恢复。

通常一次耐力运动后肌糖原大量损耗，所以耐力运动项目整体的碳水化合物摄入量占比很大，高强度有氧运动1小时后肌糖原减少55%，2小时的高强度有氧运动几乎可以耗尽肝糖原和肌糖原。所以对于运动员来说，肌糖原的恢复与训练同等重要。一方面运动后补充碳水化合物可以恢复肌糖原，从而支持下次有规律的耐力、有氧训练；另一方面，之前休息状态下储备的糖原是支持有氧运动的重要能源。

日常饮食。有规律的耐力、有氧训练一般持续时间都在60分钟左右，如果训练强度和频次一般，每天可以按照每千克体重5~7克摄入碳水化合物。如果训练强度较大、频次较高，最大化储备肌糖原或者恢复糖原峰值，每日可按照体重每千克摄入8~10克碳水化合物。整体来说碳水化合物应该占总能量摄入的55%~65%。

运动前4小时左右的饮食如下。在准备一次高效的有氧、耐力训练前4小时可以按照每千克体重摄入1~4克的碳水化合物，如果在运动前处于饥饿状态，或者没有很好地补充碳水化合物，那么最好在运动前1小时按照每千克体重1.2~1.5克补充碳水化合物，并且尽量选择能量密度大的食物，例如能量棒或者运动饮料。

运动期间。如果训练周期较为规律且运动持续时长超过60分钟，在运动中每小时可以补充30~60克碳水化合物，以液体或者胶状物为主，例如大多数高渗压的运动饮料100毫升，其碳水化合物都在6克以上，运动员可以在运动期间慢慢服用。再补充一句，想减脂的话，运动期间就不要摄入碳水化合物，甚至不应该喝任何含糖饮料。

运动后。耐力项目运动后为了更好地促进肌糖原恢复，可在运动后30分钟左右（体温回到常温），按照每千克体重1.5克摄入碳水化合物。

该不该选择果糖

是否应该在耐力训练前补充果糖？实际上这个话题曾经引发过争论。由于果糖在肠道中吸收速度比葡萄糖慢（要先经过肝脏），引起胰岛素波动也很小，一些研究认为这种吸收较慢的特点对运动时间较长的运动可能会有益处。

研究结论并未支持这一假设，并且一些受试者增加果糖摄入后还会出现肠胃不适、渗透性腹泻等情况。本质上来说，果糖必须经过肝脏才能转化成葡萄糖这一机制也限制了果糖无法像葡萄糖那样快速供能。但是有研究表明，葡萄糖和果糖混合摄入，会增加碳水化合物的氧化速率，并且可以减少肠胃不适的问题，但如果本身摄入果糖就腹泻，建议可以将葡萄糖混合其他碳水化合物一起补充，因为混合碳水化合物的补充效果要优于单一碳水化合物补充效果。

有氧、耐力运动前多久补充碳水化合物

有关碳水化合物补充时间，一般建议在运动前1小时补充。

值得注意的是，不管是运动员还是有氧、耐力训练的爱好者都应该注意反应性低血糖，这是血糖迅速提升，胰岛素到达峰值以后，胰岛素过剩引发的低血糖，在运动中表现为过早出现神经疲劳。同时有研究表明，长时间耐力运动前30分钟摄入大量碳水化合物对运动表现没有提升作用反而会使运动表现不佳，并且肌糖原的储备也会提前消耗殆尽，这很有可能是反应性低血糖导致的。

15.15 糖原消耗和运动

肌糖原对于耐力运动是十分重要的，一些"去糖化"观念容易让人们忽略碳水化合物的重要性，例如生酮饮食以及低碳饮食都是最大限度地减少摄入碳水化合物，"碳水循环"也是利用了肌糖原的亏空和超量恢复原理。

关于碳水化合物，我总结了以下几个知识点。

• 从某些角度来说，碳水化合物的确不是必需的，目前来说营养学中并没有必需碳水化合物的概念，所以你即便不摄入碳水化合物，人类可以通过转化其他非糖类物质以获取"糖"。

• 我们身体有两个储备糖的"仓库"，肝糖原调节血糖平衡，而肌糖原主要储备能量用于运动或者高强度体力活动。

- 从人类大规模农业化种植开始，才有了大规模食用碳水化合物的饮食习惯，而这在人类进化史上占的比重很小。

- 人类开始大规模食用精加工碳水化合物，也仅仅是最近100年的事，碳水化合物也正是从这个阶段开始变得廉价和"危险"。

- 尽管1858年克劳德·伯纳德从肝脏和肌肉中分离出来碳水化合物，但人们并不知道糖原储备能力和耐力运动表现之间的关系，一直到1967年前后才发现它们之间的关联。例如Bergstrom和Hultman的一系列相关研究发现，训练后摄入葡萄糖有助于肌糖原的恢复，同时肌肉中的糖原是支撑耐力训练的主要能源。

- 当肌糖原储备减少的时候，人体的基础代谢就会产生变化，糖原消耗增加，氨基酸（糖异生）和脂肪酸的氧化就要增加，这个时候运动能力就会受到影响，这类研究主要集中在1995年前后。

- 在糖原储备较少，或者消耗殆尽的状态下继续锻炼，脂肪的氧化就会增加，因为身体并无其他能源可以消耗，脂肪是最大的能源库存。于是在2002年前后，有研究人员开了一个"脑洞"，让一些耐力运动员保持几周在糖原储备较少的情况下训练，让身体适应脂肪供能，然后再恢复糖原储备（与碳水循环和糖原超量恢复原理类似），从而达到长时间耐力项目中节约糖原的目的（因为脂肪的氧化供能增加了），也就是所谓的低碳水平下备赛、高碳水平下比赛。最终研究结果表明，对于一些最大摄氧量需求低于70%的项目是有用的，例如马拉松、越野跑、铁人三项等，但对于一些最大摄氧量高于70%的项目似乎没有帮助，例如10千米跑、自行车千米计时赛（40千米）等。

- 目前没有发现在糖原耗尽的情况下进行阻力训练会有什么好处。顺着这个思路想一下前面所讲的碳水循环，低碳日由于糖原不足，脂肪氧化增加了一种脂肪氧化的酶（PPAR-a），从而加强脂肪酸的利用，脂肪酸氧化过程中的副产物激活了PPAR-a，同时PPAR-a增加了脂肪的供能。而在高碳日恢复碳水化合物摄入以后，随着糖原储备增加，训练内容也倾向于抗阻力量训练，脂肪酸氧化减少，

PPAR-a也随之降低，理论上可以"既增肌又减脂"，但在执行过程中一部分人完成得并不理想，个人认为这种适应性是存在一定个体差异的，前面已经说过，在此不赘述。

- 通常所谓的"低碳备赛，高碳比赛"出现在耐力训练的项目中，一些职业运动员通常会在赛前做一些适应性的低碳训练，短时间内就可以将糖原储备耗尽（这里的短时间指的是2~4个小时），训练内容通常包括耐力训练和一些间歇较短的爆发力训练。但需要声明一点，职业运动员配备的训练师和营养师是相互沟通的，他们十分清楚这种适应性训练是否会影响运动员本身的表现，如果运动员做低碳训练会延长疲劳期，那么他们也不会生搬硬套地进行这种训练。

15.16 训练后应该怎么吃

在上一小节中，针对有氧、耐力型运动给出了一些碳水化合物方面的建议，这类运动项目的特点是运动时间较长、间歇较短。但同时也有相当一部分人以力量训练和健美训练为主，整体来说就是阻力训练，这类运动的特点是有一定间歇，并且以磷酸原供能系统和糖酵解供能系统为主，训练的目的是最大化抗阻力，锻炼爆发力，增加肌肉（肥大）。

与有氧、耐力训练不同，以力量为主的抗阻训练对于碳水化合物的要求并不高，甚至有研究发现单独一次抗阻训练后补充大量碳水化合物，结果蛋白质总体平衡为负。相比而言，混合蛋白质和碳水化合物或者单独用蛋白质或单独用氨基酸补充，对训练后的蛋白质平衡都有正向作用。

目前的研究对于训练后以什么比例补充蛋白质（氨基酸）和碳水化合物最合适并没有统一的结论，甚至关于补充时间也没有统一的建议。有研究表明训练后即可补充20克蛋白质（通过蛋白粉），尽管肌蛋白的合成速率有所提升，但与补充时间并没有关系。同时一些实验证明训练后1小时、2小时、3小时后补充蛋白质或者蛋白质和碳水化合物的混合物对蛋白质的平衡有帮助。

在进行阻力训练后的营养补充方面，我建议注意以下几点。

• 不要只关注训练后的营养，应该关注自己整体的营养，甚至不用刻意关注某一天，以周为单位来看待饮食结构。

• 如果你习惯运动后马上补充食物，那么起码要等到心率、体温恢复到训练前的水平，并且神经系统不像运动时那么活跃了以后再补充（也就是比较平静、不亢奋），因为在运动过程中血液循环不会主要为消化系统提供服务，很多人运动后过早进食容易腹泻、腹痛、肠胃不适，部分原因就是此时消化系统功能较弱。

• 整体营养（蛋白质、碳水化合物、脂肪）的摄入量要和运动强度以及运动类型放在一起考虑（训练计划），例如力量训练以后增加了耐力、有氧项目，则会消耗更多的肌糖原，时间较长的话则会延长肌糖原的消耗，这时可以考虑增加部分碳水化合物或者蛋白质的摄入量。当然，对于健身爱好者来说前提是客观评价自己的训练强度，不要高估。

• 对于健身新手来说，刚开始运动的时候可以增加部分蛋白质的摄入量。有研究显示，开始阶段增加蛋白质的摄入量可以帮助蛋白质的正平衡，差不多在一个月以后人体逐渐适应，这种获益就会消失。

16

运动补充剂

运动补充剂简称补剂，它对于运动健身爱好者来说是一种特殊的存在。很多人认为它有"加速"的作用，实际上这种感觉大部分源于广告宣传，在补剂行业中，存在夸大宣传的现象。你是否需要运动补充剂，该如何选择？在这一章，我将为你解答。

整体来说补剂、营养品、保健品乃至于这类产品的宣传销售方式都受国外影响。补剂在进入我国初期，虚假宣传十分普遍，例如人们把一种高热量的碳水化合物混合蛋白质的产品称为"增肌粉"，这个名字是最早将补剂引入我国的一批进口商起的。不仅是名称，很多广告也带有明显的欺骗性，给健身爱好者的感觉就是吃补剂可以快速增肌，而不吃补剂进步则会缓慢，这样的广告宣传甚至到今天都存在。

16.1 如何知道一个补剂是有效的

因为补剂和药品有着明确的界限，所以补剂的研究基本围绕两点。

第一，运动代谢中起到辅助作用的因子。

第二，某些营养素的代谢中间产物、衍生物，或者在某些反应中起到刺激剂作用的营养素、化合物。

我国与补剂相关的标准是GB24154—2015，是由康比特牵头制定的。实际上我国在补剂监管上相当严格，一些未知的成分是绝对不允许添加进去的，因为要符合GB24154—2015，并且允许添加的成分只有那么多。

健身爱好者往往关心的是吃了哪个东西能起到什么作用，但是他们获取的信息基本来自产品广告，而产品广告是品牌方做的，你看到的只是宣传文案，当中有尚不明确或者夸大宣传的成分。

补剂厂商经常会把一些阶段性的研究或仅是理论上的新发现用于补剂，直接将其商品化，例如一类选择性雄激素受体调节剂（SARMs）还在研究阶段，在补剂市场上就已经出现了SARMs类的产品。

没有什么比缜密的科学实验更能够客观地评估一个补剂，所以一个补剂是否真的有品牌方宣称的作用，不能只看广告文案。

体外试验。在研究某个化合物时，有了理论依据以后，初级的研究就是体外试验，但是体外试验存在着很多不确定性，例如大部分维生素在体外试验中都表现出优秀的抗氧化性，一些厂商就利用这种研究结果将维生素夸大成了"万能药"。实际上在动物实验或者人体内代谢环境中得到的研究结果往往不尽如人意，所以体外试验只能提供部分依据。

动物实验。动物实验是不可缺少的一个环节，因为在不确定某种物质在生命体内可能发生什么情况时，通过动物实验往往可以得到一些初步结论，但通过动物实验得出的结论依旧无法直接用在人体上，因为人与动物在生理和代谢上存在着差异。

人体实验。人体实验往往可以客观评估一个补剂的有效性，但需要额外关注以下几点。实际上这些都属于限制因素，也就是影响实验结论的干扰因素。

- 受试者的年龄。所谓受试者，就是接受实验的人，不同年龄人的身体生理水平、代谢能力、运动能力和激素水平存在着明显差异，例如针对老年人的补剂，未必适用于年轻人。

- 受试者的性别。从生理结构上来看，男女之间运动能力对营养素的需求存在着差异，针对男性和女性的研究有助于让消费者差异化补充某种营养素，例如某补剂能提高雄激素水平，但是女性并不具备男性生殖器官，产生雄激素的机制也有区别，所以针对男性和女性的研究方向也应当有差别。

- 受试者训练水平。具有不同训练经验的受试者的实验结果往往也存在差异。简单来说，没有任何训练经验的人服用某种补剂，与有一定训练基础的人服用某种补剂，效果可能大不一样，有研究结果显示，有的补剂对新手有效，但在老手或者职业运动员身上则没有任何作用。

即便受试者有一定训练经验，也要考虑其训练背景。例如关于某个补剂的实验中，受试者是退役的自行车运动员，实验测试中运动时长和强度（最大摄氧量）都非一般运动爱好者可以达到的程度，这样的实验结论即便可重复，也无法直接运用到普通人身上，更无法直接证明这个补剂是有效的，顶多可以当作一个新的发现或者思路。

- 受试者的营养水平。设计严谨的实验，应该收集受试者的营养水平数据，对于其营养情况应该有一个评估，起码要达到基准线（及格线），这样会大大减少实验可能出现的误差。同样一些缺乏某种营养素的人群，因为服用某种营养素以后获益的结论也无法直接用在健康人群身上。

- 受试者的健康情况。简单来说，从患病人群或者在服用其他药物的人群身上得到的实验结果，无法直接应用于健康人群。例如在一些针对减肥人群的实验中，受试者除了服用左旋肉碱之外，还服用其他控制体重的药物，显然这样得出的结论无法直接证明左旋肉碱对减肥起到了作用。

16.2　蛋白粉的问题基本在这里

蛋白粉是运动人群常用的补剂，它的衍生品包括各种蛋白质饮料、蛋白棒、能量棒（蛋白质＋碳水化合物原料）等。

食用蛋白粉的作用就是补充蛋白质，优势在于服用方便，兑水冲调、搅拌摇匀以后即可饮用。通常一份（一勺）蛋白粉的蛋白质含量在20克左右，这相当于100克肉的蛋白质含量。

购买蛋白粉时，有些品牌方会把氨基酸含量也标注在外包装上面，这相当于蛋白粉的"含金量"。有些品牌的蛋白粉会直接在外包装上标注支链氨基酸（BCAA）含量，但请注意不论标注哪种成分，要明确看仔细，很多人会以为上面的BCAA含量指的是产品额外添加的氨基酸，实际上大部分厂商标注的是一份蛋白粉（一勺产品）中氨基酸的含量，也就是被人体吸收以后的氨基酸量。如果额外添加了氨基酸，会在配料表中体现。

蛋白粉必须训练后喝吗

训练后人体的消化系统能力是偏弱的，因为刚训练完血液循环主要集中在充血部位，所以训练后不适合马上进食。一些人认为训练后半小时是蛋白粉的最佳饮用时间。实际上这种说法是缺少足够科学证明的，并且是存在争议的。只能说训练后如果你想要马上补充蛋白质，那么蛋白粉是一个不错的选择，因为蛋白粉的另一个特点是容易吸收，给肠胃造成的负担不会太大，这也是为什么做完消化系统手术的病人会选择饮用蛋白粉。

但这并不意味着训练后马上补充蛋白质就会获得更好的合成代谢效果，食物的吸收和营养的利用是两个概念。例如蛋白质的吸收指的就是蛋白质在体内经过酶分解成氨基酸的过程，因为氨基酸进入血液循环后再合成蛋白质或者组织蛋白（肌肉）是一个漫长的过程，训练后30分钟、1小时、2小时内补充蛋白质并无本质区别，对于增肌也不存在决定性影响。

所以目前的结论是：蛋白粉可以在训练后喝，但不是必需的，如果选择在训练后喝蛋白粉，需等到心率、体温恢复或者基本接近训练前水平后。

喝蛋白粉只是补充蛋白质的途径之一，蛋白粉方便携带、易补充，相比起等量蛋白质的肉来说性价比高，并无特殊之处。训练后即便不喝蛋白粉，也可以选择吃一餐富含蛋白质的食物。

应该什么时候喝蛋白粉

喝蛋白粉只是补充蛋白质的途径之一，特点是食用方便，并且相对来说容易吸收。因此，当通过进食摄入蛋白质的量远远不够时，就可以饮用蛋白粉来补充部分蛋白质，相比起所谓的"最佳饮用时间"，补充够自己所需的蛋白质更为重要。

睡前需要喝蛋白粉吗

很多人会在睡前食用酪蛋白粉，因为一些销售广告上说"人体的合成代谢基本上都在你休息的时候，这时人体需要大量的蛋白质来修复肌肉，所以这个时候你需要蛋白质"，那么为什么要选择酪蛋白呢？按照一些广告的说法是——酪蛋白是可以持续吸收，缓慢释放氨基酸的。这看上去似乎很有道理，可实际上这仅仅是一种宣传话术，例如人体恢复机能、修复肌肉的确主要在休息时，但这并不意味着你当时体内就缺少蛋白质，或者在睡前需要额外补充酪蛋白。在非睡眠时间你摄入的任何一种蛋白质最终都会分解成氨基酸进入血液，所以在你休息时身体的氨基酸并不是亏空的。酪蛋白也并没有什么特殊的，只是被强行打造成了一种可以睡前喝的蛋白粉。当然，如果您本身蛋白质没有摄入够，睡前又喜欢喝点东西，那么可以把酪蛋白当作一种不错的选择。

喝蛋白粉伤肾吗

喝蛋白粉伤肾是传播得比较广的一类谣言，喝蛋白粉本身对肾脏没有任何影响，身体会像处理所有蛋白质一样处理蛋白粉。而制作蛋白粉的原料也是奶粉的原料，如果蛋白粉对肾脏有影响，那么配方奶粉也会对新生儿、婴幼儿的肾脏造成影响。

如果本身在肾脏方面有问题的人，就不适合高蛋白饮食，也就是说不光不宜喝蛋白粉，通过食物摄入的蛋白质也要控制。一般来说，肾脏有损伤又增加蛋白质摄入，那么血液中的蛋白质就有可能进入原尿当中，然后在肾小管重新吸收，长此以往就会让肾小管处于一种"高压"的工作（代谢）状态，从而影响肾脏。

所以，喝蛋白粉本身不会伤肾，但在准备健身增加蛋白质摄入时，需要确认肾脏是健康的，同时按照训练强度和运动能力客观评价自己的蛋白质需求。健身爱好者每千克体重摄入 1.5 克蛋白质就足够了。

喝完蛋白粉的杯子第二天不臭，所以蛋白粉是假的吗

这是早期网上所谓的鉴别蛋白粉真伪的方法，除了闻杯子是否存在隔夜臭之外，还有用开水烫看是否结块，以及直观地看粉质是否细腻，那么这些方法靠谱吗？

网传杯子隔夜臭的原理是"隔夜的蛋白质会变质发臭"。

在说这个问题之前，一定要声明，使用完杯子以后要记得清洗，请保持这样的卫生习惯。

喝完蛋白粉后，杯子内的残留蛋白质量极少，所谓蛋白粉发臭，实际上是变质（有害菌增加），这和温度、湿度、环境中的微生物菌等有很大的关系。同时并不是发霉变质后都会发臭，并且蛋白粉除了蛋白质原料之外还有其他添加物，例如代糖、消化酶、稳定剂、乳化剂等，各种口味的香料也会直接影响气味，所以这种方法仅是一种臆想的鉴别方法，不具备科学性。

再说用开水冲蛋白粉的检测法，所谓的原理是"蛋白粉预热以后变性，所以用开水冲不开，粉会直接抱团"。

实际上蛋白粉遇热的确会变性，不光蛋白粉，生活中我们遇见的很多蛋白质食物遇热都会变性，例如生鸡蛋呈流质状，遇热以后蛋白质结构产生变化变成固体，这就是变性。对于蛋白粉来说遇热变性也是正常的，但这并不表现为粉质冲不开。不同品牌的原料性状本身就有差异，所以这种鉴别方法无任何科学性，即便用开水冲面粉也会出现"抱团"的情况，但我们都知道面粉的成分主要是碳水化合物，而不是蛋白质。

还有一种说法认为开水冲蛋白粉，蛋白质变性以后蛋白粉就没有用了，事实并非如此，只是几乎所有蛋白粉原料热溶性都较差（也有热稳定的原料），低温下溶解性更好，所以用开水冲会影响口感，并且蛋白粉配方中还可能有消化酶、香料等，这些在

高温下稳定性较差，也会影响口味。如果蛋白粉中加入了阿斯巴甜，它是不能用热水冲服的。

　　网上会有一些所谓的专业人士用感官判断的方法来鉴别蛋白粉的优劣，这种"乳制品品鉴师"的确存在，但这是一个门槛很高的职业，同时他们也需要依据仪器检测结果来综合评判，普通人无法通过肉眼判断蛋白粉的优劣。

　　蛋白粉原料有很多品牌，我们在采购时，通常会要求厂商提供规格书，规格书上体现了产品的基础信息，例如颜色、水分、pH值、储存条件、保质期、过敏原、原料、营养成分等，而它是否能与其他品牌的配料调出理想的蛋白粉产品，则需要在实验室做配方研发，配料的差异化导致不同品牌的蛋白粉外观、性状上的差异。

　　普通消费者如果想判断蛋白粉真伪，有两种方法可供参考。

　　● 确定购买渠道。如果蛋白粉是进口的，那么必须贴有中文标签（保税区和跨境购除外），同时也必须有相应的食品检疫证明以及卫生证书，这些都可以向商家索取。

　　● 直接拿去第三方送检。没有什么比拿着商品送检第三方更为直观，并且送检的费用也不会很高。

植物蛋白粉不如动物蛋白粉吗

　　植物蛋白粉的原料通常是黄豆或者其他豆类、植物原料的混合，通常我们会认为植物蛋白的利用率不如动物蛋白，因为它缺少一种或者几种必需氨基酸，或者必需氨基酸含量低。

　　但是在现在的食品工艺下并不会出现这样的问题，由于粉质萃取工艺的进步，植物蛋白粉的吸收率很高，同时原料厂商在原料选择上也会将氨基酸补齐，植物蛋白的利用率已经接近动物蛋白。消费者选择时依据个人习惯就好，例如有些素食者可以选择植物蛋白粉来补充膳食中的蛋白质，对于乳糖不耐受人群来说植物蛋白粉也是个不错的选择。

蛋白粉是否可以增强免疫力

如果你长期缺乏蛋白质，会影响免疫力，这个时候通过任何形式摄入蛋白质都能改善免疫力，但如果你本身不缺少蛋白质，那么喝蛋白粉对免疫力的提升没有什么大的帮助。

给父母买点蛋白粉行不行

给父母买一些营养品尽孝，这样的想法是好的，但是要考虑父母是否真的缺少蛋白质，如果不缺少蛋白质，长期超量摄入蛋白质对健康没有任何好处。

同时父母一般没有饮奶的习惯，如果有乳糖不耐受，那么喝蛋白粉并不利于他们的健康。

喝蛋白粉后拉肚子该怎么办

喝蛋白粉后腹泻或者肠胃不适，常见的原因就是乳糖不耐受。通常乳糖不耐受人群最好的方式是不喝任何乳制品，也就是说可以不选择蛋白粉作为补充蛋白质的途径，如果非要选择蛋白粉，可以考虑那些标注低乳糖或者零乳糖的产品，有些添加蛋白质分解酶的产品也可以。但是大部分蛋白粉都是进口的，运输过程中的温度和湿度难以控制，导致部分配方的分解酶可能失效，这就容易造成有时候喝不会腹泻，有时候喝则会腹泻。另外，分离乳清蛋白粉也是一个不错的选择，通常分离乳清乳糖含量更低，但无法保证每次喝都不会引起腹泻。

还有一些人喝蛋白粉后拉肚子并不是乳糖不耐受引起的，原因可能有训练后马上空腹喝蛋白粉，或者本身没有吃冷食的习惯，结果喝低温冲调的蛋白粉刺激了肠胃。

原料粉可以直接喝吗

原料粉通常一袋是20千克，加工企业对于原料的仓储和卫生是有要求的，一般消费者无法达到蛋白粉原料的储存条件，直接食用原料粉是无法保证食用安全的。

喝蛋白粉长痘怎么办

一些人摄入乳制品会爆痘，有些在补充维生素B族后情况有所缓解。对于有些人来说，喝乳制品和长痤疮是有一定关联的，乳制品外包装上一般有过敏原提醒，所以如果喝蛋白粉长痘（痤疮），那最好不喝。

16.3　几种常见的蛋白粉种类和衍生品

乳清浓缩蛋白。乳清蛋白的原料通常为WPC80，前面的WPC是英文Whey Protein Concentrate的首字母缩写，直译为乳清浓缩蛋白，后面的80则代表蛋白质含量，也就是每100克的蛋白质含量≤80克。

乳清浓缩蛋白通常是各种乳制品的添加剂，例如奶粉、调制乳或者冰激凌，只是不同品牌的产品性状不一样，有的黏稠，有的寡淡，有的泡沫多等，大型原料制造商通常会根据不同的使用场景研发不同的原料。

大部分蛋白粉原料都是用牛奶制作的，当然理论上其他奶也可以做成蛋白粉，只是相对来说牛奶的生产比较稳定成熟。

乳清蛋白是乳制品加工过程中的副产物，例如在乳制品加工过程中加入发酵酶，牛奶会变成酸奶，然后固体乳再沉降变成奶酪，这时有一层像水一样的液体渗出，这就是乳清液，将它分离、滤清、不断干燥、喷雾之后得到的就是乳清蛋白粉。一般来说，过滤程度不同，乳清蛋白的蛋白质含量也不同，一般为30%~80%。有些固体乳酸奶打开后上面的那层液体就是乳清液。

实际上牛乳加工过程中会出现很多产物，例如奶油、脱脂牛奶、酸奶、奶酪、酪蛋白粉、乳清蛋白粉、牛奶蛋白、分离乳清。也正是如此，我国大部分乳清蛋白原料需要进口，这并不是因为它的工艺多么复杂，而是因为我国对于乳制品的附属品消费，例如奶酪、奶油等并没有欧美国家那么多，所以单纯为了乳清蛋白就建个生产线不如直接买原料划算。

乳清分离蛋白。乳清分离蛋白通常缩写为WPI，制作工艺通常是在乳清的基础上进一步分离（离子交互，去除更多杂质），所以分离乳清的蛋白质含量更高，通常每100克蛋白质原料的蛋白质含量≤90克，分离乳清的原料也比乳清蛋白的原料贵很多。

乳清浓缩蛋白和分离乳清蛋白实际上并无太大差异，从氨基酸价值上来说，分离乳清蛋白更高一些，但一份乳清浓缩蛋白和分离乳清蛋白的氨基酸价值差，也超不过一个鸡蛋，分离乳清蛋白相对来说价格更高昂一些，很多消费者会关注原料的蛋白质含量，可实际上平均每一勺的差异也不大，有的消费者选择蛋白粉会把口味放在第一位。

缓释蛋白

补剂品牌在设计产品的时候，会考虑存货单位（SKU），你可以理解为同一类产品，但是增加不同卖点，例如某品牌的蛋白粉，如果产品有乳清蛋白、分离乳清、缓释蛋白，那么这就是3个SKU。所谓的缓释蛋白指的是可以持续吸收的蛋白质，配方一般是混合的多种蛋白粉原料，例如乳清浓缩蛋白+乳清分离蛋白+酪蛋白，这里与缓释一词"匹配"的主要是酪蛋白，因为它是一种吸收较慢的蛋白质，其实就是在体内分解成氨基酸的速度较慢，所以当不同蛋白质原料混合以后得到的蛋白质也就持续释放，这就变成了缓释蛋白（或者叫矩阵配方）。与其他蛋白粉相比，它更多的创新在于增加了产品的种类，对于健身爱好者来说选择分离乳清蛋白、乳清蛋白或者缓释蛋白并无太大的差异。

蛋白胶、能量胶

这类产品通常是由蛋白质原料、水、葡萄糖等碳水化合物原料和黄原胶、卡拉胶等食品添加剂构成，多为马拉松运动员以及长途骑行爱好者使用，能量密度较大，携带方便，吃起来类似果冻。

蛋白棒、能量棒、谷物棒

这类产品属于蛋白粉的衍生物，增加了蛋白粉产品的品类以及使用场景，通常蛋白棒的蛋白粉含量为其体积的30%，同时包含碳水化合物、膳食纤维和一定比例的脂肪酸，有点儿像零食，饱腹感较强。

能量棒、谷物棒通常含有蛋白质，蛋白质含量在10%左右，比蛋白棒热量更高，与能量胶类似，适合进行时间较长的运动的人员食用。例如士力架就是典型的能量棒，100克士力架的热量约为500千卡。

增肌粉

增肌粉本质上就是复合蛋白质固体饮料，属于蛋白粉的一种，通常是蛋白粉原料＋碳水化合物原料＋脂肪原料。增肌粉只是一种约定俗成的称谓，其并不会让你加速增肌，相反一份增肌粉的热量较高，容易使你长胖。

增肌粉和蛋白粉有什么区别

蛋白粉主要用于补充蛋白质，如果把摄入蛋白粉比喻成吃肉，那么摄入增肌粉则相当于吃了一顿主食，只是两种补充方式都是粉剂冲服。

通常蛋白粉一勺大约30克，而增肌粉一份通常在150~300克，例如某品牌增肌粉一份热量是600千卡，这相当于一个普通人一餐的热量，这一份并不是一勺，通常是三勺，差不多150克。

相比起蛋白粉，增肌粉的碳水化合物含量更高，如果用它偶尔代餐也是可以的，但要估算一下热量摄入和支出。但本质上来讲，增肌粉比较鸡肋，因为碳水化合物和脂肪是十分容易从饮食中摄入的。

16.4 肌酸

肌酸被认为是一种常规的增肌补剂，甚至有销售商把它定义为基础的增肌补剂。很多人认为肌酸只有补剂中才有，其实人体每天都在合成肌酸。

人体可以利用精氨酸、甘氨酸、蛋氨酸通过肝脏、肾脏、胰腺来合成肌酸，当然我们也可以直接购买肌酸后口服，前者是内源性合成肌酸，后者是外源性摄入肌酸。人体自身合成肌酸受到很多因素影响，例如饥饿、禁食，同时从食物中摄入肌酸会抑制自身肌酸的合成。一些合成代谢的激素例如生长激素、睾酮则会促进肌酸的合成。

问题一：吃肌酸可以增加力量吗？

肌酸的确对力量训练有帮助，但也仅仅是在供能方面，人体内约有90%的肌酸存储在肌肉中。力量训练时通常以ATP-CP供能以及糖酵解供能为主，在此期间重要的能量物质就是ATP，通常肌细胞内存储的ATP仅能提供3秒左右的能量用于运动，所以人体需要不断地合成ATP（通过磷酸肌酸），但也仅能维持一段时间。换句话说，我们体内的ATP和磷酸肌酸的储备量只够进行短时间内的高强度、大负重的运动，而肌酸可以帮助你恢复和产生更多的ATP。所以肌酸对于力量训练，在供能方面是有帮助的，但并不意味着肌酸可以直接增加绝对力量。

即便你吃肌酸以后力量表现更好，也不代表你可以一直获益，没有什么东西可以让你无止境地增长下去，目前只能说肌酸对力量训练有帮助，从未服用过肌酸的人通过服用肌酸获益的可能性更大。另外，肌酸对有氧氧化供能为主的运动贡献不大。

问题二：吃肌酸可以增加肌肉吗？

吃肌酸会水肿是一种常见的说法，也就是所谓的肌酸存水，这实际上是一种误读，尽管有些职业健美运动员在备赛阶段脱水、充碳的时候出现了浮肿的情况，但这属于极端饮食控制下的个别案例，对于大众健美爱好者来说不具备参考价值。

绝大多数人在服用肌酸后体重都会有所增加，主要原因是肌酸可以将水分子带入肌肉内，增加了细胞内液，而水肿一般指的是细胞外液增多。同时肌酸可以增加大约20%的肌糖原储备量，每克肌糖原又可以结合大约3克的水，所以肌酸是可以增加肌肉体积的，但不会让你水肿。肌酸对肌蛋白的合成也有帮助作用，但是目前尚无科学的证据直接证明服用肌酸期间的肌肉增长决定性因素是什么，在我看来肌酸对增肌的帮助主要有以下两点。

第一点是帮助供能。肌酸可以让你试举的频次更多，组间歇时ATP恢复得更快，所以它是力量训练的不错选择。

第二点是肌酸本身会增加肌糖原的储备量，从而间接增加了肌肉体积。

最后还要补充一点，肌酸上述的"能力"并不是对所有人都有用。

16.5　不同种类的肌酸有什么区别

目前来看价格差异巨大的肌酸产品并无本质的差别，大多实验证明差异性不大，或者说各种标榜着"黑科技"的肌酸除了价格更高之外，没有明显的优势，并且目前针对肌酸研究最多、最全的就是"一水肌酸"。

很多人也会关心肌酸的服用方式，比较传统的方式是刚开始服用肌酸的时候增加几倍的量，也就是有一个"冲击期"，因为肌酸是一种"储备式"的补剂，服用肌酸可以让体内肌酸值提高，所以刚开始要大量服用肌酸，以此来提高体内肌酸值。连续大量服用4~7天之后，恢复到每次服用3~5克，维持体内肌酸值。

但有实验证明体内肌酸值到达峰值的时间和冲击期关系不大。人体吸收、利用肌酸的能力是有限的，所以我一般建议每天服用肌酸3~5克，大约一周以后体内肌酸值就接近峰值了，每次肌酸的摄入量最多为每千克体重0.07克。例如一个体重为70千克的人，每次摄入的肌酸不要超过4.9克。

MEMO

你可能经常看到其他形式的肌酸的广告，告诉你这款肌酸不用冲击期、不存水，实际上这都是缺乏足够科学依据的广告，而且这些肌酸的价格通常都比一水肌酸高。到目前为止，关于肌酸的高质量研究，主要是针对一水肌酸。一水肌酸微溶于水，有些味觉敏感的消费者服用一水肌酸会感觉如同喝沙子一般，有的品牌为了适应消费者需求推出了肌酸的柠檬酸形式，尽管这类产品溶解度更好，但也存在一些问题，例如肌酸的核心分子被修改，导致修改后的肌酸可能并不起作用。目前尚无统一的科学证据支持"新型"肌酸更有效。

16.6　服用肌酸的同时能喝咖啡吗

有种说法是服用肌酸的时候不能喝氮泵，氮泵是一种类似红牛的含咖啡因的饮料，是健身爱好者在训练前喝的一种补剂。认为肌酸和

MEMO

目前来看，并没有对咖啡因影响肌酸作用这一结论达成共识，咖啡因影响肌酸作用的原因也没有定论。我个人分析有可能的原因是，较大剂量的咖啡因影响了钙离子（Ca^{2+}）的释放（钙离子释放减少），以及咖啡因和腺苷受体结合，影响了ATP的产生。

氮泵不能同时食用的原因则是：肌酸存水，而氮泵中的咖啡因脱水。这显然是一种错误的解读，因为咖啡因的脱水作用主要针对细胞外液。实际上关于咖啡因对肌酸的影响是有相关研究的。

咖啡因也许会影响肌酸的作用，但实验设计中存在一些问题，并且没有采集任何受试者的力量数据，所以这方面的研究并无定论。就目前市场来看，同时摄入咖啡因和肌酸的人不在少数，有些氮泵类产品甚至会提供大约2克肌酸。如果担心咖啡因会影响肌酸的作用，可以在运动前服用含咖啡因的产品，隔6个小时左右再服用肌酸，因为咖啡因半衰期在4小时左右。

16.7　肌酸有什么副作用吗

- 人们服用，甚至长期服用肌酸的行为已久，并未发现肌酸有什么危害身体的副作用，但从肌酸的吸收、合成、代谢来看，有个别研究案例显示，肾脏功能有问题的人，服用肌酸有可能导致肾脏功能恶化，所以肌酸只适合身体健康的成年人，在进行力量训练的周期内服用。

- 服用肌酸以后，血液中的肌酐值会提高，这并非病理性提高，所以准备体检的人应该提前几周停止服用肌酸，或者告诉医生自己在服用肌酸，以免出现误诊或者影响医生判断。

- 大剂量服用肌酸可能导致腹泻，例如很多在所谓的冲击期服用肌酸就会引发腹泻或者肠胃不适，平均每次摄入5克肌酸就足够了，或者每千克体重最多摄入0.07克肌酸，这是因为肌酸的吸收和摄入量是相关的，肠道基本上吸收、利用肌酸10克左右，超过10克则会延长肌酸的吸收时间，同时也有可能引发肠胃不适。

- 极个别案例中会出现服用肌酸以后出现肌肉痉挛，尤其是小腿抽筋，这种情况下可以减少或者不服用肌酸。

- 一项观察研究报告表明，肌酸有可能会增加男性患睾丸癌的风险，但这并未得到更多的试验论证。

- 肌酸有可能会增加体内双氢睾酮的水平，所以可能会让有"雄激素性脱发"的人脱发更严重，目前这个结论还缺少足够证据，没有"雄激素性脱发"基因的人不用担心。

16.8 氮泵

氮泵（Pre-Workout）通常在训练前喝。市场上的氮泵可能名称五花八门，抛开这些名称，所谓的氮泵的成分基本上与神经兴奋有关。

如果说什么补剂能让你切实感觉到变化，那应该只有氮泵。它可以让你神经兴奋，这里面主要起作用的就是咖啡因。我们日常生活中摄入咖啡因的途径有很多，例如喝茶和咖啡，红牛这类宣称抗疲劳的功能性饮料，以及巧克力、可乐中也含有咖啡因，它们的差异在于咖啡因的含量。

一般氮泵的营养成分表中会直接显示咖啡因含量，通常一份国外氮泵中咖啡因含量在200毫克，国内一份氮泵中咖啡因含量通常不会超过100毫克。有的国外一份氮泵的咖啡因含量甚至可以达到400毫克，这基本上是一个健康成年人一天摄入咖啡因的上限了，如果换算成红牛，相当于8瓶红牛的咖啡因含量。

至于氮泵中的"氮"，一般都是精氨酸或者其他一氧化氮前导物。有些氮泵营养标签上会写明"兴奋配方""更好的充血配方"，前者多指咖啡因，而后者一般都是精氨酸等氨基酸添加物。实际上这类提高体内一氧化氮水平的产品是否真的可以让充血感更强烈，并无科学定论，相反，单纯补充精氨酸对增肌没有什么帮助的研究倒是有很多。

> **MEMO**
> 尽管缺乏精氨酸、瓜氨酸、AAKG 等对于一氧化氮增强的证据，但是甜菜碱对于一氧化氮增强的证据较为充分，我们在很多氮泵的配料表中会看到甜菜根提取物。

咖啡因有什么作用

很多止痛药和感冒药中也会添加咖啡因,因为它具备一定的镇痛作用。食品添加剂中的咖啡因的作用就是使你亢奋、提神、醒脑,正如很多功能性饮料广告中宣传的那样。

咖啡因使用得很广泛,世界各地都有饮用含有咖啡因食物的习惯。星巴克的大杯美式咖啡(大约450毫升),咖啡因含量是105毫克,中杯是70毫克,小杯大约是35毫克,而一瓶可口可乐的咖啡因含量大约是46毫克,30克黑巧克力大约有20毫克的咖啡因……所以你不难发现,生活中我们几乎每天都会接触咖啡因。

肠道吸收咖啡因的速度很快,摄入含有咖啡因的饮料后,大约1小时以后血浆中咖啡因的浓度就可以达到峰值。同样人体代谢咖啡因的速度也很快,服用后3~6小时血液中的咖啡因浓度就会降低一半,这也是为什么咖啡因会出现在类似氮泵这样的产品中。一般建议在训练前30分钟至1小时服用氮泵,因为这样在训练时身体内咖啡因浓度比较高。

咖啡因对力量训练和耐力训练均有帮助,对力量训练的帮助主要体现在咖啡因可以辅助神经兴奋,使人更为专注,状态更好。很多人服用氮泵后的感觉是"不疲劳",实际上这是精神亢奋,并不是肉体真的处在不疲劳状态。同时必须知道的一点是,咖啡因对力量的影响更多在于自身的"兴奋"。一项关于咖啡因摄入的双盲实验中,受试者口服500毫克咖啡因,然后点刺激运动神经,让其收缩(可以让研究人员观察到在没有中枢神经控制下的骨骼肌运动情况),结果显示咖啡因对力量没有帮助。

咖啡因对耐力运动是有帮助的,一方面由于其可以让神经兴奋,另一方面则有可能源于一种代谢假说,即咖啡因会影响糖的利用，在神经处于亢奋的状态下，脂肪氧化增加，这时糖原的利用被节约。

咖啡因的摄入量建议

根据加拿大卫生部发布咖啡因消费安全水平，我建议如下。

健康的成年人摄入咖啡因的安全限量是400毫克/天，相当于3杯237毫升的冲泡咖啡。

16.9　为什么有的人喝氮泵没有什么用

对于氮泵，不得不说明三点。

第一，咖啡因并不是对每个人都有效果，正如生活中我们会发现，有的人喝完咖啡睡不着觉，有的人则喝完咖啡后睡得更好。对咖啡因的敏感性是存在个体差异的，很多人在咖啡因起作用之前就已经将它分解利用掉了，所以咖啡因的作用并不明显。建议这类人群不要尝试购买多种品牌的氮泵，如果对一个品牌的氮泵没有感觉，那么对其他品牌的氮泵也很可能没有感觉。氮泵本质上的"兴奋"作用和你的身体状态相关性很强，如果你面临的工作压力较大，生活中一堆事情要处理，那么运动时精神状态很可能是不稳定的，这个时候服用氮泵的获益是没法准确判断的。

第二，有些人对咖啡因的提神作用没有任何感觉，但对咖啡因的副作用反应却很强烈，例如头晕、恶心、颤抖、心率提升、头疼、失眠等。如果存在这些情况，建议不要继续服用含有咖啡因的产品。

第三，本身有心脏病、高血压、抑郁症以及受到失眠困扰的人，请不要服用氮泵。

16.10　是不是每次训练都要服用氮泵

- 即便你对咖啡因很敏感，若经常服用氮泵或者服用含有咖啡因的饮料也会产生耐受性，很多运动员在比赛前一周左右就会停止或者控制摄入咖啡因，就是为了保持对咖啡因的敏感性，让身体最大限度地发挥作用。

• 有些人习惯每次训练都服用氮泵，这是没有必要的，同时这也是一种浪费。"不服用氮泵训练就没有激情"更像是心理问题（心理成瘾）。

• 如果你本身状态就不好，氮泵不会让你的状态更好，相反有可能让你的状态更糟，同时也极有可能会影响睡眠。

• 每周服用氮泵2~3次即可，并且应在训练强度较大，状态不错的时候服用。

• 不要笃信咖啡因的含量越高效果越好，在一项双盲实验中，让受试者按照每千克体重5毫克、9毫克以及13毫克服用咖啡因，随后进行1小时的骑行试验（同时对比安慰剂组），结果没有发现服用超过5毫克咖啡因的受试者有明显的优势。

16.11 氮泵中有违规添加吗

氮泵确实被爆出有违规添加，例如几年前有美国人在服用某公司的氮泵产品后，在工作中猝死，后来该公司接到大量的顾客投诉，因为很多人在服用产品后出现了肝损伤和急性肝衰。然后FDA开始清查这类补剂，结果发现了大量减肥药和氮泵类补剂中违规添加了天竺葵提取物，也就是DMAA，后来该成分被禁用。

后来一款氮泵中更是违规添加了类似甲基苯丙胺的物质，在被禁之前这个公司的产品的销售量曾名列前茅。读到这你不难发现，氮泵类产品几乎都会在"兴奋"上做文章，一般来说咖啡因的半衰期是4~6小时，而违规兴奋剂（例如甲基苯

MEMO

早期的氮泵类产品中并没有添加β-丙氨酸，后来研究人员发现β-丙氨酸可以有效地增加体内的肌肽值，可以作为一种细胞内液的缓冲剂，缓解高强度运动中的疲劳感，于是氮泵中出现了β-丙氨酸。很多消费者服用氮泵后感觉皮肤刺麻，这实际上是β-丙氨酸的

丙胺）的代谢时间通常是10小时（以咖啡因3~6小时后血液浓度减半计算）。所以抛开身体对咖啡因的敏感性，如果某个产品让你亢奋超过了6小时，那么不排除这个产品有违规添加的可能性。

16.12 喝氮泵后感觉针扎刺痛说明有效

有些人在服用氮泵后会有皮肤刺痛的感觉，有人认为这是一氧化氮增强后的感觉（微扩充血管），实际上是β-丙氨酸的作用。β-丙氨酸也常存在于一些肌酸类的产品中，部分人摄入β-丙氨酸后就会有皮肤针刺痛的感觉（感官异常），部分人则没有这样的感觉。

肌肽具有抗氧化的作用，β-丙氨酸可以提高肌肉中的肌肽水平。目前研究结论表明，β-丙氨酸对爆发性要求较高的力量训练有帮助。

一种副作用，并不会对身体有害，并且持续服用，这种感受就会降低，但是厂商和经销商却把它宣传为"泵感增强""一氧化氮增强"，甚至有人说这种感觉"劲大"。尽管β-丙氨酸有作用，可β-丙氨酸起作用需要长期服用，这样血液中的β-丙氨酸才能慢慢接近峰值，但我们不能每次训练都喝氮泵类的产品。另外，β-丙氨酸对于短间歇、高强度的运动是有帮助的，对于间歇较长的运动，目前来看并没有任何意义。

仅从目前研究结论看，β-丙氨酸的另一个问题是，它像肌酸一样，需要连续服用以后体内含量才会逐渐提高，但是β-丙氨酸很久才能到达峰值。有研究表明，每天服用5~6克β-丙氨酸，4周后体内含量只增加60%，10周后才到80%，而普通氮泵中β-丙氨酸的含量仅有2克左右。

16.13 左旋肉碱

左旋肉碱是非常知名的减肥补剂，很多食品因为添加了左旋肉碱，在宣传页面上都写明了其可以帮助减肥。因为左旋肉碱是长链脂肪酸在线粒体氧化中必需的物质，它是人体必需的营养素。中、长链脂肪酸从线粒体膜外转运到线粒体膜内进行脂肪酸 β 氧化，你可以理解为如果没有左旋肉碱，那么长链脂肪酸无法有效代谢，但中链脂肪酸不依赖左旋肉碱也可以代谢。

如果上述理论很难理解，那么你肯定听过商家对左旋肉碱有这样的描述——脂肪的搬运工。从科普角度来说这句话形容得相当准确，但这并不意味着额外摄入左旋肉碱会增加脂肪的氧化，或者是帮助更有效地减脂。

你第一次接触左旋肉碱这个名词的时候，很可能是因为广告，并且你有减肥这个诉求。实际上左旋肉碱本身就存在于你体内，只是你不知道而已。人体可以在肝脏和肾脏合成左旋肉碱，还可以通过动物性食物来获取，乳制品、肉类都含有大量的左旋肉碱，肝脏和肾脏利用赖氨酸和蛋氨酸合成的左旋肉碱就可以达到20克，人体内90%以上的左旋肉碱存储在肌肉细胞中。简单来说就是，左旋肉碱对于人体来说很难缺少，只有绝对的素食者或者极端饮食、挑食人群有可能缺少左旋肉碱。另外，左旋肉碱对渐进性肌无力的病人也有帮助。除了上述这类特殊情况，普通人补充左旋肉碱并没有太大意义，换句话说，它很重要，它是脂肪酸代谢的关键，但你并不缺少。

左旋肉碱的确是脂肪的搬运工，这个描述很到位，但是这个过程本质上是脂肪酸代谢供能，除非你确定自己有脂肪酸代谢的问题，并且是由左旋肉碱缺乏导致的，否则你并不缺少左旋肉碱。因为左旋肉碱搬运的是脂肪酸，而你消耗的能量是固定的，搬运增加并不解决总量问题。

这就好比你要向一个人付款100元，付款就好比脂肪搬运，钱从你这边被转到对方的账户，付款的总额是不变的，你一次付款100元，和你每次付款1元，付100次，没有任何差异。

上述结论都是建立在你额外摄入左旋肉碱以后，体内左旋肉碱含量可以增加的前提下，可试验得到的结论并不理想，无法证明额外摄入左旋肉碱会让体内（肌肉）左旋肉碱量增加。这是因为口服左旋肉碱的生物利用率太低，并且左旋肉碱在肾脏排泄过快。更多的研究结果是左旋肉碱对降低体脂率没有帮助，甚至有实验让受试者大量口服左旋肉碱（2000毫克），然后对比静脉注射左旋肉碱，结果显示在有氧运动时，不论哪种摄入形式都不会影响能量代谢，或者提升运动表现。

作为一种食品添加剂，左旋肉碱可以被添加在婴儿食品中，这也成为很多销售商宣称其安全的说辞，比较常见的就是配方奶粉中含有左旋肉碱。因为婴儿以脂肪供能为主，尤其是早产儿，所以有些配方奶粉会把左旋肉碱当作一种条件必需营养素。左旋肉碱是否安全，和它是否真的有减肥作用是两个概念。

目前来看左旋肉碱关于减肥、节约糖原、增加体能、提升耐力方面的宣传是缺少足够科学证明的，有些研究证明左旋肉碱摄入（每天3000毫克）后，对缓解延迟性肌肉酸痛（DOMS）有帮助。

16.14　谷氨酰胺

尽管谷氨酰胺是非必需氨基酸，但的确是一种十分重要的氨基酸，它在合成肌肉以及饥饿状态下合成葡萄糖时扮演着重要的角色（人体处于分解代谢时，肌肉将谷氨酰胺释放在血液中），同时也是大脑中一些信号物质产生的原料（所以有宣传称谷氨酰胺可以改善脑功能）。对于健身爱好者来说，谷氨酰胺通常被宣传为保护肌肉以及增肌的补剂，实际上它是一种非必需氨基酸，我们从食物中很容易获得，甚至不用考虑肉和乳制品，全麦面包中就含有丰富的谷氨酰胺。

我个人建议健身爱好者没有必要把钱浪费在谷氨酰胺上，因为谷氨酰胺对肌肉和力量的增长并无显著的作用，起码大部分试验证明其无效。但一些试验证明谷氨酰胺在拮抗糖皮质激素（皮质醇）上有一定帮助，同时谷氨酰胺可以帮助肌糖原恢复。所以一般我会建议运动员在备赛阶段，或者肌肉量较多的人在减脂阶段可以考虑服用一些谷氨酰胺，因为它可以减少蛋白质合成下降等糖皮质醇带来的负面影响，同时谷氨酰胺可以在低碳的情况下增加肌糖原的储备，尤其在备赛阶段，也许可以让更多的水分进入肌肉，让肌肉变得饱满。

另外不得不说的就是，尽管谷氨酰胺有可能具备上述的作用，但并不是对每个人（减脂、备赛人群）都有用，因为上述部分实验中采用的谷氨酰胺摄入方式多为静脉注射，即便是口服，一些实验中采用的剂量也超过该补剂的一般口服量，有些甚至在40克以上（这不是建议使用量，并且有可能产生腹泻）。主要原因是谷氨酰胺在游离状态下不是很稳定，所以不排除吸收和利用上存在个体差异，如果你在备赛或者减脂的时候觉得谷氨酰胺没用，那就不用浪费钱在谷氨酰胺上。

有些人甚至会把谷氨酰胺当作预防疾病以及保护肠道的"良药"，例如有腹泻的人就被建议吃谷氨酰胺。的确在一些肠胃疾病中谷氨酰胺起到了治疗作用，这并不意味着额外补充会起到预防作用，并且随时牢记一点，只有医生才能看病。

16.15　支链氨基酸

L–亮氨酸、L–异亮氨酸、L–缬氨酸，这3种必需氨基酸"凑到一起"的时候就是支链氨基酸（BCAA）。

商家普遍宣传BCAA可以保护肌肉，其实从原理上是可以理解的。因为减少能量摄入或者运动都会使肌肉增加释放BCAA，BCAA则会参与代谢生成葡萄糖，可以说BCAA是一种十分重要的"备选燃料"。理论上讲肌肉释放分解过多BCAA，那么就等于肌肉流失，所以支链氨基酸是十分重要的氨基酸，但这并不意味着你需要额外补充它。

首先，运动过程中体内BCAA量的确在不断消耗，但这是人体正常的生理机制，肌肉也在一定程度上降解。举个通俗的例子，一个人每天可以赚1万元，同时他每天也在消费，但消费量都是合理的且完全是可以负担的。我们是无法避免BCAA代谢的，即便你不运动，简单地禁食也会存在这一过程。

其次，健身新手运动时BCAA会消耗多一些，健身老手运动时BCAA的代谢则会更少。在前面讲过，运动时蛋白质（氨基酸）供能大约占了5%，这样算下来即便跑全程马拉松，氨基酸供能也就20克左右，一般健美训练或者力量训练的热量消耗是远远达不到马拉松强度的，所以仅从供能角度考虑，也不用担心BCAA的流失，除非你摄入营养十分不够，或者在禁食。

最后，作为一种膳食补充剂，很多人会忽略饮食中BCAA的含量，而厂商则会一味宣传BCAA的重要性，让人感觉支链氨基酸从食物中很难摄取，或者很容易流失。如果按照每千克体重摄入2克蛋白质（含有必需氨基酸的蛋白质），那么仅从饮食中就可以摄入20克以上的支链氨基酸。很多健身爱好者有饮用蛋白粉的习惯，不少品牌会直接标明一份（一勺）中含有的BCAA的量。如果每天喝一勺乳清蛋白粉，也可以轻松获得大约5克的支链氨基酸。目前也尚无足够的科学证明，普通运动人群摄入高剂量的支链氨基酸会有什么额外益处。

我个人建议BCAA的使用人群为处在备赛阶段的健美运动员。如果健身爱好者要购买并使用BCAA，需要同时满足下面3个条件。

- 肌肉量多（健身老手）。
- 准备减脂的同时开始有氧运动。
- 有氧训练强度比平时大，训练时长比平时长。

蛋白质的合成和分解

通过食物摄入蛋白质之后，身体将蛋白质分解成氨基酸，大约有25%的氨基酸可以直接到肌肉或者各器官中工作，大部分氨基酸（大约70%）都会待在氨基酸的"人才市场"（氨基酸代谢库）等待下一步的工作。在体内，蛋白质合成和分解是不断进行的，氨基酸"人才市场"的氨基酸也在不断合成，同时人体也会不断产生氨基酸（可以理解为分解）进入氨基酸"人才市场"。

蛋白质的合成。很多健身爱好者熟悉的"长肌肉"就源于蛋白质的合成，但是蛋白质合成的不仅仅是肌肉，人体内的各种酶、免疫蛋白、激素等都需要蛋白质合成。"负责和操控"蛋白质合成的则是DNA，体内所有氨基酸在DNA的指导下依据"工作手册"上的"遗传密码"排列组合，最终变成蛋白质。上述氨基酸的工作安排被称为DNA转录生成mRNA（信使RNA）。

蛋白质的分解。人体内的蛋白质依照需求量也会不断分解，一部分进入氨基酸"人才市场"，另一部分则直接分解，这个过程需要"脱掉氨基"。人体内极少数的蛋白质通过膳食补充后直接流失，大部分即便蛋白质分解，也用于供能[转化成葡萄糖（糖原）、脂肪、酮体]，或者直接合成尿素、尿酸等。

16.16 HMβ（β-羟基β-甲基丁酸盐）

HMβ算是较为"新"的补剂，大量出现在20世纪90年代，很多厂商将宣称它可以保护肌肉，并且可以获得更多的肌肉。

mTOR（哺乳动物雷帕霉素靶蛋白）在控制mRNA翻译效率中起着重要作用，HMβ则是通过mTOR来刺激蛋白合成。早期动物实验显示，HMβ对于大鼠血清中脑垂体生长激素mRNA和胰岛素样生长因子1（IGF-1）水平有提高作用，这表明HMβ可能通过生长激素/IGF-1轴刺激蛋白质合成。

让HMβ出名的是一项实验，一些从未锻炼的受试者服用3~7周HMβ以后力量和肌肉显著增长，后续有研究发现HMβ可以抑制肌肉分解、帮助肌肉合成，只可惜该实验结论很难被同行（其他实验室）重复证明。大部分实验证明HMβ即便大剂量使用或者由从未训练的人使用也无任何宣传的增益效果。

实际上HMβ与支链氨基酸类似，它是亮氨酸的代谢衍生物。理论上来讲，亮氨酸在肌肉合成中承担着重要角色，很多品牌的补剂会写明支链氨基酸比例，例如5：3：2等，这就是3种支链氨基酸含量的比例，通常含量最多的就是亮氨酸。尽管HMβ是亮氨酸代谢的衍生物，但毕竟人体自身合成能力是有限的，亮氨酸作为一种必需氨基酸，本身的作用也有限。亮氨酸在蛋白质合成和防止被分解中起到了一定作用，但并不代表着它的衍生物也会有相同的作用，更不代表着额外摄入亮氨酸及它的衍生物会受益。

目前关于HMβ的研究有很多，如果非要说它有用，以目前实验得到的结论来看，HMβ对于从未训练过的新手有一定作用，对老手或者运动员是无效的。在一些分解代谢增加的疾病中，HMβ或许有辅助治疗的作用。

16.17 共轭亚油酸

共轭亚油酸（CLA）是一种亚油酸的异构体，含有共轭双键，是一种特殊空间结构的反式脂肪酸类似物。在很多领域CLA的研究还在持续，它通常被当作既"减脂"又"增肌"的补剂，这源于早期一些比较初级的动物实验研究。

> **MEMO**
> 有的品牌宣传CLA可以"抗糖""抗脂"，但这只是无良商家的虚假宣传，目前尚无任何科学证据证明。

在生物体内，具有活性的共轭亚油酸共有现两种异构体形式，分别为顺-9、反-11（c-9、t-11）和反-10、顺-12（t-10、c-12）。前面说的动物实验就是通过喂养顺9CLA、反11的CLA获得，而反-10、顺-12的CLA则可以"增肌"和"减脂"，甚至"局部减脂"，但是动物实验的结果并不能直接证明人体实验的结论，毕竟动物的消化系统与人体有差异。关于CLA的研究质量参差不齐，大部分质量较高的研究都显示CLA对肌肉的增长以及脂肪的减少没有帮助。

每天我们通过食物摄入的CLA在0.2～0.4克，其中绝大多数是顺-9、反-11。而CLA补剂一份则是2克甚至更多，通常一份CLA产品的CLA含量是1克，产品建议每日一颗，但说明上也会写明"为了达到更好的效果，每日可以吃4颗。"所以通过补剂摄入CLA的量是远超饮食摄入量的。一些人在服用CLA后会出现肠胃不适，这也和摄入量有较大关系。尽管一些研究表明，CLA可以减少脂肪尤其是腹部脂肪的堆积，同时保持肌肉的增加，但通常类似的结果在其他同类研究上无法重复，尽管CLA与脂肪氧化有一定的关系，但目前无法确定外源性CLA摄入量增加以后会有额外的益处。所以在尚无有效的科学实验证明其安全使用量以及绝对有帮助之时，不建议购买。

16.18 几款声称可以"减肥"的添加剂

我们之前简单介绍过咖啡因，很多训练前使用的产品以及所谓的减肥产品中都会含有咖啡因，一些产品宣传中声称咖啡因可以提高基础代谢率。从某些研究上来看，咖啡因的确可以加速脂肪氧化，但并非咖啡因剂量越高越好，相反，相对较低的咖啡因剂量和运动强度，才能略微提高基础代谢率。当运动强度较大，咖啡因摄入量又较多的时候，碳水化合物的代谢则会增加，反而会抑制脂肪的代谢。所以对于减脂来说，咖啡因更大的意义在于可以辅助中枢神经兴奋，从而让运动的时长增加，疲劳感降低。

辣椒、黑胡椒提取物（辣椒素）。一些声称可以局部减肥的涂抹类产品通常含有辣椒素，实际上没有足够的研究表明其有效，并且还可能造成皮肤过敏。一些搭配咖啡因和辣椒素的产品，声称训练前涂抹后可以有效增强局部充血感，但本质上这种充血感只是辣椒素"灼热"皮肤，口服辣椒素可以通过升高体温的方式暂时提高基础代谢率，但作用有限，并且不排除会引起肠胃不适、腹泻等问题。

绿茶提取物。一般来说，绿茶提取物主要指的是茶多酚，茶多酚本身是一种抗氧化剂，但目前的研究结果并没有达成统一的共识。有些研究显示必须摄入较大剂量的茶多酚才能加速脂肪代谢，并且大部分研究结果基于动物实验，无法直接得出人体会获得同样的收益的结论，同时也缺少长期使用绿茶提取物的研究。

铬。一般品牌方会宣称摄入铬可以增加胰岛素的敏感性，并且加速脂肪消耗，但是缺少足够的科学证明。

瓜拿纳提取物。瓜拿纳提取物的活性成分的作用与咖啡因类似，但是相关研究很少。其多存在于一些运动饮料和辅助体重控制的产品中。

16.19 ZMA锌镁威力素

ZMA经常被归为"促睾"类产品，可增加内源性睾酮的分泌。ZMA本质上就是锌和镁以及维生素B族，"单纯的补锌可以促进自身内源性激素的分泌"，这个说法并没有经过大量的科学论证。锌和镁的缺乏确实会影响运动表现以及内分泌水平，但不缺乏的情况下额外补充没有任何意义。

曾经ZMA的确声名显赫，这主要源于一次"兴奋剂"丑闻。美国有个实验室叫BALCO，ZMA就是这家实验室发明的，当时的ZMA真的很"管用"，很多运动员的成绩提高都得益于ZMA。

当时自媒体和网络尚不发达，一些奥运冠军对ZMA的背书无疑是很好的宣传，难道单纯地增加锌、镁和维生素B族有这么大的作用吗？答案是否定的。实际上BALCO实验室一直违规在产品里面添加了合成类固醇THG（Tetrahydrogestrinone），只是当时无法检测出来。

反兴奋剂检测好比从一堆人的照片中找出某个人，你必须先知道这个人的样貌，否则即便他和你面对面你也很难判断出来，这也是为何ZMA在有违禁品添加的情况下销售了多年。后来由于分赃不均，一名教练举报了BALCO实验室的违规行为，而这时ZMA已经在市面上热销了十几年。目前的ZMA只是锌、镁和维生素B族的补剂，如果你的饮食中缺少这类营养素，可以考虑使用补剂。

16.20 市面上那些"促睾"补剂靠谱吗

"促睾"类产品是补剂里面的灰色产品，其有过多尚不明确以及虚假宣传的广告，同时利用使用者自我感觉良好的安慰剂效应。

促睾类产品是补剂下面的一类商品，受到法规的制约，所以能用的原料是有限的。促睾类产品本质上只是将一大堆维生素、矿物质、氨基酸以及一些可能存在研究价值但目前机制尚不明确的成分排列组合在一起，最后再起一个不错的名称。如果一种补剂可以极大地提升内源性激素水平，那么它为什么"屈尊"待在补剂的分类里，医药行业更需要它。

在补剂的历史中，三类产品比较容易出现违规添加，分别是促睾类、减脂类以及氮泵类产品。减脂类和氮泵类产品容易出现的违规添加有重合，例如麻黄碱、苯丙胺类化合物等，也就是兴奋剂，因为它们可以让你兴奋度提升，从而减少运动中的疲劳感，而促睾类产品则往往违规添加合成类固醇。

很多人只看到了违规添加物质的作用，没看到它的副作用。如果一个成分现阶段得到的结果是作用和副作用同样明显，那它依旧会被管制，也就是说，一部分违禁品被管制的原因是因为它的副作用太大，并且这种副作用通常危及生命和健康。

当然并不是所有的补剂厂商都有胆量违规添加，绝大多数厂商采用的还是比较原始的手法——虚假宣传。早在1993年就有研究人员针对市面上几乎所有的补剂品类进行了评估（624种针对健美爱好者的补剂产品），存在800多种的功能宣传，绝大多数并没有相关的科学研究支撑，并且多数存在误导性宣传。即便过去了很多年，补剂的分类和1993年并无大的差异。

最后，不要笃信现阶段有补剂可以安全地让你加速肌肉增长，如果有这种产品，它不会出现在补剂的分类下，而是会服务于医疗，成为那些激素治疗的替代品。

17

微量营养素——维生素、矿物质

　　维生素和矿物质是常见的补剂或者保健品，不论你是否了解这些产品，你都或多或少地阅读过相关的信息或者广告文案，例如嘴唇干裂、皮肤干燥，总会让你感觉自己缺少了某些维生素；抽筋、关节疼痛，你首先想到的可能就是缺钙。甚至有人会参照维生素、矿物质缺乏症状的对照表来判断自己是否缺乏维生素、矿物质。但是，你真的缺乏这些微量营养素吗？本章我们来聊聊微量营养素。

一些人经常出现"缺维生素"的恐慌。一方面是因为我们经常听到这样的说法：××维生素十分重要，××维生素从饮食中不容易获取，××维生素在烹饪中大量流失等。另一方面是因为，我们常常在不确定自己是否真的缺乏某些维生素、矿物质的前提下，被动接触了很多维生素缺乏以后可能会生病的案例。所以在正式进入本章的学习之前，我希望每个读者带着一个问题阅读下面的内容，那就是——我真的缺乏维生素吗？

17.1　可以通过食物补充微量营养素吗

人体对维生素和矿物质并不像对蛋白质、碳水化合物或者脂肪需求量那么大，对后者的需求量通常以克为单位，而对维生素和矿物质的需求量通常以微克、毫克为单位，所以才叫微量营养素。维生素和矿物质对维持人体的生理功能十分重要，如果长期缺乏则会引发一系列健康问题。我们经常看到那种恐吓式的"科普"文章，告诉你某种营养素缺乏以后会有什么样的症状，实际上出现那种症状，是长期缺乏某种营养素的结果。

一个人是否缺乏营养素，在医院通过体检就可以得知，然而面对维生素和微量元素补充的时候，很多人会感觉自己缺乏维生素，还有的人感觉食物中的微量元素不足。

很多人预防性地补充微量营养素，先入为主地认为通过食物是无法获取足够的营养素的。有时媒体广告甚至会告诉你如果你想补充够营养，你需要吃很多食物，而吃我们的产品则不用吃这么多食物。然而一个人是否缺乏微量营养素，通过体检就可以查出来，没有什么比这种方式更为直接。

对于现代人来说，我们很难缺少微量营养素，尽管不同的烹饪方式对食物的营养价值有影响，但我们今天摄入的食物总类、总量都很多。有人说现代人摄入的食物营养价值降低，这种说法本身就欠妥，缺乏足够的数据支撑。今天我们吃到的蔬菜、水果种类是很多的，运用一些低温储存技术也可以保留食物中绝大多数的营养，并且随着物流和种植技术的提高，在种类丰富的基础上我们可以吃到四季的蔬菜、水果。如果说父母那一代人小时候会出现微量营养素不足的情况，那还是有可能的，毕竟蔬菜、水果都是应季的。但对于生活在现代的人，即便我们吃的食物营养素大不如前，但食物种类和总量都是异常丰富的。

健康人群在膳食均衡的前提下是不可能缺少微量营养素的。如果缺少微量营养素，应该主要考虑补充食物，选择膳食补充剂不算一个好方案。职业运动员在备赛阶段，运动量尤其是有氧运动会增加，可以考虑增加一些营养素的摄入量。

17.2　自由基与抗氧化剂

我们熟知的很多维生素都有抗氧化功能，例如常见的维生素C。抗氧化指的就是对抗自由基。

自由基是一种有强烈活性的分子，人体正常新陈代谢就会产生自由基。前文讲了很多营养素的吸收与利用，例如常见的供能营养素，人体在摄入能量的同时也在利用能量，这一过程就是新陈代谢。此期间在氧气的参与下，人体将食物吸收并分解成可利用的能量，同时产生自由基。可以这么说，你是无法避免自由基的产生，除非你不呼吸。

你肯定听过一种说法叫"对抗自由基"，这种说法基于一种假说，即自由基会损伤遗传物质、加速衰老、引发癌症等。类似说法把自由基完全批判成了一个"反派"，实际上正如我们现阶段无法选择不呼吸一样，自由基的产生也是不可避免的，即便自由基活性比较强烈，但它"不守规矩"的一面依旧是受约束的。例如在新陈代谢的过程中，线粒体生成能量的同时，也会用双层膜将自己保护起来，同时体内可以自己产生抗氧化物质，同时也可以依靠食物摄入抗氧化物质来清除自由基。

总的来说，如果你的膳食结构和生活方式健康，是不用担心自由基的危害的，相反，过量运动、抽烟、过多的紫外线光照、不均衡膳食等，才是我们应该注意的。一方面，自由基并不只来自人体自身；另一方面，人体本身有清除自由基的机制，例如各国推荐的膳食指南中，蔬菜、水果、粗加工的谷物等都占了一天饮食中相当多的部分，这些食物中本身就存在着多种抗氧化剂，就能够预防或者对抗自由基对人体的"损伤"。

17.3 微量营养素相关名词解释

水溶性维生素。水溶性维生素可以溶于水，大部分水溶性维生素都是辅酶。目前尚未发现体内组织可以储存水溶性维生素，它主要分布在体液中。水溶性维生素的摄入量如果低于推荐量的50%，大约在四周内就会出现边缘性缺乏维生素的状态。通常水溶性维生素不会出现过量的情况，即便大量摄入，多数水溶性维生素也会随尿液排出，出汗、剧烈运动也会造成微量的水溶维生素流失。

脂溶性维生素。脂溶性维生素可以溶于脂肪，通常储存在体内的脂肪组织中，无须每天摄入。从脂溶性维生素缺乏到出现明显的症状表现可能要几年的时间。水溶性维生素主要通过尿液排出，相比之下脂溶性维生素不容易排出，所以会有摄入过量的风险，长期吃低脂饮食或者限制脂肪摄入，会加速脂溶性维生素的缺乏。除了维生素D之外，机体不能合成其他维生素，必须通过摄入食物获取。

辅酶。辅酶是酶起催化作用所必需的小分子有机物质，能加速化合物的转化。辅酶直接参与化学反应。如果把酶理解为一个拆卸工人，辅酶则相当于它的助手或者拆卸工具，在化学反应过程中，辅酶保持不变并进一步参与反应。

矿物质。人的体重中约有4%来自矿物质，矿物质主要由金属元素构成。人体内的矿物质主要与其他元素结合，例如骨骼中的磷酸钙，少数以游离形式存在。矿物质过量会产生一定毒性。

矿物质分类（常量与微量）。矿物质分为常量元素和微量元素，之前我们说过矿物质重量约占人体体重的4%，在这4%中，占比较高的矿物质就是常量元素，占比较低（需要量少）的则是微量元素。FAO以及WHO将微量元素分为三类：第一类是人体必需的微量元素，包括铁、碘、锌、硒、铜、钼、铬、钴八种；第二类为人体可能必需的微量元素，包括锰、硅、镍、硼、钒五种；第三类则是具有一定潜在毒性，但在较低剂量时人体可能必需的微量元素，如氟、铅、镉、汞、砷、铝、锂、锡八种。

矿物质的来源。食物营养素的消化吸收场所主要是小肠。对于矿物质来说，动物性食物来源的矿物质更容易被小肠吸收。除了镁之外，动物性食物通常都含有大量矿物质，一部分原因在于植物性食物通常含有较多的膳食纤维，它在一定程度上会影响矿物质（如钙、铁、镁、磷）的消化吸收；另一部分原因在于有些含有矿物质的植物性食物本身吸收、利用率就偏低，例如菠菜的钙吸收率仅有5%左右。

矿物质的相互作用。绝大多数矿物质分子量基本相等，在消化吸收过程中出现"竞争关系"。例如钙和锌在吸收过程中就存在竞争关系，铜和锌有拮抗作用，锌影响铜吸收，铁影响锌吸收，钙、磷、镁影响铁吸收。

不用过于担心矿物质的相互作用，只有摄入量达到一定程度，一种矿物质才会对另一种矿物质的吸收产生很大的影响。如果要吃补剂，可以分餐补充。

17.4　认识微量营养素

下面通过一张表带大家认识微量营养素（见表17.1）。

表17.1　微量营养素（维生素与矿物质）

营养素名称	功能	与运动表现的相关性	膳食来源（食物）
维生素A（脂溶性维生素）	保护视觉和上皮组织等，主要储存在肝脏部位，植物中不含有已形成的维生素A，但有类胡萝卜素，例如β-胡萝卜素是一种抗氧化剂	目前尚无证据证明额外补充维生素A有助于运动表现的提升，并且短时间内维生素A摄入不足，不会出现明显的缺乏症表现。维生素A摄入过量可导致肝损等问题	肉类、禽蛋类、动物肝脏、鱼肝油、牛奶以及乳制品，类胡萝卜素常见于绿叶蔬菜、橘红色的水果等
维生素K（脂溶性维生素）	又叫凝血维生素，促进凝血，体内储存量较少，主要储存在肝脏中	目前没有证据表明维生素K和运动表现有相关性	绿叶蔬菜、水果、肉类以及粗加工的谷物制品
维生素B_1（水溶性维生素）	是能量代谢（蛋白质和碳水化合物）中的辅酶，协助化学反应	尚无定论，证据有限	豆类、谷物（粗加工谷物）、动物肝脏、动物肾脏、肉类、蔬菜、水果、蛋黄、葵花籽等。叶酸缺乏会导致维生素B_1吸收障碍，过量饮茶和饮酒会降低维生素B_1的吸收、利用

营养素名称	功能	与运动表现的相关性	膳食来源（食物）
维生素B₂（水溶性维生素）	有氧能量代谢中，维生素B₂在线粒体电子传递过程中作为辅酶	影响有限，膳食中严重缺乏维生素B₂的受试者，补充维生素B₂会提升运动表现	广泛存在于各类食物当中，肉类、动物肝脏、乳制品、豆类、谷物（尤其是粗加工谷物）、蔬菜、禽蛋类等。过量的酒精、咖啡、铜、铁、锌离子会影响维生素B₂的吸收
烟酸（水溶性维生素）	参与多种氧化还原反应（三羧酸循环、葡萄糖酵解、酮体生成、氨基酸代谢），最初以氧化尼古丁获取，有可能烟酸的名称因此获得	尚无证据表明增加烟酸的摄入量会提升运动表现，但有少量证据显示过量摄入烟酸有可能影响脂肪氧化以及有氧耐力	通常富含蛋白质的食物都是烟酸的主要来源，一些粗加工的谷物、蔬菜中也含有烟酸。蛋白质摄入增加时，烟酸的摄入可相应减少，因为色氨酸在体内可转化成烟酸，平均每60毫克色氨酸可转化为1毫克烟酸
泛酸（水溶性维生素）	它是辅酶A的组成部分，对于三羧酸循环和糖异生意义较大	目前尚无证据表明增加泛酸的摄入量与运动能力提升有关系	肉类、粗加工的谷物类、动物肾脏与心脏、绿叶蔬菜、坚果类、鲜蘑菇、紫菜等

营养素名称	功能	与运动表现的相关性	膳食来源（食物）
维生素B$_6$（水溶性维生素）	蛋白质和碳水化合物（氨基酸和糖原）氧化时的辅酶，长期、过量补充维生素B$_6$可能引起血小板聚集和形成血栓	目前尚无证据表明多摄入维生素B$_6$会提升运动表现，如果有氧耐力运动增加（如减脂控制热量时），可以适当增加维生素B$_6$的摄入量（每日1.5~2.3毫克）	肉类（白肉中含量较高）、动物肝脏、禽蛋类、粗加工的谷物（尤其是小麦）、蔬菜、坚果等。通常动物性食物来源的维生素B$_6$利用率优于植物性食物来源。增加蛋白质摄入可能会引起维生素B$_6$的相应降低，一般建议的适宜比值是，0.016毫克维生素B$_6$/1克蛋白质
生物素（水溶性维生素）	又称为维生素H、辅酶R等，属于维生素B族，是参与氨基酸代谢与糖异生的辅酶	目前尚无证据表明增加生物素的摄入量对运动能力有提升	禽蛋类、动物肝脏、豆类、绿叶蔬菜、坚果类、粗加工的谷物等
叶酸（水溶性维生素）	作为一种辅酶对氨基酸、DNA的合成十分重要，同时也能促进细胞的生长、修复	目前尚无证据表明额外增加叶酸的摄入量会提升运动表现	绿叶蔬菜、水果、动物肝脏与肾脏、禽蛋类。维生素C、锌、葡萄糖可以帮助叶酸吸收。过量补充叶酸（超过350毫克）可能会影响锌吸收

营养素名称	功能	与运动表现的相关性	膳食来源（食物）
维生素B$_{12}$（水溶性维生素）	唯一一有金属元素的水溶性维生素，与叶酸共同参与血红蛋白的形成，在体内以两种辅酶的形式存在，甲基B$_{12}$和辅酶B$_{12}$	目前尚无证据证明额外增加维生素B$_{12}$的摄入有助于提升运动表现，纯素食者容易缺乏维生素B$_{12}$，摄入量过少风险较大	主要存在于动物制品中，如牛奶、乳制品、禽蛋类、鱼类，蛋奶素食者一般不用担心缺乏维生素B$_{12}$。一般来说，即使膳食中不含有维生素B$_{12}$，体内储存量也可以维持6年的时间
维生素C（水溶性维生素）	可以抗氧化，参与合成5-羟色胺、儿茶酚胺和肉碱。一般来说健康人群体内维生素C储备约为1500毫克，峰值为3000毫克。过量摄入维生素C会导致草酸盐排泄量增加，可能会导致泌尿系统结石	补充维生素C对运动能力的影响研究已经有几十年了，目前学界尚无统一的有效结论。目前仅证明维生素C摄入不足的人群，通过增加维生素C的摄入量，可以提升运动表现	广泛存在于蔬菜和水果中，如橘子、柚子、橙子、奇异果、草莓、西红柿、花椰菜等。维生素C的摄入量会影响吸收率，摄入量为30~60毫克时，吸收率高达100%，当摄入量增加到1500毫克时，吸收率几乎下降一半

营养素名称	功能	与运动表现的相关性	膳食来源（食物）
维生素D（脂溶性维生素）	用于维持血浆中钙和磷的水平稳定，利于钙的吸收和利用，骨骼矿物质化、肌肉收缩、神经传导等，主要储存在肝脏部位。目前已知的维生素D族至少有10种，我们比较熟知的是维生素D$_2$（麦角钙化醇）和维生素D$_3$（胆钙化醇），它们的作用机制相同	有部分研究显示，运动表现接近峰值时，体内维生素D水平也达到峰值；体内维生素D水平较低时，运动表现也会下降。维生素D过量可引起高钙血症，并且可导致软组织钙化以及肾结石	禽蛋类、深海鱼类（如金枪鱼、鲑鱼、鲱鱼）、贝类（如牡蛎）、虾类富含维生素D
维生素E（脂溶性维生素）	通常维生素E也被称作生育酚，但α-生育酚只是维生素E族中八个同分异构体中的一个，只不过生育酚被认为最具生物活性，主要作用是抗氧化。维生素E主要储存在全身脂肪组织中，肝脏和肌肉中的储存量略少，血液中维生素E主要分布在脂蛋白中	大部分实验显示额外增加维生素E的摄入对运动表现的提升没有作用。有部分研究显示额外增加维生素E的摄入有助于提高最大摄氧量。绝大多数实验针对高海拔的运动项目。同时有部分实验证明维生素C和维生素E同时补充时，有助于减少氧化应激的产生，但是具体机制尚不明确	植物油，如花生油、橄榄油、芝麻油、菜籽油等，水果，如苹果、奇异果（猕猴桃）等，蔬菜，如蘑菇、芹菜、菠菜等，坚果类，肉类等。橄榄油、瓜子油、胚芽油含有RRR-α-生育酚，玉米和大豆中主要含有γ和δ生育酚

营养素名称	功能	与运动表现的相关性	膳食来源（食物）
胆碱（维生素B族）	肌酸、磷脂、乙酰胆碱的重要组成部分	初步研究认为，在时长较长的运动项目中，补充胆碱有助于提升运动表现	动物肝脏、禽蛋类、蘑菇、绿叶蔬菜、贝类、鱼类。胆碱耐热，高温烹饪对它的影响较小
铁（矿物质）	对氧气的输送和利用十分关键，铁是红细胞的主要成分，铁是肌红蛋白的重要组成部分（占比5%左右），30%的铁储存在组织中，70%的铁参与有氧代谢	补充铁对功能性铁缺乏的人有提升运动表现的作用。功能性铁缺乏表现为血清铁蛋白下降，红细胞铁含量降低。定期进行耐力训练的人，尤其是女性（特别是运动员）应该注重铁的补充，女性月经期30~60毫升的血液流失会导致15~30毫克的铁流失	富含铁的食物大多是动物性来源，如牛肉、禽蛋类、金枪鱼、牡蛎等，植物性来源如菠菜、豆类。植物性食物来源的铁元素通常是三价铁或者非血红素铁，吸收率为2%~10%，动物性食物来源的铁元素通常是二价铁或血红素铁，吸收率为10%~35%。整体来说，铁的吸收量约占摄入量的15%，肉类蛋白质和维生素C可以促进非血红素铁的吸收，胃酸减少，茶或者咖啡中的多酚类摄入过量，以及草酸或者其他矿物质（锌、镁、钙）补充过量都会影响铁的吸收

营养素名称	功能	与运动表现的相关性	膳食来源（食物）
镁（矿物质）	镁参与体内多种代谢，包括促进葡萄糖在血液中运输形成肝糖原和肌糖原，以及参与能量代谢中葡萄糖、脂肪和氨基酸的分解	关于补充镁对运动表现的提升，目前的研究并无统一结论。一次高强度的无氧运动后，镁的流失会增加，但在第二天会恢复到之前的水平。有限的研究认为以糖酵解供能为主的训练可能需要更多的镁	海苔、坚果类（如杏仁、芝麻、核桃等）、海产品、粗加工的谷物和乳制品等
锌（矿物质）	锌（含有锌的酶）参与能量代谢和气体交换	缺乏锌会影响运动表现，在不缺乏锌的前提下，额外补充锌对运动表现没有提升作用，并且锌元素摄入过量会影响铜和铁的代谢	肉类、海鲜、豆类、粗加工的谷物都含有丰富的锌。维生素D可以促进锌的吸收，植物性食物中通常含有植酸、鞣酸以及膳食纤维，不利于锌的吸收
铜（矿物质）	帮助非血红素铁形成血红蛋白，参与铁的代谢以及有氧能量的产生	没有确切证据证明缺乏铜会影响运动表现	动物内脏、坚果类、豆类、粗加工的谷物。铜的吸收率受膳食铜摄入量的影响，膳食中铜摄入量增加，吸收率则下降，膳食中蔗糖、果糖、维生素C、锌、铁、钼摄入过多时会影响铜吸收

营养素名称	功能	与运动表现的相关性	膳食来源（食物）
钙（矿物质）	人体内含量最为丰富的矿物质，和磷结合形成骨骼和牙齿。离子形式的钙在肌肉活动、神经传导、血液凝固、跨细胞膜转运等方面有着重要的作用	充足的钙对骨骼健康有着重要的作用。有动物实验证明，肌肉细胞中钙离子平衡发生改变有可能会影响肌肉疲劳，目前没有证据表明额外增加钙摄入有助于运动表现的提升，但钙摄入不足则有可能增加骨质疏松的风险。适度摄入维生素D有助于钙吸收，过量摄入肉类、含咖啡因的饮料、酒精、盐则会影响钙吸收	牛奶、乳制品（如奶酪、酸奶）、花椰菜、菠菜、杏仁、鱼类。钙的补剂通常不会引起肠胃不适，但葡萄糖酸钙、碳酸钙通常有可能会引发便秘，尤其针对胃酸水平较低的人群（如老年人），另外很多人在购买补钙产品的时候通常忽略了钙的实际含量，只关注补剂的整体钙含量，通常碳酸钙制剂每份含钙40%，柠檬酸钙制剂每份含钙21%，葡萄糖酸钙制剂每份含钙9%
磷（矿物质）	参与能量代谢与能量缓冲，是人体内三磷酸腺苷、磷酸肌酸的主要成分	目前大部分实验证明额外补充磷对有氧和耐力运动表现的提升没有帮助	肉类、禽蛋类、坚果、豆制品

营养素名称	功能	与运动表现的相关性	膳食来源（食物）
硒（矿物质）	可抗氧化，参与甲状腺激素的代谢	目前尚无证据表明增加硒的摄入可以改善运动表现	肉类、动物肝脏、海产品、粗加工的谷物、花椰菜。植物性食物中的硒含量主要取决于土壤中的硒含量
铬（矿物质）	加强胰岛素的作用（调节糖代谢）	动物实验表明，补充铬可以降低动物在应激状态下血清的皮质醇水平，目前对于铬可以改善运动表现的结论存在争议，同时缺少足够的证据证明，铬对健康人群的糖原恢复、运动表现改善有帮助	粗加工的谷物、肉类和贝类，少量存在于水果和蔬菜中。维生素C可以促进铬吸收
钠（矿物质-电解质）	一种细胞外的阳离子，占细胞外阳离子总量的90%。体内钠的重量占总体重的0.15%，骨骼中也含有钠，细胞内液中的钠含量较低。钠的阳离子对应阴离子构成渗透压，用于保持体液平衡以及肌肉收缩、神经传导	大量出汗、低钠饮食、腹泻等体液流失的情况可能导致体内钠含量过低，甚至出现低钠血症，但低钠血症的发生率很低。正常训练导致的出汗，哪怕体重下降2%左右（出汗造成）时，绝大多数人通过额外补充一点儿盐即可恢复钠水平	盐（氯化钠）以及绝大多数食物都含有钠

营养素名称	功能	与运动表现的相关性	膳食来源（食物）
钾（矿物质-电解质）	一种细胞内的阳离子（约占总量的98%），具有体液调节的作用（维持体内渗透压），帮助糖原储存和葡萄糖转运以及ATP的产生	钾缺乏通常发生在患某些疾病或者是长期禁食的人身上，正常进食不容易发生钾缺乏。高温下长期运动或持续长时间运动且出汗量较多的人可以考虑适度补钾	绝大多数食物中都含有钾，主要存在于蔬菜和水果中，豆类也含有钾，含钾较高的食物有紫菜、黄豆、香菇（冬菇）
氯（矿物资-电解质）	钠、钾、氯主要以电解质的形式存在于体液中，用于体液调节、神经传导以及肌肉收缩，同时氯也参与胃液中胃酸的形成。氯离子和钠离子是细胞外液中维持渗透压的主要离子，钠、钾、氯在平衡细胞内、外液体环境之间的营养物质和代谢废物交换中起到重要作用	腹泻、出汗、呕吐、肾功能病变、使用利尿剂等会造成氯的流失，但正常饮食的人往往很难缺乏氯，通常我们的摄入量都是大于实际需求的	食盐（氯化钠）
其他矿物质	锰、硼、矾、钴、氟、碘、钼都具有一定的生理功能，但目前研究较少		

17.5 AIS运动补剂纲要

实际上从出现补剂的那天开始，就充斥着各种夸大宣传的广告，很多消费者无法自主判断一个补剂真正的作用，所以以AIS补剂分类更像是帮助你了解补剂的一个指南。

AIS指的是澳大利亚体育学院，其从功能、形式、获取方式以及对声称的作用科学评价等几个方面为补剂做了分类，这样做的好处是可以让运动员更好地了解这类商品，避免发生错误服用的情况。新版的AIS补剂分类基本上已经将C类补剂取消，将原有C类补剂划分到了B类中。本质上B类和C类都属于缺乏学界共识的补剂，按照AIS原有评价，C类中的补剂支持证据更少。另外，ISSN（国际运动营养协会）依旧按照一类、二类、三类区分补剂，定义方式与表17.2所示一致。

如果你详细看表17.2不难发现，益生菌在改善肠道健康方面可以被划分为A类，但在提高免疫力方面则被定义为缺乏足够的证据的C类，未来我们不排除某些补剂在某个方面的作用得到学界共识，从而"升级"的可能性，但一个补剂的升级并不能仅仅看它的分类，而要看它的"功效"。

表17.2　补剂分类等级和包含的产品

补剂分类等级和使用说明	分类等级中包含的产品
A类：被认可的补剂 定义和解释：可以为运动员提供膳食营养，并且及时补充该膳食营养或者营养素、能量，或者有科学实验表明，在运动的情况下，按照特殊方法使用对运动能力提升有帮助	运动饮料、液态（流质）膳食补充剂、能量胶、运动棒（蛋白棒、能量棒、坚果棒等）、咖啡因、肌酸、柠檬酸盐和碳酸氢盐、抗氧化剂（维生素C、维生素E）、电解质类产品、复合维生素以及矿物质补剂、补铁类产品、补钙类产品、维生素D、益生菌（改善肠胃健康方面）

补剂分类等级和使用说明	分类等级中包含的产品
B类：可以考虑的补剂 定义和解释：缺少足够的科学证据证明其有用，例如可以改善健康或者提升运动能力，但是运动员和教练仍旧对它感兴趣，同时有些产品出现的时间太短，具体"功效"还在研究中，有些则是有少数初级研究认为它可能有益处	β-丙氨酸（新版已经是A类）、谷氨酰胺、HMβ（β-羟基β-甲基丁酸盐）、牛初乳、益生菌（提升免疫力方面）、核糖、褪黑素、氨基葡萄糖（氨糖）
C类：没有足够科学证据证明其有效的补剂 定义和解释：基本包括大部分补剂广告中的产品，通过各种渠道直接或者间接向健身爱好者宣传、出售，但尚未有确凿的证据证明其有宣传中声称的作用 秉着科学的态度，尽管无法直接声称它没用，但也没有直接科学证据证明它有用，在这样的前提下，所有对运动有益的说法都源自品牌方的宣传	氨基酸、左旋肉碱、甲基吡啶铬、冬虫夏草、红景天、辅酶Q10、谷维素、人参、肌酐、一氧化氮增强剂（精氨酸、AAKG等）、富氧水、丙酮酸盐、ZMA等
D类：被禁止的补剂 定义和解释：这类补剂绝大多数被反兴奋剂组织禁止，或者在使用中存在健康风险，或者会影响兴奋剂检测的结果	雄烯二酮、脱氢表雄酮（DHEA）、去甲基雄烯二酮、去甲基雄烯二醇、蒺藜皂甙和其他促睾酮类补剂、麻黄等

补剂分类中A类只针对声称的功能和实际功能相符的补剂，例如蛋白粉声称可以补充蛋白质，它确实可以补充蛋白质，这就是声称功能和实际功能相符。

18

你可能想了解的问题

第18章

18.1 刚开始锻炼，应该减脂还是增肌

第一，不要想太多，直接开始锻炼。

如果你有规律地开始锻炼了，那么从你系统地、有规划地运动那一刻开始，你的肌肉在增加，你的脂肪也在减少。

第二，看看自己的BMI，它的计算方式是体重（千克）除以身高（米）的平方，得出结果后参考下面的数值。

成人的BMI

体重过低：BMI < 18.5。

体重正常：18.5 ≤ BMI < 24。

超重：24 ≤ BMI < 28。

肥胖：BMI ≥ 28。

例如一位成年男性体重是80千克，身高1.7米，那么他的BMI为：80除以1.7的平方，结果约为27.7，对照结果，这位成年男性超重。

尽管BMI并不能百分百体现一个人的肥胖程度（尤其不适合运动员），但对于非运动人群来说，它的结果还是具备一定的参考价值。如果你的BMI在超重或者临界超重数值，那么你在训练的同时要额外注意饮食结构。

第三，如果你不相信BMI，可以对着镜子看下自己的腹部，一般看不见腹肌的话，皮下脂肪一般都大于等于20%，想要看到腹肌，男性皮下脂肪一般要保持在15%。

第四，不要太过于纠结自己是需要减脂还是增肌，本质上来说，你只要做阻力训练，那就是在增肌。对于绝大多数人来说，有规律地训练，只是在保持健康体脂下慢慢增肌。

18.2　新手如何入门

在这里，我们讲的是习惯的养成，目的是增强你的内部动机，最终让你发现运动的乐趣，而不是冲动锻炼。

开始锻炼之前，先客观评估一下自己的运动时间成本，我之所以强调"客观"，是因为很多人都会高估自己的运动热情，也就是冲动锻炼，要知道运动产生的疲劳很容易影响工作和生活。如果实在不知道怎样开始，那就从每周2次锻炼，每次运动1个小时开始。

运动的时间成本慢慢叠加是一种不错的选择，让身体逐渐产生适应性，这对运动心理也是有好处的。很多人开始锻炼时就安排一周四五次训练，甚至安排得更多，尽管看上去很努力，但这种运动计划一旦无法坚持，就很容易影响内部动机。例如因为没有锻炼，或者锻炼次数减少而产生很强的焦虑情绪。所以正确的锻炼应该是慢慢融入生活，并且让自己的机能更好，精力更充沛，精神面貌更好。

18.3　几分化训练更好

对于新手来说，运动的时间成本中，包含了学习成本。

有些器械的学习成本很低，例如跑步机、椭圆机，虽然使用不当会出现伤病问题，但是概率并不高。有些器械的学习成本则比较高，这里包括固定器械和自由重量的器械，总之你在安排分化训练之前，需要一段时间来学习动作，而且在熟练掌握动作之前，不要盲目增加重量。

在训练前重视热身和动态拉伸，训练中也不要自尊心作祟，盲目地以变形的动作做大重量训练，请记住，练好了很难，但是练伤很容易。分化训练实际上就是在一个周期内把身体的肌肉练完，如何安排分化训练，其实是很灵活的事，应该根据自己客观的情况进行安排。表18.1为三分化训练示例。

表18.1　三分化训练示例

日期	周一	周二	周三	周四	周五	周六	周日
训练安排	胸	背	腿	休息	胸	背	腿

这样的安排，一周针对同一个部位的锻炼可以循环两次，也就是锻炼两次，中间休息一天，时间成本也比较高，并且很多人一周锻炼两次腿，可能无法高质量完成。假定一个人一周有4次训练时间，如何安排计划呢？常见的就是锻炼一个目标肌群加一个主要协同肌群，例如锻炼背部时肱二头肌是主要的协同肌群，所以这两个部位可以一起锻炼，既锻炼了背部，又锻炼了协同肌群，训练安排如表18.2所示。

表18.2　训练安排一

日期	周一	周二	周三	周四	周五	周六	周日
训练安排	胸、肱三头肌	背、肱二头肌	腿、腹部	休息	三角肌、上胸	休息	休息

如果你觉得这样安排还不够，也可以单独训练一天，如表18.3所示。

表18.3　训练安排二

日期	周一	周二	周三	周四	周五	周六	周日
训练安排	肱三头肌	背	休息	腿	三角肌	肱二头肌	胸

总之，训练的安排是很灵活的，表中举例的都是以一周为单位的训练安排，你也可以3天一个循环——胸、背、腿，然后休息1~2天，再锻炼小肌肉群，或者大肌肉群与一个协同肌群。总之，分化训练并不是一成不变的，计划安排时主要考虑两个因素。

- 你的时间成本。
- 你整体的计划以及恢复情况。

你也可以将弱项部位在循环中安排2~3次训练，例如三角肌薄弱，那么练胸的时候，可以作为协同肌群练一次，但是胸部动作主要锻炼三角肌前束和中束，练背的时候，可以增加一次三角肌后束的训练，因为后束几乎参与了所有背部的动作，然后再拿出一天单独练三角肌。而且计划并不是一成不变的，例如你预计休息一天，结果身体并没有恢复，这个时候可以延长一天休息的时间。

18.4　决定力量大小的因素是什么

骨骼肌的横截面积。骨骼肌就是大部分人概念中的肌肉，增肌的过程实际上就是肌纤维不断肥大的过程，肌纤维越粗，横截面积越大，力量也就越大。但是骨骼肌横截面积与力量的关系并不适用于羽状肌（肌纤维倾斜着排布在肌腱上，看上去像羽毛，例如股直肌、三角肌），因为羽状肌的肌纤维走向同作用力的方向存在一个角度，俗称为羽状角，在这种情况下除了考虑骨骼肌的横截面积，还应该考虑羽状角，羽状角越大，产生的力也就越大。

肌纤维数量和类型。肌纤维数量决定了骨骼肌横截面积的基础，肌纤维数量很大程度由基因决定，也就是先天决定。肌纤维大致上分为两类——白肌纤维和红肌纤维。不同类型的肌纤维可以直接影响肌肉收缩，白肌纤维的收缩力比红肌纤维要大，因此白肌纤维多的人通常力量也大。也可以这样理解：白肌纤维负责肌肉力量，红肌纤维负责肌肉耐力。

肌肉的收缩。肌肉收缩大致分为三种类型：向心收缩、等长收缩和离心收缩。

肌肉在收缩的时候长度不变就是等长收缩，肌肉的等长收缩通常出现在我们维持某一个姿势时。

当肌肉收缩时候，肌肉的长度缩短就是向心收缩，例如哑铃弯举时，前臂弯曲，哑铃被举起，这个时候肱二头肌收缩隆起到最大，同时变短。

肌肉在收缩的时候产生张力的同时被拉长就是离心收缩，例如逐渐下放手臂的时候，肱二头肌被拉长，这个时候就是离心收缩。

三种肌肉收缩力量的对比。不考虑每个人身体比例、关节力矩等，肌肉产生的力量大小取决于肌肉收缩的类型和肌肉收缩的速度。假定同一块肌肉在收缩速度相同的条件下，离心收缩产生的力量最大。离心收缩前拉长肌肉，使其在收缩前被拉长后迅速收缩也会影响力量（如先做离心式拉长，再做向心式收缩）。例如跳高、跳远的过程中，并不是直接完成向心收缩，而是需要先进行下蹲，然后起跳，使肌肉拉长后迅速缩短，以增强向心收缩力，增加弹性能量，这在很多体育项目中存在。

神经因素。神经调控着肌肉活动，在一项运动中，神经可以调动的肌纤维数量越多力量则越大，那么如何能让神经调动更多的肌纤维呢？在日常生活中，当我们面对一项陌生的工作、劳动、运动时，在初始阶段都会显得笨手笨脚，当你熟练掌握动作之后，就不会出现新人常犯的错误，从"万事开头难"到"熟能生巧"期间，发生的变化有一部分要归功于神经调动。一些研究发现，不经常运动的人群通常只能调动肌肉中69%的肌纤维参与收缩，而那些健身老手则可以调动肌肉当中90%以上的肌纤维参与收缩。肌力较大的人肌肉收缩时可以募集更多运动单位（可以理解为肌纤维），并且运动单位体积较大，同时由于动作熟练，所以刺激频率也更快。

状态、兴奋状态。即便你是健身老手，当你状态不佳时力量水平也无法达到峰值，所以训练前的状态对力量是有绝对影响的。兴奋的状态有助于募集更多的运动单位，也就意味着参与兴奋的神经元增加，这也是为什么一些运动员会违规使用"兴奋剂"。当然，我们可以通过合法的渠道让自己兴奋起来，例如摄入含有咖啡因的饮料，或者听一些自己喜欢的音乐等。

肌糖原。力量训练以磷酸原供能和糖酵解供能系统为主，所以肌糖原的储备在一定程度上会影响力量的大小。

自身的比例。每个人的骨骼比例有差异，做不同运动时骨杠杆比例也有差异，例如腿长的人短跑肯定比腿短的人有优势，手臂短的人做卧推肯定比手臂长的人有优势。

体重。体重对力量的绝对影响目前尚存争议，传统观点认为体重较大的人更具备力量优势，但这种认知也存在一定局限性，例如体重大的人可能绝对力量具备优势，但是相对力量可能不具备优势。

18.5　选择大重量还是多次数

力量训练又称为抗阻训练，今天大多数抗阻训练的制定，都依据了最大重复次数，也就是RM（Repetition Maximum）。例如你做深蹲，最大完成重量是100千克完成一次（不能继续重复），那么这就是1RM。

一般来说，3~5RM为大强度，9~10RM为中等强度，15~18RM为低强度，这个强度是相对于你个人负载的重量来说的，并不是指整个训练计划。

很多健身爱好者锻炼的目的是增肌，而对于增肌来说，力量训练必不可少，所以你肯定要进行1~5RM的力量训练。例如5×5的训练计划，通常以增加力量为主，而肌肥大则是集中在8~12RM。对于增肌来说，再高频次的试举次数，通常放在热身阶段，当然你也可以做20RM左右的训练，这对于肌耐力也是一种锻炼。

读到这可能你会想，直接做8~12RM的训练不就可以了？其实不然，力量训练是必须做的，因为肌肉是力量的副产物，例如你刚开始训练时，5RM可能是80千克，但进行了一段时间的训练，可以用100千克完成5RM了，力量增强了，肌肉肯定也会增长，只是大重量试举使力量增强得更快，不代表不长肌肉，同样由于你力量增强，

> **MEMO**
>
> 力量训练中，强度通常指的是负载的重量，比如深蹲100千克的重量，你只能做1次，也就是1RM，对你来说这就是大强度（或者高强度）。力量训练中的容量，通常指的是重量和组数之和，例如深蹲100千克完成了5RM，那么这个动作的容量就是500千克，如果完成了5组，那么这个动作的容量就是2500千克。如果你将训练内容记录下来的话，就可以清楚地知道自己是否进步，以及根据自己的状态调整训练周期。

完成8~12RM的重量也会上涨。所以单纯说增肌，你在整个训练周期，基本上各种RM都要尝试。你也可以在整个训练周期单独做力量训练，安排大肌群和协同肌群训练时，可以只做大肌群力量训练，也可以只做大肌群的肌肉锻炼（健美式肌肥大训练），协同肌群训练可以不变。

下面提供了一个训练大肌群和协同肌群的安排示例（见表18.4）。

表18.4　大肌群和协同肌群训练示例

训练肌群	胸大肌与肱三头肌	训练肌群	胸大肌与肱三头肌
大肌群训练（力量举式）	热身后正式组：平板卧推3RM，3组（组间歇5分钟左右）	大肌群训练（健美式训练）	热身后正式组：上斜哑铃卧推8~12RM，4组（组间歇1~2分钟）
			平板史密斯卧推8~12RM，5组（组间歇1~2分钟）
协同肌群训练	双杠臂屈伸，8~15次，5组（组间歇1分钟左右）	协同肌群训练	双杠臂屈伸，8~15次，5组（组间歇1分钟左右）
	肱三头肌直杆臂屈伸，8~12RM，5组（组间歇1分钟左右）		肱三头肌直杆臂屈伸，8~12RM，5组（组间歇1分钟左右）
	绳索臂屈伸，8~12RM，5组（组间歇1分钟左右）		绳索臂屈伸，8~12RM，5组（组间歇1分钟左右）

18.6　组间歇多久合适

很多人训练的时候习惯性地认为组间歇越短越好，有的教练甚至以学员累到筋疲力尽为荣。实际上组间歇是根据整体的训练目标而设定的，组间歇的目的只有一个——恢复，从而更好地完成下一组。

MEMO

力量训练中通常采用"线性增加"的方法，以卧推为例，第一次训练时（或者一段时间内）3RM的重量为100千克，那么第二次训练时（或者一段时间内）同样完成3RM，此时试举重量可以小幅度增加，哪怕只增加0.25千克都可以。线性增加（负荷渐进）的原则就是，整个训练周期不断地增加新的负荷，然后不断地适应新的负荷，再不断增加……这就是进步。另外适应新的负荷并不单纯地指重量的增加，例如之前试举完成3RM组间歇是5分钟，现在缩短3~4分钟依旧可以完成3RM，这也是进步。

组间歇恢复的其实是ATP，当你完成一组5RM的试举，如果间歇不到1分钟，面对同样的重量，你可能很难完成同样的试举次数，即便完成了，下一组也很难维持同样的负荷，因为ATP没有恢复，并且盲目缩短间歇只会影响整体的训练计划。所以一般来说，力量训练的间歇都是3~5分钟，有的人在做1~3RM试举时，甚至会休息更久，而试举8~12RM的重量，组间歇通常不会超过3分钟。

一般只有在肌耐力训练以及心肺锻炼或者高阶训练的时候，才会采用短间歇甚至无间歇。

18.7 什么是绝对力量和相对力量

日常生活中，我们经常见到各种"跨界"的比较。

举重运动员可以举起自己体重2倍的重量，那么他和跳高运动员比跳高会是什么样的结果呢？本质上这就是绝对力量和相对力量的比较。

一个人可以举起的最大重量就是绝对力量，就像举重运动和健身房中做的硬拉、深蹲、卧推一样，例如你可以卧推100千克，那么100千克就是你卧推的绝对重量，所以你可以把克服外界给你的最大阻力理解为绝对力量。而相对力量可以理解为克服自身的阻力，例如一个拳击运动员在没有任何额外负重阻力的前提下，迅速击打沙袋的力量就是相对力量。跳高、跳远、体操运动员的相对力量越大，弹跳的距离也就越远。绝对力量的训练可以帮助提高相对力量。

18.8　举铁会把肌肉练"死"吗

肌肉被练"死"的想法主要源于我国独有的一种说法——"死肌肉"。

这种说法认为健美运动员等只是单纯的肌肉肥大，并无力量，甚至一些格斗教练、爱好者会因此排斥器械训练，认为格斗训练是不需要器械训练的，这种带有偏见的认知显然有些可笑。

表面来看，格斗尤其是站立格斗的击技主要依靠相对力量，但绝对力量对相对力量是有影响的。器械训练对肌肉力量、爆发力、肌肉耐力以及肌肉的功能训练都有极大的帮助。发展至今，器械训练体系已经十分完善，放弃器械训练等于堵死了进步的路。

任何运动都是涉及力量、耐力、速度、平衡、协调等的训练，只是项目不同，侧重点有差异。例如举重运动员练马拉松，对于成绩没有任何帮助，因为举重项目需要短时间内的爆发力，但进行肌肉锻炼对马拉松有帮助，例如练习马拉松时针对小腿跖屈、背屈的训练，可以帮助适应不同路面。

18.9　训练计划是否需要经常改变

其实训练和进步的关系很简单，一个训练计划就代表着一个挑战，就像玩游戏一样，挑战完成后，你就适应了这个训练计划，想要进步就要尝试进行下一个挑战。

很多人现阶段的计划一成不变，那说明基本待在舒适区。实际上训练计划的改变并不用很复杂，例如你试举的重量增加、试举的次数增加、训练的先后顺序改变。偶尔尝试一种新的动作等都是训练计划的改变，都会促进你慢慢地进步。

18.10　为什么有的人增肌很快

人与人之间是有差别的，有的人的确更容易增肌。

举个例子，假定影响肌肉增长的基因有4个，那么先决条件是你必须同时拥有这4个基因，这仅仅是第一步。

那么为什么会增肌呢？因为你做了阻力训练，你的外部环境发生了改变，这个时候身体为了适应外部环境的改变，就要让你的肌肉更强健，所以它会发出信号，这个时候"增肌"相关的基因就会做出响应，有天赋的人增肌基因会响应得十分积极。

还有一个有趣的现象，人体内有一种蛋白质，它是由肌纤维分泌出的，被称为肌肉生长抑制素，就像它字面表达的意思一样，它的作用就是抑制肌肉的生长，你可能会想为什么人体会有这样的东西出现。

当身体肌纤维出现问题的时候，附着在它周围的"肌肉卫星细胞"（一种干细胞）就被激活工作，主要工作内容就是修复肌纤维。例如当你完成阻力训练，可以想象一下一群"肌肉卫星细胞"在卖力地帮你增肌。尽管你希望更大限度地获得肌肉，但对于人体来说如果一直这样无休止地增肌是有风险的，甚至不排除会增加患肿瘤的风险，这时肌肉生长抑制素的作用就显现了。

那么如何能让"肌肉卫星细胞"多工作，而肌肉生长抑制素少工作呢？答案其实很简单，训练就可以，尤其是肌肉锻炼，但有些人天生肌肉生长抑制素分泌就少。

有一种肌肉十分发达的牛——比利时蓝牛，它身上健硕的肌肉，并不是经过特殊锻炼获得的，而是基因缺陷导致这种牛几乎不分泌肌肉生长抑制素。成年比利时蓝牛的体重甚至可达一吨。

18.11　几天没锻炼，力量会减弱吗

有些人休息一两周，甚至几天，就开始担心自己掉肌肉、掉力量，对于大部分人来说，这种情况更像是心理问题。例如有的人第一次完成引体向上以后，十分担心自己后面就不会这个技能了，于是见到单杠就想去试一下。这种担心也能理解，但是要有自信，过度怀疑自己有的时候可能会影响你本身的发挥。

如果你坚持有规律地做力量训练，那么不用担心自己的力量会减

弱，如果你是新手练了一段时间，例如系统的力量增肌训练三个月，然后停止训练三个月，那么你的力量基本恢复到入门前水平。相较于新手来说，老手肌肉力量减弱则会缓慢一些，也就是说训练时长越长，停训以后力量减弱速度也就越慢，恢复训练之后力量恢复也会越快。所以如果想保持力量不减弱，那么力量训练也需要坚持，起码每周一次力量训练。另外有研究显示，如果放弃做力量训练，转而做以高次数为主的阻力负荷训练，那么力量会减弱。

18.12 深蹲可以促进雄激素（睾酮）分泌吗

在有关深蹲的说法中，除了有名的"无深蹲不翘臀"之外，还有"深蹲可以促进雄激素（睾酮）的分泌"。

一些健身爱好者不喜欢深蹲，当他们感觉肌肉增长缓慢的时候就会想起"深蹲促睾"这一说法，于是乎产生了这样的想法：是不是因为我没有练深蹲，所以肌肉长得慢呢？

实际上不论是深蹲，还是其他力量训练，甚至跑步这样的有氧运动，都会让睾酮水平有所提升，只是力量训练要优于跑步这类有氧运动。所以不论你做不做深蹲，只要做力量训练或者运动，你的睾酮水平都会提升，这种提升是应激性提升，当训练结束后就会逐渐恢复到正常水平，但这并不意味着延长训练时间就可以延长睾酮的分泌。

在运动阶段，睾酮水平是应激性提升，这就好比大脑得知你处于运动状态时临时"增援"了一些睾酮以配合运动，但"配额"是固定的，当睾酮增加到峰值之后会逐渐下降，所以运动时长过长反而不好，训练过度之后睾酮水平恢复的时间也会延长。这也是为什么反复强调提高训练质量，在有效时间内高效完成训练计划，同时训练（高效、有一定强度地训练，而不是"划水"）的时间控制在一小时左右，不要训练过度，训练疲劳是会降低睾酮值的。

18.13　什么是开握与闭握

闭握也叫锁握，在做推和拉的动作中，拇指呈现的状态类似握紧拳头，例如在抓握杠铃的时候扣紧在杠铃上的握法就是闭握；如果拇指同其他四指在一个方向，则是开握。尽管有研究称开握对腕关节压力更小，但我个人建议还是采用闭握，尤其是新手。理由很简单，闭握相对开握安全太多。

很多健身房的杠铃杆质量并不高，好的杠铃杆承重轴在插入杠铃片后，使用杠铃做推拉动作时，杠铃杆并不会跟着动作一起转动，而质量一般的则不一样了，杠铃杆会跟着动作一起转动。在做深蹲这类动作的时候还好，但在做推和拉动作，尤其是推的动作（例如卧推）时，如果采用开握，极有可能造成杠铃从手中滑脱。

另外，一些健身房未认真清洗过杠铃设施，杠铃杆上有太多油脂，在这种情况下即便是质量不错的杠铃杆，也极其容易出现摩擦力减小，使用时滑脱的危险。

18.14　选自由重量还是固定器械

固定器械相对来说更好掌握，因为轨迹是固定的，不用像自由重量那样，用多关节控制重心、平衡，在练习阶段还要兼顾协调性和发力，但我还是建议从自由重量的学习开始。

尽管自由重量的学习需要投入更多的时间成本和精力，但也正是因为难度更大，所以自由重量的动作熟练掌握以后，固定器械基本上都可以直接上手。

如果从固定器械开始学习，要注意调整座椅、手柄等的角度和位置，选择适合自己的，因为固定器械运动轨迹也是固定的，这也就意味着座椅高度等如果调节得不合适，那么在固定轨迹下就会增加肌肉离心、向心收缩时伤病的风险。

18.15 什么是功能性训练

我们之前解释过什么是相对力量和绝对力量，功能性训练则锻炼的是功能性力量，它指的是你在训练中肌肉发挥功能时用到的力。如何理解这句话呢？其实很简单，功能性训练发挥的是肌肉本身的功能，例如稳定、支撑、伸展等。

功能性训练往往通过增强肌肉的功能性，帮助提升运动表现。例如网球运动中为了提高挥拍速度和增强挥拍力量，可以用弹力带或者龙门架做高低绳索削砍动作，其目的是增强髋和核心区的力量。很多人会把功能性训练和专项训练混为一谈，实际上两者还是有本质区别的。以跑步为例，为了增强跑步中髋关节的伸展，可以借助哈克深蹲机做伸髋训练，这就是肌肉功能性锻炼；而把弹力带绑在身上，后面有人拖着做向后的阻力训练，同时以最大速度做阻力跑，这就是专项训练，尽管两者最终目的是一样的，但训练本质还是有一定差异的，另外并不是做自重训练或者用弹力带、牛角包、阻力球等进行训练就是功能性训练，功能性训练并不限制训练的动作或者使用的器械。例如有人在卧推启动阶段，感到前锯肌功能性偏弱（或者激活不足），然后针对前锯肌进行功能性训练，最终目的是解决卧推启动阶段的问题。那他所采取的任何形式的训练都是功能性训练，只要最终目的是解决问题。

18.16 什么是乳酸阈

耐力运动爱好者，例如马拉松运动爱好者经常会问到乳酸阈，而健美爱好者通常不知道这个词。人体内乳酸主要是肌糖原或者葡萄糖在糖酵解过程中产生的，在运动中骨骼肌是乳酸产生的主要场所。

早期观点认为乳酸只是没有用的代谢废物，后来研究发现一部分乳酸会作为能量代谢的物质，剩下一部分没有被消耗掉的乳酸则会进入血液中，而检测这部分乳酸值的测试就被称为乳酸阈值测试。在测试中随着运动强度增加，血液中的乳酸值迅速增加，随着训练强度提升，乳酸值突然且明显增加后到达的那个点被称为乳酸阈值。

乳酸阈值通常被当作运动强度测试的一项指标，在达到乳酸阈值时，人体主要依赖糖酵解供能系统并同时产生大量乳酸来满足能量需求。从供能角度不难看出，乳酸阈值测试可以体现一个运动员的有氧运动能力，所以通常被用在耐力项目上。很多训练者为了提升跑步成绩也会进行乳酸阈值测试，也就是在接近自己能承受的最高配速下，尽可能跑得久一些。

18.17 肌糖原在什么情况下会被耗尽

通常主动减少碳水化合物摄入量以后，肌糖原的储备量就会迅速减少，如果在低碳的状态下进行耐力运动，那么肌糖原则会很快被消耗完。

如果进行90分钟以上的耐力运动，并且运动强度（中等强度）达到最大摄氧量的65%~85%这个区间，肌糖原也会很快消耗殆尽。

通常竞技运动员，如果在接下来六小时内需要继续比赛（预赛、决赛），那么通常的建议是运动后30分钟内每千克体重补充0.6~1.0克碳水化合物，然后在接下来的4~6小时，每2小时补充同样量的碳水化合物。也有研究表明，如果在训练后每千克体重补充1.2克的碳水化合物，并且每30分钟补充一次，持续补充3.5小时，这个时候肌糖原的再恢复速率是最大的。

但请注意一点，如果接下来没有比赛或者运动安排，常规摄入碳水化合物也会让肌糖原逐渐恢复。

18.18 运动导致的肠胃不适

本身就有肠胃疾病的人运动时很有可能会因为腹压增加而产生不适感，这需要专业的医生做干预，本书仅仅讨论运动和膳食营养造成的肠胃问题。即便是专业运动员，在比赛（耐力运动）中肠胃不适的发生概率也接近50%。

运动引起的腹泻成因很复杂，整体来说可能有以下几种成因。

神经兴奋。很多人即便不运动，在精神亢奋、紧张的时候也会腹泻、腹痛，这类情况一般属于肠易激综合征（Irritable Bowel Syndrome，IBS）。大多数时候只能做心理干预治疗，放松精神，减少一些容易引起神经兴奋的食物摄入量，例如咖啡、氮泵等补剂。

突然改变了饮食结构。健身从改善饮食结构开始，如果这种改善并不是循序渐进的，甚至没有任何规划，只是从一些文章中碎片化地了解到健身人群应该多吃什么，于是饮食结构在一天之内突变，甚至吃一些从未尝试过的食物，那么会增加肠胃不适的风险。

高强度运动。即便是专业运动员，也会有一部分人突然增加运动强度后肠胃不适。一些缺乏运动的健身新手，在开始锻炼的时候往往由于对运动强度不适应也会出现肠胃不适，因为运动本身就会影响胃排空，同时增加肠胃的压力。一般低强度运动对肠胃的压力不会很大，几乎不会影响胃排空，但是高强度运动（相对训练者自身来说，运动强度过高）则会减缓胃排空，肠胃供血速度也会受到运动强度的影响。

突然增加碳水化合物摄入量。在一些运动时间较长的耐力训练项目中，运动前或者运动中增加碳水化合物，或者高渗透饮料摄入量（碳水化合物含量较高）就会引发肠胃不适，但存在个体差异，也就是说只有一部分人会这样。

运动前摄入咖啡因、氮泵。咖啡因对肠胃有刺激作用，这对于一部分人来说会增加肠胃不适的概率。有些健身人群习惯在运动前喝氮泵，通常一勺氮泵的咖啡因含量相当于3瓶以上红牛的，这些都有可能引发肠胃不适。

吃太多、进食后休息时间过短。有些人在运动前有加餐的习惯，但吃完东西马上运动，很有可能造成肠胃不适。如果想加餐，最好在运动前2小时。膳食纤维摄入过量也会导致肠胃不适。一般来说，如果餐后运动，建议只吃自己熟悉且好消化的食物，五分饱就足够了。

矿物质补剂。运动人群往往习惯摄入一些矿物质补剂，很多矿物质（微量元素）诸如镁、铁摄入量增加以后都会引发肠胃不适甚至腹泻。

乳糖不耐受。我国乳糖不耐受人群不少，很多人在运动前没有喝奶的习惯，所以也不知道自己乳糖不耐受，开始运动以后增加了奶或者蛋白粉的摄入量，由于身体无法很好地吸收乳糖，所以出现肠胃不适甚至腹泻。

年龄因素。如果以年龄划分，年轻人更容易出现肠胃不适的问题，这有可能因为年龄较大的人通常在饮食策略上更为保守，不会轻易改变，同时随着年龄增长更为注意肠胃的保养。

最后，运动中女性更容易出现肠胃不适的问题，尤其在月经期间。

18.19　锻炼后为什么容易感冒

经常有人会有这样的感觉，锻炼几天就感冒了，然后只能被迫停止锻炼，结果重新开始后又病了，怎么身体越练越差了呢？

有规律的系统锻炼的确会增强免疫力，但运动后免疫机能也在发生变化，在运动生理学中称之为免疫系统的"开窗理论"。如果把免疫系统比喻成保护你的家，那么"开窗"则相当于免疫系统敞开了窗户，当然这个窗户并不是为了让你欣赏美景的，而是一种缺口，增加了与外界病毒、细菌的接触。常见的就是上呼吸道感染，伴随的症状就是感冒，但并非只要运动就会感冒，免疫力下降也并不一定会生病。

一般来说，高强度运动后，免疫系统机能也会下降，这只是暂时的，一般持续3~72小时。很明显这种免疫力下降与运动强度直接相关，同时和运动时长也有一定关联。

那么如何避免这种情况呢？

第一，保证充足的休息时间和养成健康的作息习惯，这会最大限度地让身体机能处于良好状态，如果本身状态并不好，那就选择休息。

第二，不要训练过度，训练过度可能导致身体应激激素的增加，同时一些合成代谢激素在训练过度后无法恢复。如果运动时间太长，过氧化物也会增加，这些都是导致免疫力下降的因素。

第三，如果很久没有锻炼，在恢复阶段要循序渐进，避免过度训练。

第四，尽量避免亢奋后激增训练强度，或者过度通过运动来释放情绪，迫使已经疲劳的机体因为神经过于亢奋而继续运动。

第五，如果运动时长较长、训练强度较大，应该尽量避免低血糖，同时适度补充碳水化合物以助于最小化免疫力下降的问题。

第六，健身房本身就是公共场所，人员流动频繁，卫生、消毒工作很难保障，所以尽量做好自身的清洁工作，携带干净的毛巾，减少接触病毒、细菌的可能性。

18.20　为什么健身后体检报告结果有问题

很多人在运动期间体检，结果显示肝肾功能有问题，例如尿酸值、尿蛋白水平、转氨酶水平、肌酐水平、肌酸激酶值（CK值）等偏高。

运动引发的指标变化通常与蛋白质的代谢相关。运动中蛋白质（氨基酸）的分解代谢也会增加，这并非由生病造成，所以我们称之为非病理性提高，我建议休息3天再去体检，主要原因是大部分指标会在3天内逐渐恢复，有些指标恢复得会快一些，例如尿蛋白，一般在训练后24小时内逐渐恢复，有些指标则恢复得慢一些。

运动本身就会引起身体机能的一些变化，例如运动中身体排汗量增加，运动后饮水量不足则会影响体检结果。一些人在高负荷运动后一些身体指标很难在短时间内恢复，这存在个体差异。总之，运动会引发身体一些指标短时间内改变，但大部分并非病理性改变。所以体检之前建议最少停训3天，以防止运动影响体检结果。

职业运动员也会监控这些指标，从而判断自己是否训练过度，例如尿蛋白水平在一次训练后应激性提高，但在24小时内未恢复，那么不排除训练过度，或者身体还没有适应高强度运动的可能性。

18.21　第二天肌肉不痛，没有练到位吗

目前并无足够研究证明训练后的肌肉酸痛与训练成果有直接关系，当身体适应训练强度之后，肌肉的酸痛感就会减弱甚至消失，有时进行一项新的运动或者训练，肌肉酸痛在第二天也会出现，当新动作逐渐掌握后，肌肉酸痛也会减弱。

排除伤病因素的话，训练以后的肌肉酸痛被称为延迟性肌肉酸痛（DOMS），它的特点是训练后的第2天，肌肉收缩功能下降，同时伴随着肌肉酸痛，一般来说到第3天酸痛感达到峰值，第4~7天酸痛感开始递减直至消失，也就是说它是可以自愈的，并且不具备传染性。

目前关于DOMS的成因有几种假说，常见的有急性炎假说、肌肉损伤假说、肌肉痉挛假说、肌肉蛋白质降解假说、钙离子损伤假说。缓解疼痛的方法一般有局部热敷、拉伸、按摩。有些研究显示针灸对缓解肌肉酸痛也有帮助。

18.22　热身很必要吗

运动前热身可以最大限度地降低受伤的可能性，要了解热身，记住3个关键词：体温、兴奋度以及运动状态。

先说体温，热身会让身体温度升高。可以选择一些低强度的运动，例如慢跑、开合跳，也可以选择一些动态拉伸的动作，总之先让身体耗能增加，使身体体温逐渐升高。

人体活动时理论上的最佳体温是37.2摄氏度，而肌肉工作的最佳温度是38摄氏度。在一些球类赛事中，我们会发现替补上场的运动员在场外做的跑、跳、拉伸等动作就是热身，同时他们也会穿得略多一些，这样做的目的就是保持体温。

换句话说，运动当中就要尽可能地保持运动时的最佳体温。例如你在训练中途接了个电话，结果体温基本恢复到运动前，这时如果你继续锻炼，你会发现很难恢复到刚才的状态，这种情况就属于"热身损耗"，因为你的体温下降，同时神经的兴奋度也下降了。

接着说兴奋度，在热身过程中，由于心跳加速、血液循环加快，神经和肌肉的兴奋度提高，这一切都在告诉大脑、神经、肌肉——你要进入运动状态。除了应激状态下，人很难一瞬间进入运动最佳状态，所以热身的过程就是让机体逐渐接近运动最佳的状态。

为了进入运动状态，可以进行简单有效的热身，一般热身时间在5~10分钟，并无明确的科学证明哪种热身是最佳的，首先选择一些自己不排斥的项目热身。一些健美爱好者的热身基本上以小重量、多次数的试举为主，然后逐渐增加重量进入训练状态。个人建议做上肢力量训练时，要进行肩袖肌群的热身，因为很多肩关节的伤病，都与肩袖肌群损伤有关。

如果要进行一些身体关节活动范围大的运动项目，建议进行5~12分钟有效的动态拉伸，其目的是做一些动作幅度较大的动作，例如足球运动员采用的提膝转体、箭步蹲压腿等，为后续运动预热身体。

18.23 拉伸是必须的吗

整体来说，运动前还是建议动态拉伸，相较于静态拉伸，动态拉伸后最大肌力更大和爆发力水平更高。

刚才说的动态拉伸，可以理解为运动中完成拉伸的动作，而普遍意义上我们理解的拉伸主要是静态拉伸。静态拉伸又主要分为两种：主动拉伸和被动拉伸。主动拉伸可以简单理解为自己做的肌肉拉伸，被动拉伸则是别人帮你做的拉伸。

有人会把静态拉伸作为训练前热身的一部分，认为静态拉伸可以有效预防伤病，实际上这个观点目前还存在争议。一些研究发现，训练前过度拉伸会影响肌肉的最大自主收缩力量以及爆发力。所以对力量训练和爆发力训练的训练者来说，训练前拉伸、组间歇拉伸都是可以的，但要注意控制时间，针对一个肌肉群平均拉伸时长不要超过30秒，整体控制在10~30秒，次数不建议超过4次。

拉伸一般针对的是柔韧性，而柔韧性指的就是关节活动范围，如果本身关节活动度没有问题，不做静态拉伸也可以，因为关节活动度并非越大越好。如果单纯考虑柔韧性，我们需要兼顾静态柔韧性和动态柔韧性。

静态柔韧性：你可以想象一下自己被人按着压腿，这个时候你的肌肉不需要主动运动，通常是借由外力、重力运动的。

动态柔韧性：你可以理解为运动中达到的关节活动范围，这个时候肌肉主动运动，例如在做平板卧推的时候，有的人在胸大肌离心阶段可以让杠铃轻松触胸，不会有强烈的肌肉拉扯感，而有的人则因为肩关节（盂肱关节）外展活动受限，很难让杠铃触胸，如果强行触胸则会增加运动风险。

一般来说，在有些情况下拉伸是必要的，例如关节活动受限，已经影响了运动（动力链）。换句话说，柔韧性是为了运动而服务的，所以不能只考虑拉伸的问题。

18.24 糖尿病患者健身需要注意什么

增加活动量和运动量对血糖平衡是有帮助的。

1型糖尿病患者在健身期间应该预防低血糖的发生，并且不要独自运动，最好有知情的同伴陪同，并且懂得如何在低血糖等情况下及时抢救。如果在健身场馆训练，应该把自己的病情，以及可能出现的低血糖昏厥情况告知教练或者场馆负责人，准备好一些含糖饮料。

同时1型糖尿病患者在运动期间更应该循序渐进，对于不熟悉的运动应该慢慢掌握、循序渐进，不要突然增加运动强度。我曾有一位学员（1型糖尿病患者）在看完波比跳视频后认为动作很简单，于是开始模仿，在完成一组波比跳（15下）之后，出现了低血糖。

2型糖尿病患者训练与正常人无差异。

18.25 血压异常人群在运动中需要注意什么

教练并不能解决高血压的问题，那是医生的工作，但必须了解与高血压相关的一些基本常识，同时健身房也应该配备常规的血压监控仪器，并且在给学员做调查问卷的时候，要记录血压情况。

如果你是一位健身教练，遇见一位患有高血压的学员概率是很高的。高血压患病率随着年龄增长而增加。从性别比例上来看，患高血压的男性多于女性。高血压是造成中风、心脏病的主要原因之一。从运动风险上来看，一般健身房应该常备血压仪。表18.5数据来源于《中国高血压防治指南（2018年修订版）》。

表18.5 血压水平分类和定义

类别	收缩压 （单位：mmHg）		舒张压 （单位：mmHg）
正常血压	小于120	和	小于80
正常高值	120~139	和（或）	80~89
高血压	大于等于140	和（或）	大于等于90
轻度高血压	140~159	和（或）	90~99
中度高血压	160~179	和（或）	100~109
重度高血压	大于等于180	和（或）	大于等于110
单纯收缩期高血压	大于等于140	和	小于90

注：当收缩压和舒张压分属于不同级别时，以较高的分级为准；1mmHg ≈ 0.133千帕

整体来说，高血压和肥胖有着十分密切的关系。有研究表明，不论男女，超过一半比例的高血压都由肥胖所致，因此健康规律的饮食配合运动是预防和治疗高血压的好方法。

首先，高血压有着程度上的差异，所以自己的情况是否适合运动，

要先咨询医生，听从医生的建议，健身教练不可能比医生还了解你的情况。

其次，高血压患者在同等负荷下收缩压升高幅度是非高血压人群的两倍，所以建议高血压患者以有氧运动为主，如果进行抗阻力训练（力量训练），应该避免使用大重量。

再次，一次训练的时间控制在90分钟以内为佳，通常一次运动后"降压效果"只能维持几小时，所以保持运动习惯更为重要。

最后，健身时，血压大于200/110mmHg时应该停止运动，安静时收缩压大于180mmHg或者舒张压大于110mmHg时，应该停止运动，如果服用降压药后血压小于180/110mmHg后可以参加锻炼，但要控制强度。

18.26　跑步伤膝盖吗

在成长过程中我们学会了爬行，增加了核心区和四肢力量以后才可以慢慢站起，然后蹒跚学步，学会走了之后就开始跑了。

跑步是一件看上去很容易的运动，例如我们追赶公交车，偶尔快跑几下，但规律性的超过400米的奔跑，则在日常生活中很少见。

在我接触的学员中，大部分跑步引发的膝关节伤病都是因为体重过重。这也不难理解，膝关节本身就是一个承压关节，体重越重，膝关节承压也就越大。在体重重的状态下行走，膝关节的压力随着运动幅度的增加也会变大，奔跑对膝关节的压力可想而知。所以一般体重过重的人，应该先控制好饮食，把体重减下来，不要着急跑步运动。很多人会觉得跑步是一件简单的事，本质上来说，跑步这个动作是一个简单的运动，但超过400米的持续奔跑则不是一件简单的事。

正常体重范围内的人跑步也容易出现伤膝盖的问题，主要是因为跑步中姿态不对，比较常见的就是腿"迈不开"，腿抬不起来、髋关节的活动范围过小，使跑步中每次步伐的前进变成了"蹬地"，这样就导致奔跑的过程中效率极低，上半身的晃动幅度则增加，膝关节承受了过多的压力。这类人群应该在日常训练中增加一些高抬腿动作的练习（屈髋、伸髋训练），同时建议佩戴髌骨带。

跑鞋选择不当也会伤膝盖，很多人在选购运动鞋时认为运动品牌的鞋子都可以，这是错误的。很多运动品牌会出拖鞋，但本质上依旧是拖鞋，除了越野跑等面对特殊路面的跑鞋之外，慢跑鞋通常鞋底较软，而篮球鞋和休闲鞋的鞋底较硬，鞋帮也不是为了慢跑设计的。

超负荷运动也是跑步伤膝的成因之一，所以练习跑步的时候要清楚地知道自己的运动能力。职业运动员或者专业跑者通常都经过系统训练，即便在体能不支的时候也能够很好地控制自己跑步的步态，同时做出相应的调整。例如马拉松运动员很在意自己的配速，他们也知道自己在什么时候可以提速，在什么时候可以匀速，在整个跑步的过程中体能是平均且合理分配的。很多新手在跑步过程中往往容易"激情跑"，这就导致体能过早消耗殆尽，且由于缺乏锻炼，整个跑步姿态也无法保证始终正确，很容易出现危险。

另外有扁平足、高足弓、足内翻、膝内翻、膝外翻问题的人跑步，也会增加扭伤、筋膜炎、膝关节伤病的风险。这类健身人群应该听取专业人士的建议，佩戴支具、使用矫正鞋垫，并且针对关节对力不对线以及肌肉失衡的问题进行一些专项训练，但如果是结构性的问题（先天原因导致），那么康复师、教练能给的帮助则很少。

18.27 关节弹响（发出响声）是怎么回事

生活当中常见的关节弹响莫过于掰手指了，很多人都会习惯性地掰（玩）手指，这个时候就会发出咔咔的响声。身体的很多关节都可以发出咔咔的响声，例如常见的有膝关节、髋关节、肘关节、肩关节。

弹响是怎么形成的呢？发生弹响的部位基本上都在关节腔内，关节腔是由关节软骨与关节囊滑膜层所围成的密闭空间，它处于负压的状态（让关节之间紧紧"贴"在一起），这样的环境有助于保持关节的稳定性以及缓冲外力，如果关节受到外力牵拉，关节面产生分离，导致关节腔内的气体扩散，你听到的就是这个气体的振动波的声音。当然，在外力作用下发生骨折或者拉伤的时候，你也会听到类似的响声，原理是一样的。

关节弹响分为生理性弹响以及病理性弹响，它们是很容易区分开的。

生理性弹响基本上短时间内无法重复，例如掰手指，一旦掰响过后，再去压按可能不会再次弹响；同时生理性弹响不会伴随任何不适感，有时弹响过后甚至会舒服。生理性弹响是不需要特别担心的，但这不意味着你没事掰手指就不用担心，因为这种行为本质上属于自己有意识地用外力使关节弹响，尽管产生风险的可能性不高，但不排除可能影响到关节。

病理性弹响就不同了，一般弹响会伴随着疼痛、关节炎症、浮肿等情况，有可能是软骨受损，或者关节病变。如果运动后感觉关节疼痛并且伴随着弹响，那就需要考虑休息，不要盲目贪图训练，要从心理上调整自己。休息后一些关节不适和弹响则会转轻，恢复训练的时候要注意循序渐进。

如果产生关节活动受限、关节功能障碍等问题，需要及时去医院问诊。

运动中常见的病理性弹响基本上都是由不正确的训练动作、运动强度以及超过自身承受能力阻力导致的，尤其是运动中关节出现不稳定的晃动。

一般弹响在充分热身后就会减少甚至消失，但在做一些动作（例如推肩）时的弹响，通常和关节稳定性偏弱以及发力模式（动力链）不正确或者关节炎症有一定关系，这种问题成因较为复杂，需要当面咨询相关人士才能排查。

18.28　什么是横纹肌溶解

横纹肌溶解的具体成因目前尚不明确，但是如果排除其他病理性、遗传性因素，横纹肌溶解几乎都和过量运动相关。如果你细心收集最近十几年关于横纹肌溶解的新闻，不难发现横纹肌溶解基本和下蹲的动作相关，包括深蹲、蹲起。

横纹肌主要分布在骨骼和心脏上，骨骼上的肌肉被称为骨骼肌，也就是大家理解的肌肉，所以横纹肌溶解你可以理解为肌肉"溶解"了。本质上来说，并不是肌肉真的"溶解"，而是肌纤维（肌细胞）的细胞破裂，破裂后细胞内的蛋白质等物质渗入血液，从而引发了一系列不正常的生理反应。

横纹肌溶解常见的症状表现就是，小便颜色呈酱油色，这是因为肌红蛋白流入血液中参与血液循环，而肾脏无法正常处理这些肌细胞破裂的产物。

当然小便呈酱油色并不是唯一的症状反应，横纹肌溶解的同时会伴随着腹痛、发热、全身无力等症状，总之，一旦出现横纹肌溶解的症状就要及时就医。

在我接触的案例中，即便是职业运动员和健身老手，也出现过横纹肌溶解的情况。日常生活中，军训、突然心血来潮地锻炼后也可能出现横纹肌溶解的情况。总之，过量运动就会增加横纹肌溶解的风险。有些健身老手会认为自己的运动强度并不大（相比起平时训练），实际上机体对于疲劳的反应并非都能感受到。例如我接触过一个学员，将近4个月没有锻炼，恢复训练时并没有循序渐进，而是重复之前的训练强度，结果当晚出现了低热、小便呈酱油色的症状，去医院被确诊为横纹肌溶解。

18.29　什么是扳机点

简单来说，当你在做物理治疗的时候，某个点的肌肉压按起来特别疼，这个点就可以理解为扳机点，也就是触发你疼痛的点。日常生活中办公室人群常见的扳机点就是颈椎周围，下斜方肌处有个点按压时会让你疼得咬牙切齿，扳机点与锻炼后产生的DOMS截然不同。

扳机点是由于肌肉长期处于紧张状态，一些肌纤维受到了刺激而僵硬、紧张，最终这些肌纤维"纠缠"在了一起，形成了不正常的痛点。

解决扳机点常见的方法就是康复师专业的按摩，原理很简单，物理按压可以让局部紧张的肌肉得到放松。自己也可以用泡沫轴进行按压放松，并且一定要坚持做一些拉伸放松。筋膜枪也可以达到一样的效果。特别严重的人需要到医院进行专业治疗。

18.30　运动引起关节疼痛，吃"关节宝"行吗

在健身圈，关节宝是一类补剂的统称，主要指的是氨基葡萄糖，我们统称为氨糖。

补剂领域很多商品与药品类OTC（非处方药）原料是一样的，只是作用人群不一致，氨糖也是如此。最早研究氨糖是为了解决老年人的骨关节慢性病——骨性关节炎（OA），例如软骨受损、关节积液、关节边缘骨性病变等。然而比较残酷的事实是，目前尚无有效的手段可以根治，说得再直白一些，吃药也只是缓解症状例如疼痛，或者让病症不要发展得那么快。

那么氨基葡萄糖有没有作用呢？从原理上来讲，氨糖是蛋白多糖合成的前体物质，是人体软骨基质中的一种重要营养成分，这种蛋白多糖在帮助软骨对抗冲击力中扮演着重要的角色，并且可以促进软骨基质的修复和重建，从而缓解关节疼痛。但实际上目前关于氨糖的研究并无明确的结论可以证明其有效，也就是有些研究表明氨糖对关节炎症有缓解作用，但有些则表明氨糖是无效的。所以如果你购买了氨糖，吃了4周以上并没有感觉到症状有所缓解，那就不要再吃，仅从目前科学实验的角度来说，服用氨糖的确存在个体差异。

同时在氨糖的选择上有两种，一种是盐酸氨基葡萄糖，另一种是硫酸氨基葡萄糖。这两种氨糖的差异在于结合的酸根不同，如果你需要控钠，例如有高血压，那么就选择盐酸氨糖，这也是比较容易买到

的，因为硫酸氨糖含盐量较高（氯化钠是硫酸氨基葡萄糖的稳定剂）。如果你在药店购买，销售人员通常会推荐给你保健品类的氨糖，而不会推荐药品OTC类的氨糖，这两种氨糖并无本质上的差异，只是保健品卖得更贵一些。

安全性上，目前氨糖类补剂或者药品的安全性还是较高的，主要不良反应就是肠胃不适，或者皮肤瘙痒，停止服用氨糖后症状就会消失。尽管叫氨基葡萄糖，但临床结果显示其对空腹血糖没有影响，本身有高血压的可能需要注意参考上面的钠盐摄入建议。同时这类氨糖基本上都是贝壳类提取物，所以如果你对贝壳类提取物过敏，需要注意。

18.31　睾酮偏低是不是影响增肌

雄激素和阻力训练、增肌、爆发力都有着直接的关系。很多人会去医院查自己血液中睾酮的水平，得到偏低的结果，则会感到沮丧。这里所谓的"偏低"只是在正常值范围内略低，实际上依旧处于正常生理浓度范围。

很多男性会自然地认为，睾酮值检测结果越高越好，毕竟雄激素和增肌之间有着密不可分的联系，其实在前面关于"深蹲促睾"问题上已经阐述了部分观点。睾酮值每天是浮动的，并不是一个恒定值，所以如果检测结果在正常值范围，而不是低于正常值，那就不用担心，并且检测出来的结果仅仅是血清内的睾酮值。正常范围内的睾酮并不看数量，而看"质量"。

这里所谓的"质量"，你可以理解为睾酮的"工作量"，在和受体结合前，这些睾酮基本上处于"待业"状态，只有和受体结合它才有机会完成"本职工作"。

我们更应该关注一些让睾酮值降低的情况，例如压力过大、训练过度、睡眠不足、酗酒，这些都会影响睾酮的正常生理浓度。

18.32　训练和睡眠

有氧运动、力量锻炼可以释放压力，对一部分人的睡眠改善也有帮助。训练时，人体会增加内啡肽、多巴胺等激素的释放，这些激素会让训练者感觉身心愉悦，从而达到精神放松的状态，这也是为什么很多人会在训练后感觉特别舒服。

肌肉还有一种特性，那就是紧张收缩之后会松弛。从神经角度来说，训练的时候交感神经会兴奋，伴随着训练停止其兴奋度开始下降，副交感神经开始工作，同时伴随训练后的疲劳感增加，这些都有助于睡眠。

有的人锻炼后睡得更好，有的人训练后则失眠。刚才说过，训练会激活交感神经兴奋，当停止训练以后副交感神经开始工作，它们"此消彼长"。如果训练后交感神经依旧兴奋，那么就会影响睡眠。一般来说，如果训练后经常失眠、兴奋，不排除是训练过度导致的。很多人会以训练重量来判断训练强度，认为自己没有训练过度，但身体的状态对于训练的强度是相对的。

一旦出现训练影响睡眠的问题，应该尽量平躺、闭眼、放松，不要玩手机。有些人会在服用含有咖啡因的补剂（例如氮泵）、饮料后失眠，那就减少摄入量或者干脆不喝，如果没有好的休息，那么肌肉也无法有效生长。

睡眠对增肌来说十分重要，人的肌肉修复主要发生在睡眠阶段，同时生长激素的分泌也在睡眠时增加。

18.33　抽烟、喝酒对训练有影响吗

目前来看，抽烟、喝酒对健康没有任何好处，以往的观点认为少量饮酒对动脉硬化有一定预防作用，但最新的研究显示酒精会增加患癌症的风险，并且与喝多、喝少没有关系。偶尔少量饮酒对训练、肌肉的增长没有太大影响，但是过量饮酒则会影响体能的恢复，并且会

影响肌糖原的恢复以及皮质醇水平的上升。也就是说单次过量饮酒还有可能会掉肌肉，并且酗酒还会影响睾酮值。

所以一个健身爱好者，如果习惯性酗酒，那么基本上与增肌无缘了。而吸烟除了会危害健康之外，也会影响人的恢复能力以及心肺功能。

18.34　圆肩驼背的原因是什么

很多人在松弛放松的时候会"圆肩驼背"，理由很简单——这样比较舒服。

日常生活中我们会发现一些人圆肩驼背的情况可能比较严重，这个"严重"从何而谈呢？例如颈肩不舒服，严重的甚至会伴随疼痛，并且形体看上去也不好看，尤其是从侧面看。

我在线下调整过很多人圆肩驼背，大部分当即就可以见效，但下次见到他（她）时，其又恢复了圆肩驼背，并且还会伴随着颈肩疼痛，为什么会这样呢？

实际上关于圆肩驼背或者上交叉综合征的调整很简单，一次调整也就30分钟左右，相较于圆肩驼背的成因，这30分钟显得毫无意义，因为付出的时间是不对等的。

现代人在一天的生活中基本上都是坐着、低头，玩手机或者使用计算机，再加上运动量和活动量的减少，一些人出现了不良的体态。有的办公室人群右侧肩胛骨比左侧高，并且出现了轻微的高低肩，这是因为右手通常使用鼠标，肘关节以下的部位架在桌子上，形成了支撑点，如果桌子再高一些，这个支撑点会更高。假定一天在计算机前工作5小时，由于右侧的肩胛骨略微上提，所以整个肩胛提肌和斜方肌上部就处于紧张的状态，斜方肌中部和中部深面的菱形肌也处于紧张的状态，长此以往就会出现圆肩，并且很多人看计算机屏幕专注的时候，都会不由自主地头前伸。因此，即便做了30分钟的调整，但是相对于这几小时的工作状态，那短暂的调整没有任何意义。

计算机和手机的出现改变了生活，同时也影响了我们的形体。对于圆肩驼背且缺少运动的人来说，他们需要在工作中适度地站起来活动，调整座椅的高度，平时增加一些体育锻炼。

18.35　心率

人一天当中的心率并不是一成不变的，它依据机体所处的环境、人体的状态、情绪产生变化。例如当人体由卧姿（躺着）转为站立位时，或者在进食以后，抑或情绪波动时，心率都会产生变化，通常是心率加快。当我们运动时，由于肌肉产生活动，心率也会产生变化，心率的增加和运动强度、运动时长以及训练者自身的能力是相关的。

心率也可以客观反映出运动疲劳，它是评定运动疲劳的指标之一（较为容易检测）。一般常见的方式为测基础心率，然后对比运动后的心率以及恢复期的心率。常见的测试就是台阶测试，运动生理学中常用的检测手段就是晨脉，如果连续出现晨脉比安静静卧位时多12~15次/分钟（或者增加15%~20%）以上，则有可能是机体训练过度，也可以通过联合机能试验来确定。如果心率变化幅度大，并且恢复时间超过5分钟，则说明机体疲劳程度较高，应该休息或者调整训练强度。

肌肉解剖手册

第2章　肩部肌肉训练

2.1　认识三角肌

肩部－三角肌

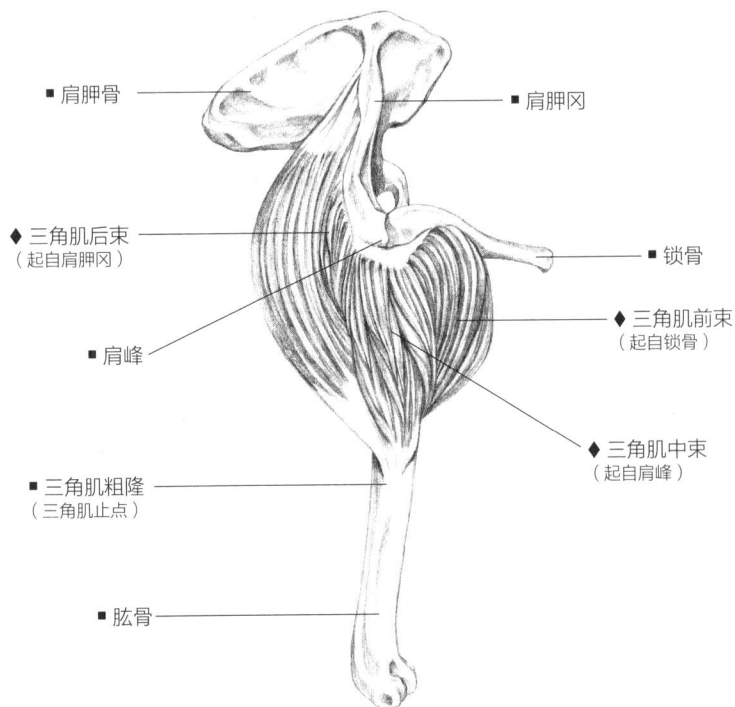

- ■ 肩胛骨
- ■ 肩胛冈
- ◆ 三角肌后束
  （起自肩胛冈）
- ■ 锁骨
- ■ 肩峰
- ◆ 三角肌前束
  （起自锁骨）
- ◆ 三角肌中束
  （起自肩峰）
- ■ 三角肌粗隆
  （三角肌止点）
- ■ 肱骨

◆ 主要肌肉
■ 主要骨骼

肩关节复合体相关关节

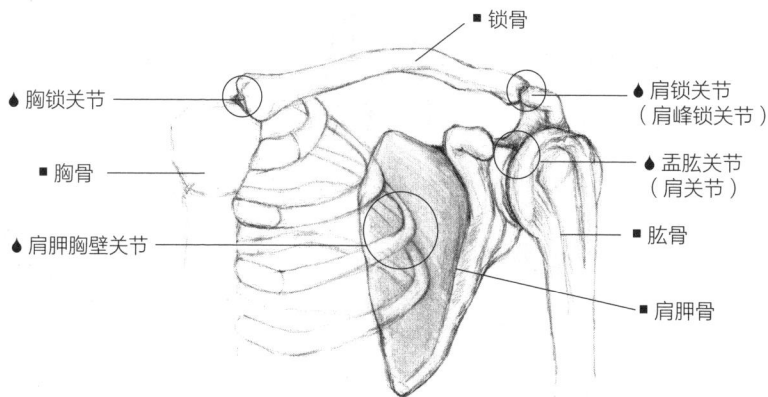

- 锁骨
- ♦ 胸锁关节
- ■ 胸骨
- ♦ 肩胛胸壁关节
- ♦ 肩锁关节（肩峰锁关节）
- ♦ 盂肱关节（肩关节）
- ■ 肱骨
- ■ 肩胛骨

肩关节复合体相关骨骼

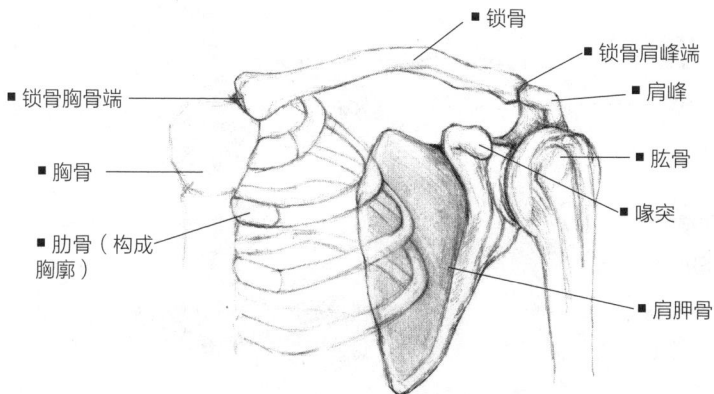

- 锁骨
- 锁骨肩峰端
- 肩峰
- ■ 锁骨胸骨端
- ■ 胸骨
- ■ 肱骨
- 喙突
- ■ 肋骨（构成胸廓）
- ■ 肩胛骨

- ♦ 主要肌肉
- ■ 主要骨骼
- ♦ 主要关节

肩峰类型

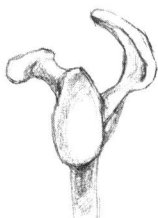

一型
平坦型肩峰

二型
弧形肩峰

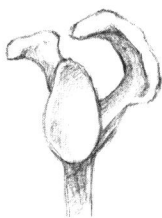

三型
钩状肩峰

肩袖肌群
肩胛骨正面（前面）观

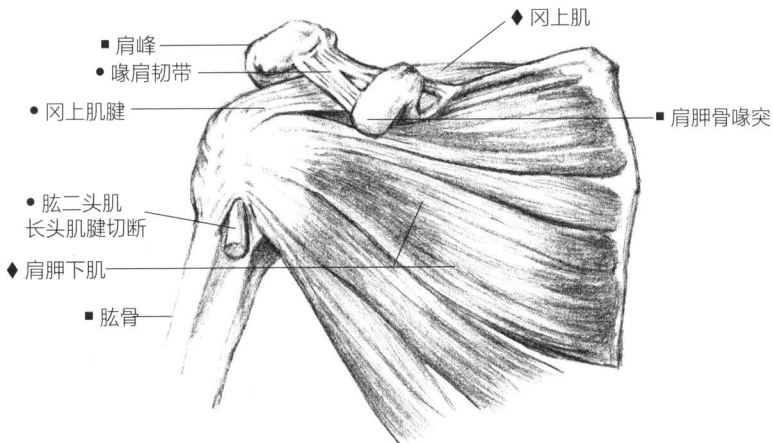

- ■ 肩峰
- • 喙肩韧带
- • 冈上肌腱
- ◆ 冈上肌
- ■ 肩胛骨喙突
- • 肱二头肌
  长头肌腱切断
- ◆ 肩胛下肌
- ■ 肱骨

◆ 主要肌肉

■ 主要骨骼

• 韧带、肌腱、结缔组织

肩袖肌群
肩胛骨背面（后面）观

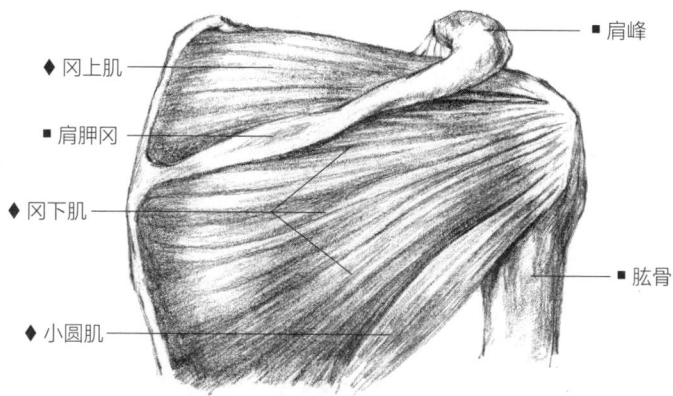

- ◆ 冈上肌
- ■ 肩胛冈
- ◆ 冈下肌
- ◆ 小圆肌
- ■ 肩峰
- ■ 肱骨

肩袖肌群
肩胛骨侧面观

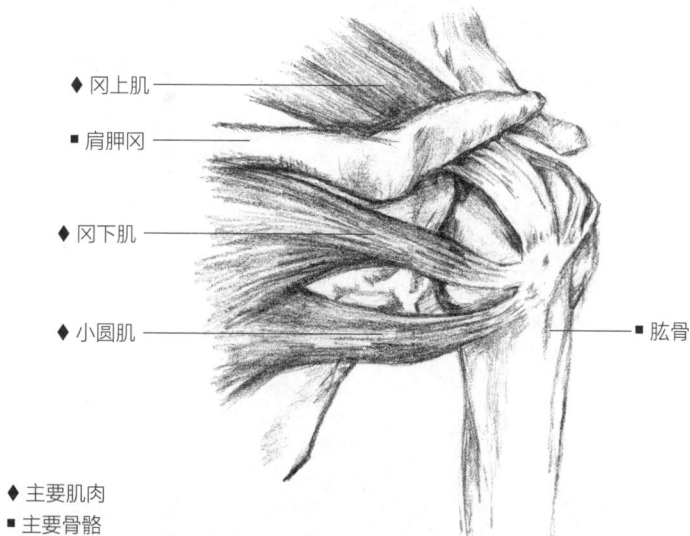

- ◆ 冈上肌
- ■ 肩胛冈
- ◆ 冈下肌
- ◆ 小圆肌
- ■ 肱骨

◆ 主要肌肉
■ 主要骨骼

肩部

盂肱关节（肩关节）的活动范围很大，因为它属于球窝关节（肱骨的肱骨头是一个球形，肩胛骨连接部位的关节盂是一个凹形）。三角肌则是肩关节的浅层肌肉。维持整个肩关节稳定需要肩关节的深层、浅层肌肉群配合，肩关节稳定性出现问题，会增加伤病的概率。

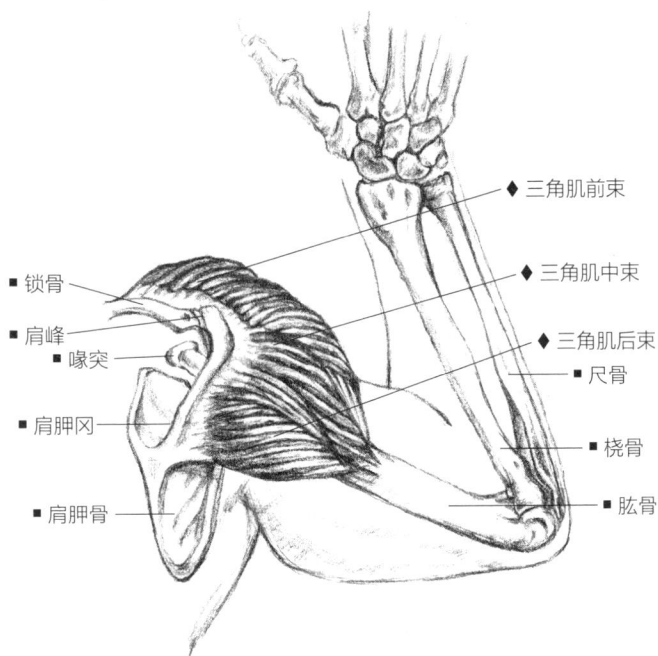

♦ 三角肌前束

♦ 三角肌中束

♦ 三角肌后束

■ 尺骨

■ 桡骨

■ 肱骨

■ 锁骨

■ 肩峰

■ 喙突

■ 肩胛冈

■ 肩胛骨

♦ 主要肌肉
■ 主要骨骼

2.4 哑铃侧平举

侧平举这个动作就是典型的肩外展动作。外展过程中，一个重要的协同肌就是肩袖肌群中的冈上肌，它位于斜方肌和三角肌的深面，在肩关节外展 15° 左右时，冈上肌参与，所以冈上肌损伤一般会影响肩关节外展。

肩部肌肉－外展（侧平举）

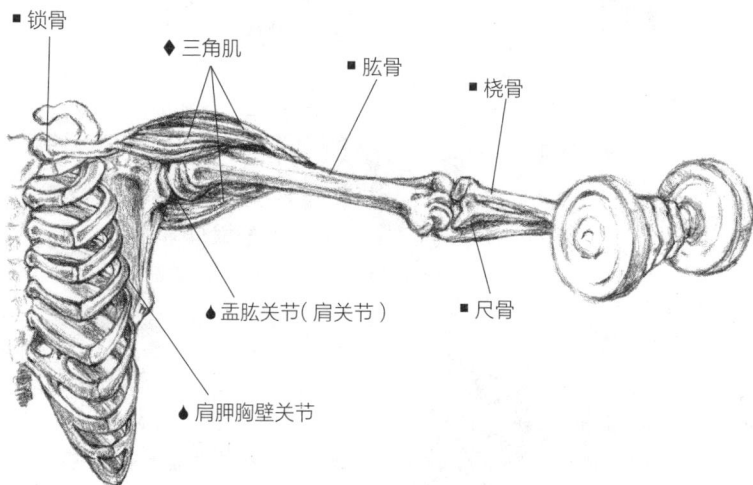

■ 锁骨
♦ 三角肌
■ 肱骨
■ 桡骨
♦ 盂肱关节（肩关节）
■ 尺骨
♦ 肩胛胸壁关节

♦ 主要肌肉
■ 主要骨骼
♦ 主要关节

2.5 做侧平举时如何减少斜方肌（上部）代偿

上肢肩部侧面横截图

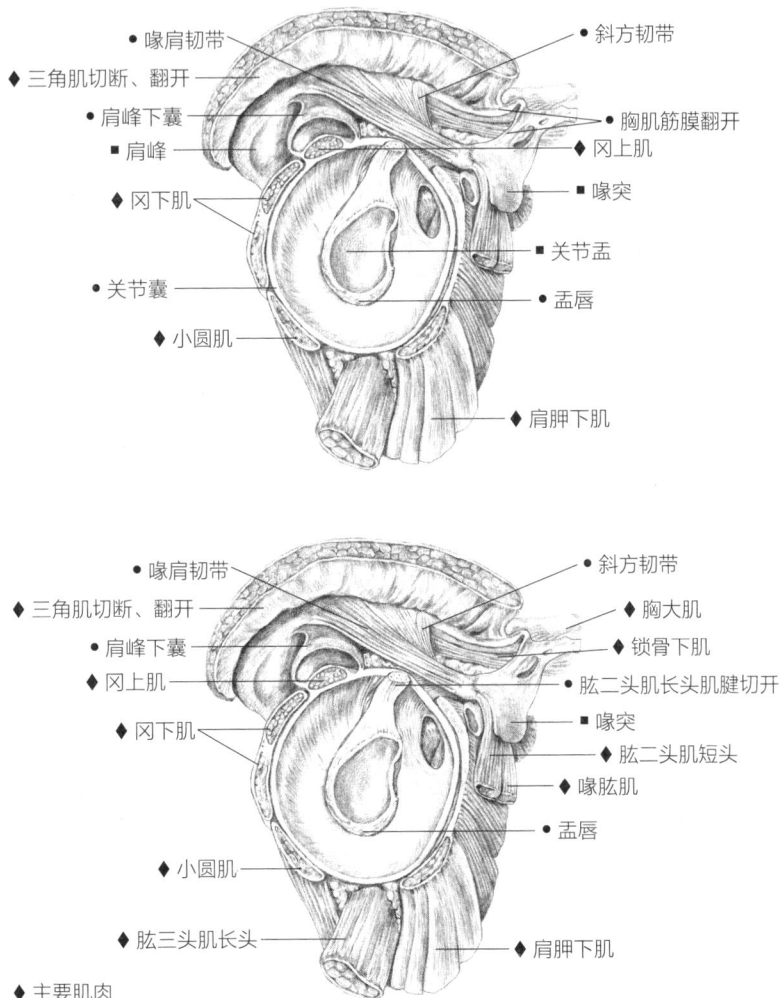

- 喙肩韧带
- ♦ 三角肌切断、翻开
- 肩峰下囊
- ■ 肩峰
- ♦ 冈下肌
- 关节囊
- ♦ 小圆肌

- 斜方韧带
- 胸肌筋膜翻开
- ♦ 冈上肌
- ■ 喙突
- 关节盂
- 盂唇
- ♦ 肩胛下肌

- 喙肩韧带
- ♦ 三角肌切断、翻开
- 肩峰下囊
- ♦ 冈上肌
- ♦ 冈下肌
- ♦ 小圆肌
- ♦ 肱三头肌长头

- 斜方韧带
- ♦ 胸大肌
- ♦ 锁骨下肌
- 肱二头肌长头肌腱切开
- ■ 喙突
- ♦ 肱二头肌短头
- ♦ 喙肱肌
- 盂唇
- ♦ 肩胛下肌

♦ 主要肌肉
■ 主要骨骼
● 韧带、肌腱、结缔组织

2.6　哑铃侧平举的动作变化

肩关节的运动基本上由两个部分完成：一部分是肩胛骨在胸廓上滑动，例如肩胛骨的上提、下降、前突、后缩、上回旋、下回旋；另一部分则是肱骨与肩胛骨连接，例如前屈、后伸、外展、内收、旋内、旋外。从正面来看，肩胛骨通过肩峰与锁骨相连，锁骨的另一端与胸骨相连，形成了胸锁关节和肩锁关节，肱骨头和肩胛骨侧面的关节盂形成盂窝关节。

肩胛胸壁关节

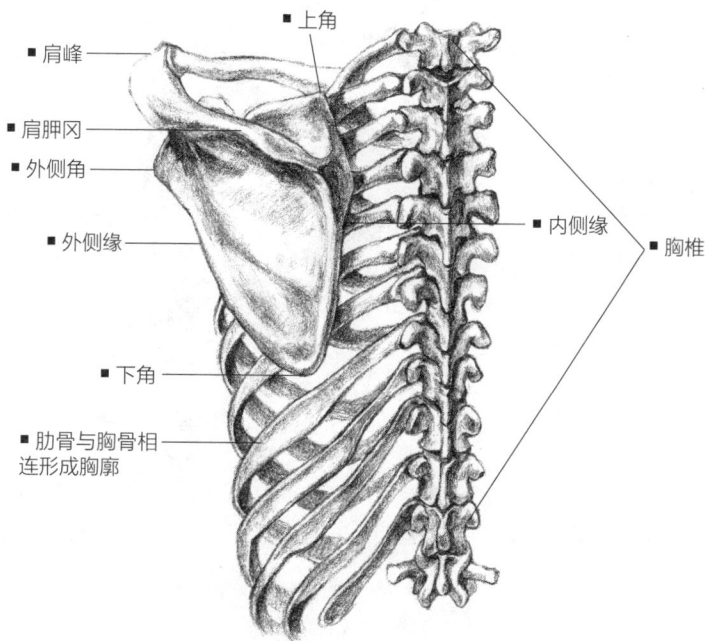

- 上角
- 肩峰
- 肩胛冈
- 外侧角
- 外侧缘
- 内侧缘
- 胸椎
- 下角
- 肋骨与胸骨相连形成胸廓

- 主要骨骼

第3章　胸部肌肉训练

3.1　认识胸大肌

胸大肌起点：锁骨部（锁骨内侧三分之二处）、肋骨部（胸骨前面和第1~6肋软骨前面）、腹部（腹直肌鞘的前壁）。

胸大肌

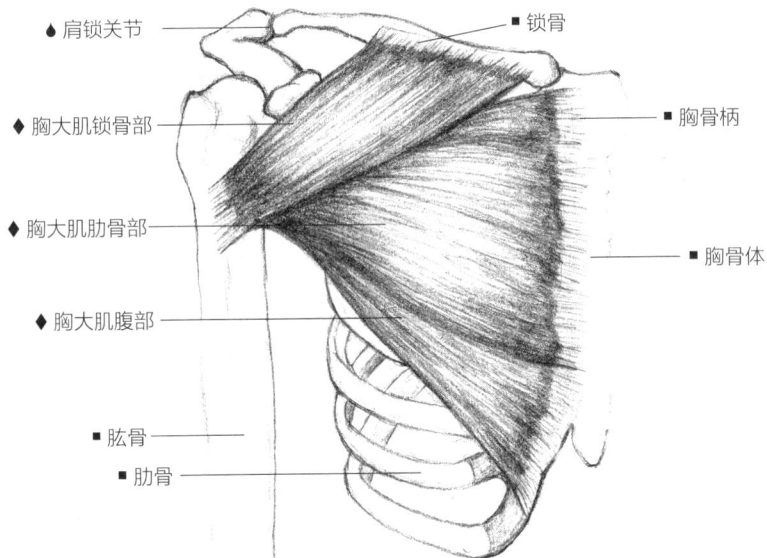

- ◆ 肩锁关节
- ◆ 胸大肌锁骨部
- ◆ 胸大肌肋骨部
- ◆ 胸大肌腹部
- ■ 肱骨
- ■ 肋骨
- ■ 锁骨
- ■ 胸骨柄
- ■ 胸骨体

♦ 主要肌肉

■ 主要骨骼

● 主要关节

胸大肌止点在肱骨大结节嵴。

胸大肌止点

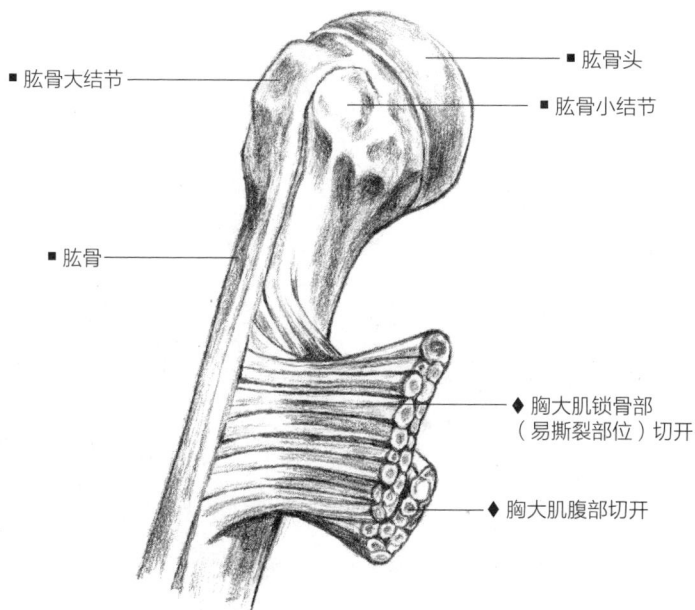

- 肱骨大结节
- 肱骨头
- 肱骨小结节
- 肱骨
- ◆ 胸大肌锁骨部（易撕裂部位）切开
- ◆ 胸大肌腹部切开

◆ 主要肌肉
- 主要骨骼

3.2.1 卧推是否应该触胸

胸大肌

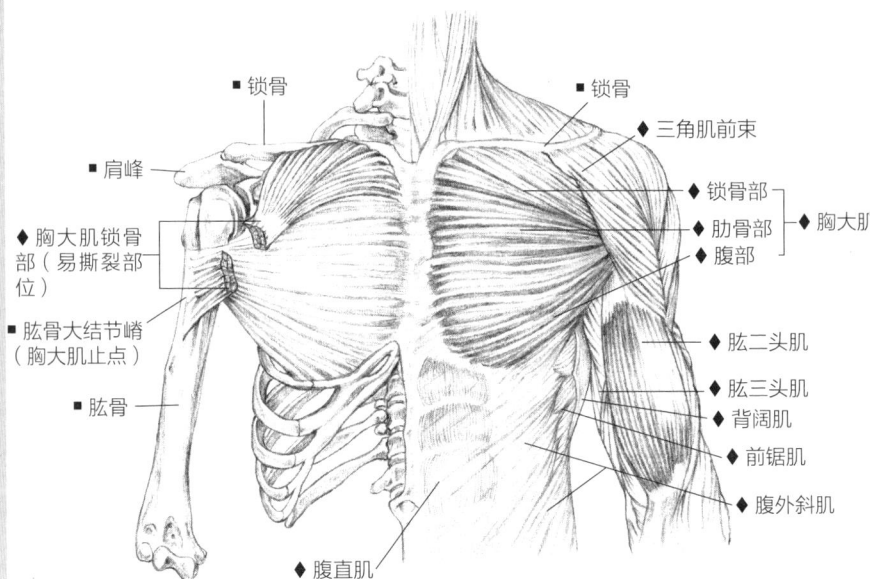

- ■ 锁骨
- ■ 肩峰
- ◆ 胸大肌锁骨部（易撕裂部位）
- ■ 肱骨大结节嵴（胸大肌止点）
- ■ 肱骨
- ■ 锁骨
- ◆ 三角肌前束
- ◆ 锁骨部
- ◆ 肋骨部 } 胸大肌
- ◆ 腹部
- ◆ 肱二头肌
- ◆ 肱三头肌
- ◆ 背阔肌
- ◆ 前锯肌
- ◆ 腹外斜肌
- ◆ 腹直肌

解剖学中线形的高隆起称为嵴，粗糙的隆起称为结节。

- ◆ 主要肌肉
- ■ 主要骨骼

第4章 背部肌肉训练

4.1 认识你的背

椎间盘

椎间盘是相邻两个椎体之间的软骨连接，主要由外围的纤维环和中心的髓核组成，作用是减震、缓冲外力和保护脊髓等。

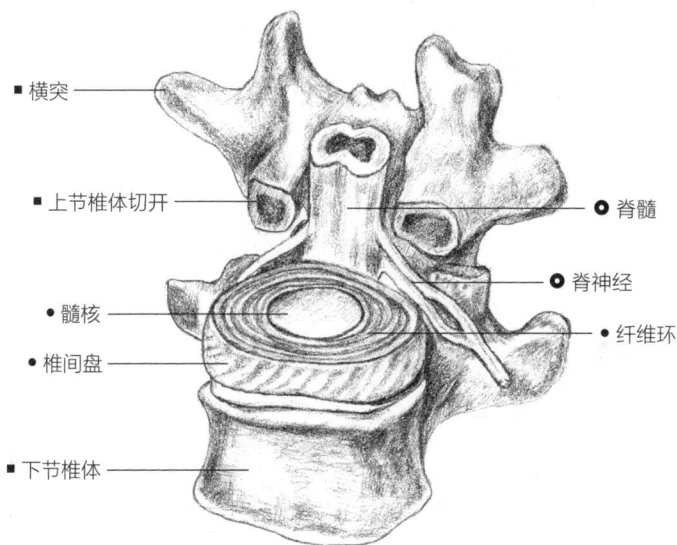

■ 横突

■ 上节椎体切开

● 髓核

● 椎间盘

■ 下节椎体

◖ 脊髓

◖ 脊神经

● 纤维环

■ 主要骨骼

● 韧带、肌腱、结缔组织

◖ 脊髓与神经

椎间盘突出

椎间盘突出常见于腰椎第四、第五节和骶一（L4、L5、S1）。正常情况下椎间盘的纤维环完整，髓核在其中，而腰突则是椎间盘在外力作用下受到"挤压"，纤维环和髓核的形态结构发生改变。

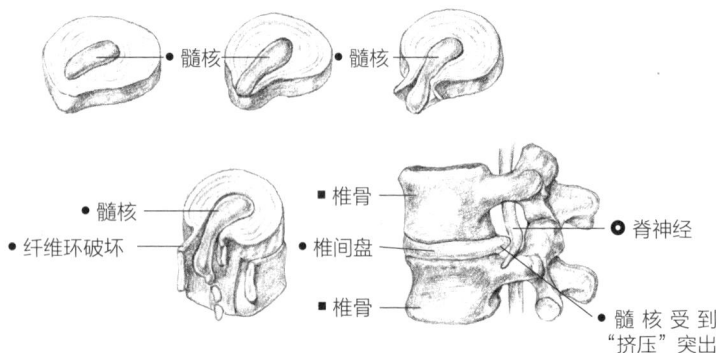

- 髓核
- 髓核

- 髓核
- 纤维环破坏
- 椎骨
- 椎间盘
- 椎骨
- 脊神经
- 髓核受到"挤压"突出

脊柱－颈椎

- 椎体
- 横突
- 寰椎（第一节颈椎）
- 上关节突
- 椎弓板
- 锥孔
- 枢椎（第二节颈椎）
- 棘突
- 棘突
- 第三节颈椎

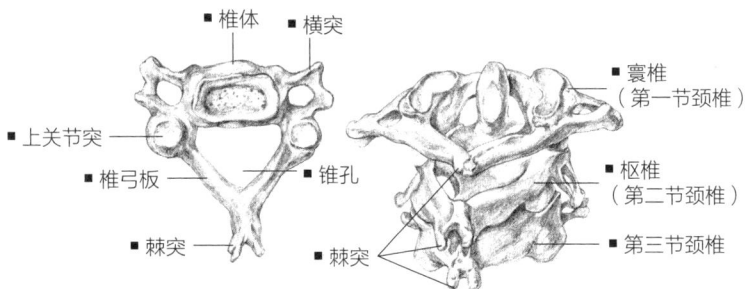

- 主要骨骼
- 韧带、肌腱、结缔组织
- 脊髓与神经

脊柱－胸椎

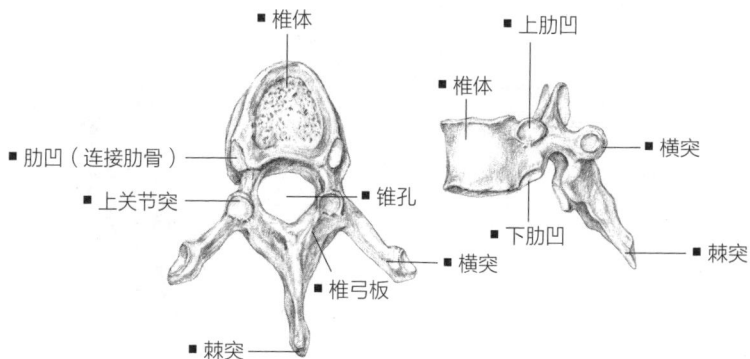

- 椎体
- 上肋凹
- 椎体
- 肋凹（连接肋骨）
- 横突
- 上关节突
- 锥孔
- 横突
- 下肋凹
- 椎弓板
- 棘突
- 棘突

脊柱－腰椎

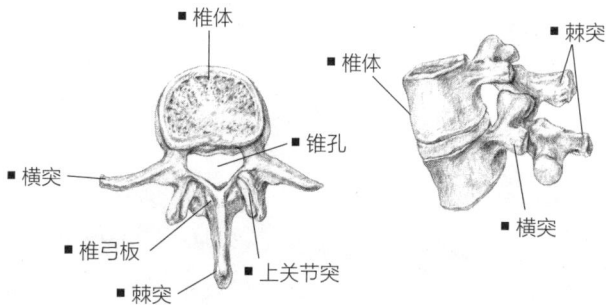

- 椎体
- 棘突
- 椎体
- 锥孔
- 横突
- 横突
- 椎弓板
- 上关节突
- 棘突

■ 主要骨骼

椎体对比

椎体大小：颈椎最小，胸椎次之，腰椎最大。

横截面形状：颈椎呈椭圆形，胸椎呈心形，腰椎类似肾的形状。

棘突：颈椎2~6节棘突较短并且分叉，第7节长，末端不分叉。胸椎棘突长，并且向下后方倾斜，呈瓦片状。腰椎棘突较短、较宽。

横突孔：颈椎横突上有孔（横突孔），腰椎和胸椎没有。

肋凹：胸椎要连接肋骨，所以胸椎上有肋凹，颈椎和腰椎没有。

椎间盘：寰椎和枢椎之间没有椎间盘。

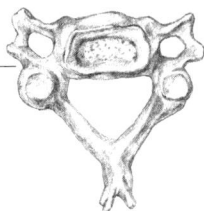

■ 颈椎

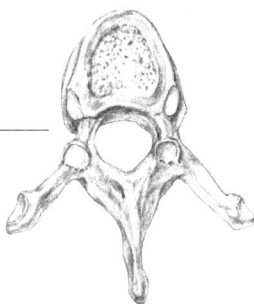

■ 胸椎

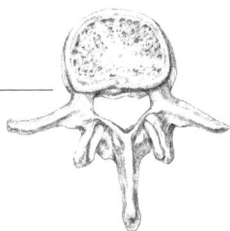

■ 腰椎

■ 主要骨骼

背面手臂肌肉

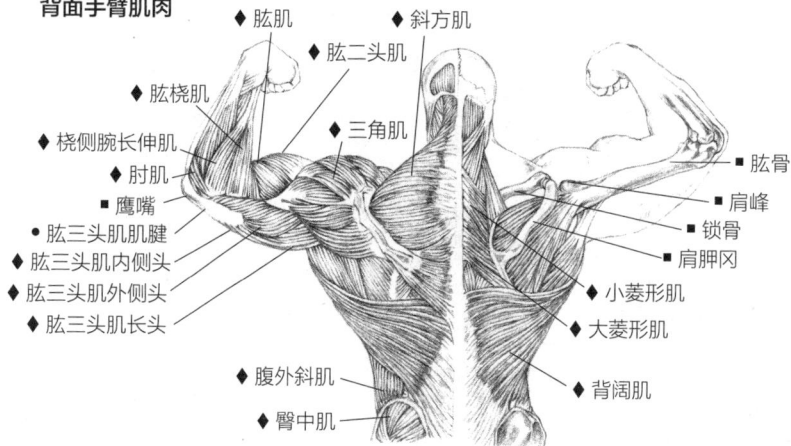

◆ 肱肌
◆ 肱二头肌
◆ 肱桡肌
◆ 桡侧腕长伸肌
◆ 肘肌
■ 鹰嘴
• 肱三头肌肌腱
◆ 肱三头肌内侧头
◆ 肱三头肌外侧头
◆ 肱三头肌长头
◆ 斜方肌
三角肌
◆ 腹外斜肌
◆ 臀中肌

■ 肱骨
■ 肩峰
■ 锁骨
■ 肩胛冈
◆ 小菱形肌
◆ 大菱形肌
◆ 背阔肌

整体背部肌肉

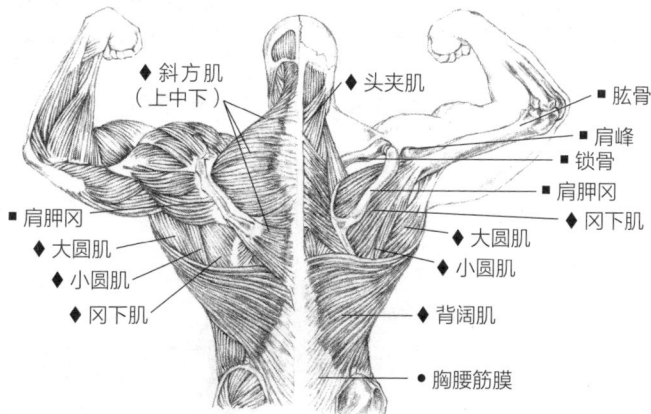

◆ 斜方肌
（上中下）
◆ 头夹肌
■ 肩胛冈
◆ 大圆肌
◆ 小圆肌
◆ 冈下肌

■ 肱骨
■ 肩峰
■ 锁骨
肩胛冈
◆ 冈下肌
◆ 大圆肌
◆ 小圆肌
◆ 背阔肌
• 胸腰筋膜

◆ 主要肌肉
■ 主要骨骼
• 韧带、肌腱、结缔组织

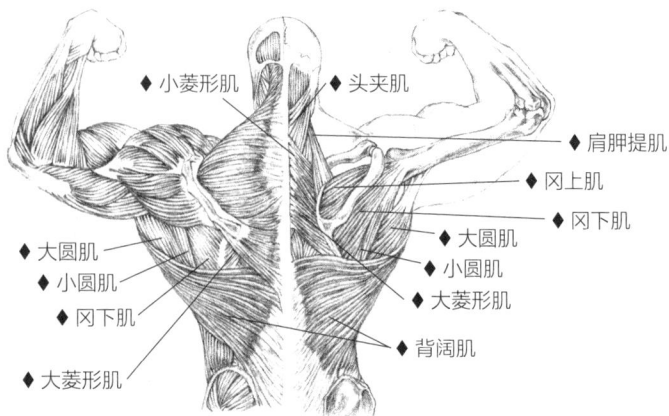

- 小菱形肌
- 头夹肌
- 肩胛提肌
- 冈上肌
- 冈下肌
- 大圆肌
- 小圆肌
- 大菱形肌
- 背阔肌
- 大圆肌
- 小圆肌
- 冈下肌
- 大菱形肌

背部 - 直臂下压
背阔肌和大圆肌

大圆肌是背阔肌主要的协同肌。在直臂下压这个动作中，肱三头肌也是主要的协同肌，尤其是长头，因为直臂下压的过程中，肩关节的运动轨迹从前屈向后伸，此时肱三头肌外侧头主要维持肘伸的角度，而长头（起点在肩胛骨）则协同肩关节后伸。

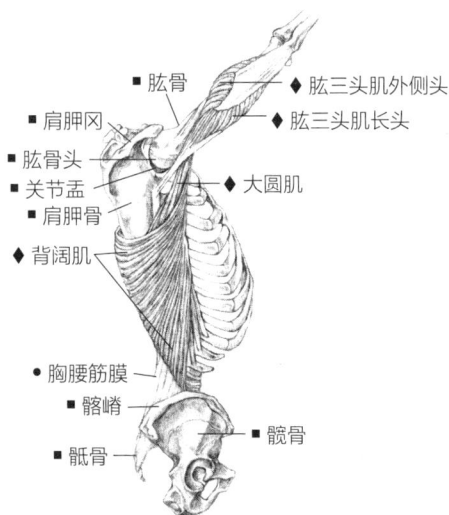

- 肱骨
- 肱三头肌外侧头
- 肩胛冈
- 肱三头肌长头
- 肱骨头
- 大圆肌
- 关节盂
- 肩胛骨
- 背阔肌
- 胸腰筋膜
- 髂嵴
- 髋骨
- 骶骨

- ◆ 主要肌肉
- ■ 主要骨骼
- ● 韧带、肌腱、结缔组织

4.17 硬拉的动作变化——直腿硬拉、宽站距（相扑）硬拉等

硬拉－屈髋

硬拉可以很好地锻炼大腿后侧肌肉，同时硬拉也是自由重量划船、提拉、高翻等动作的基础，如果腘绳肌（半膜肌、半腱肌、股二头肌）功能性力量偏弱，或者在髋屈伸时出现问题，则有可能影响骨盆的旋转，从而自下而上地影响腰椎、胸椎，以及整个胸廓两侧的肩胛骨、肱骨上所有肌肉群。

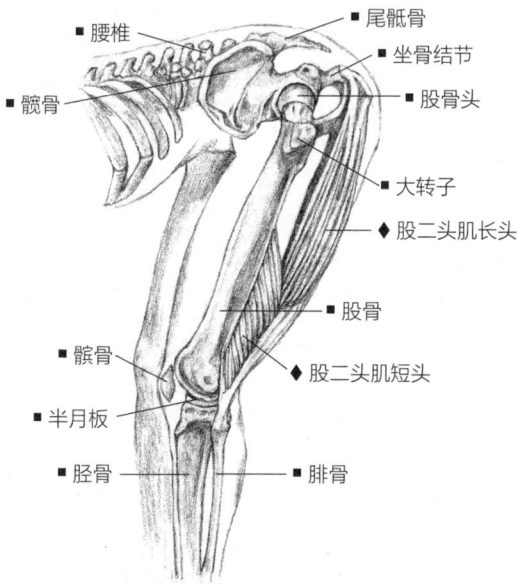

■ 腰椎
■ 尾骶骨
■ 坐骨结节
■ 髋骨
■ 股骨头
■ 大转子
◆ 股二头肌长头
■ 股骨
■ 髌骨
◆ 股二头肌短头
■ 半月板
■ 胫骨
■ 腓骨

◆ 主要肌肉

■ 主要骨骼

第 5 章　腿部肌肉训练

5.1　认识腿部

腿部 – 膝关节

半月板主要功能之一就是分散膝关节所承受的压力，这是通过增大骨的接触面积实现的，同时它增加了关节面的凹陷面积，更有助于膝关节的稳定。

前后交叉韧带的作用是防止膝关节前后滑动，前交叉韧带的作用是防止胫骨向前滑动，后交叉韧带的作用是防止胫骨向后滑动，所以临床上判断十字韧带断裂会采用"抽屉测试"，就是在患者仰卧、屈膝位时，向前或者向后推拉患者小腿，如果前后交叉韧带断裂，则小腿骨相对大腿骨会有较为明显的前后位移。

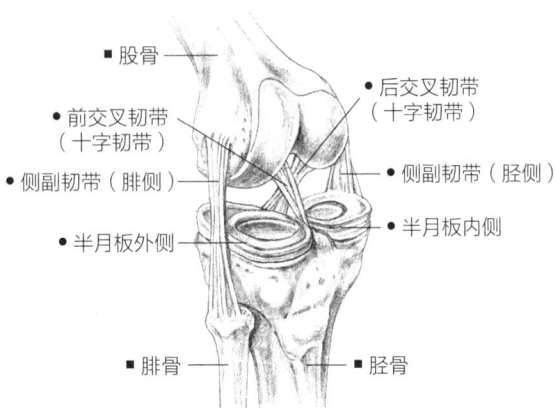

- ■ 股骨
- ● 后交叉韧带（十字韧带）
- ● 前交叉韧带（十字韧带）
- ● 侧副韧带（胫侧）
- ● 侧副韧带（腓侧）
- ● 半月板内侧
- ● 半月板外侧
- ■ 腓骨
- ■ 胫骨

两侧的副韧带的作用则是更好地固定膝关节，防止膝关节向内外方向位移，其中胫侧副韧带厚度大于腓侧副韧带厚度。膝关节的主要运动就是屈伸，膝关节伸展时副韧带拉紧，膝关节屈曲时副韧带松弛。

下肢肌肉 – 小腿

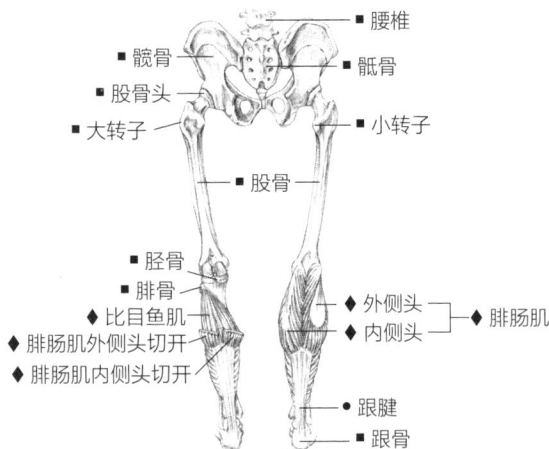

- ■ 腰椎
- ■ 髋骨
- ■ 骶骨
- ■ 股骨头
- ■ 大转子
- ■ 小转子
- ■ 股骨
- ■ 胫骨
- ■ 腓骨
- ◆ 比目鱼肌
- ◆ 腓肠肌外侧头切开
- ◆ 腓肠肌内侧头切开
- ◆ 外侧头
- ◆ 内侧头
- ◆ 腓肠肌
- ● 跟腱
- ■ 跟骨

- ◆ 主要肌肉
- ■ 主要骨骼
- ● 韧带、肌腱、结缔组织

下肢肌肉 – 正面

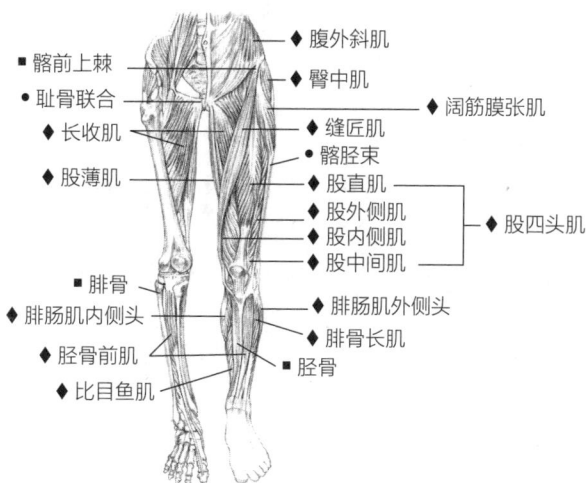

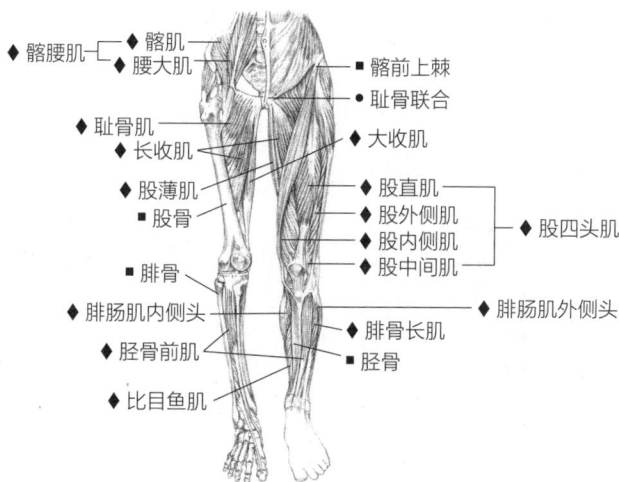

- ■ 髂前上棘
- ● 耻骨联合
- ◆ 长收肌
- ◆ 股薄肌

- ◆ 腹外斜肌
- ◆ 臀中肌
- ◆ 阔筋膜张肌
- ◆ 缝匠肌
- ● 髂胫束
- ◆ 股直肌
- ◆ 股外侧肌
- ◆ 股内侧肌 ┐
- ◆ 股中间肌 ┘ ◆ 股四头肌

- ■ 腓骨
- ◆ 腓肠肌内侧头
- ◆ 胫骨前肌
- ◆ 比目鱼肌

- ◆ 腓肠肌外侧头
- ◆ 腓骨长肌
- ■ 胫骨

- ◆ 髂腰肌 ┬ ◆ 髂肌
- └ ◆ 腰大肌
- ◆ 耻骨肌
- ◆ 长收肌
- ◆ 股薄肌
- ■ 股骨

- ■ 髂前上棘
- ● 耻骨联合
- ◆ 大收肌
- ◆ 股直肌 ┐
- ◆ 股外侧肌
- ◆ 股内侧肌 ├ ◆ 股四头肌
- ◆ 股中间肌 ┘

- ■ 腓骨
- ◆ 腓肠肌内侧头
- ◆ 胫骨前肌
- ◆ 比目鱼肌

- ◆ 腓肠肌外侧头
- ◆ 腓骨长肌
- ■ 胫骨

- ◆ 主要肌肉
- ■ 主要骨骼
- ● 韧带、肌腱、结缔组织

下肢肌肉 – 背面

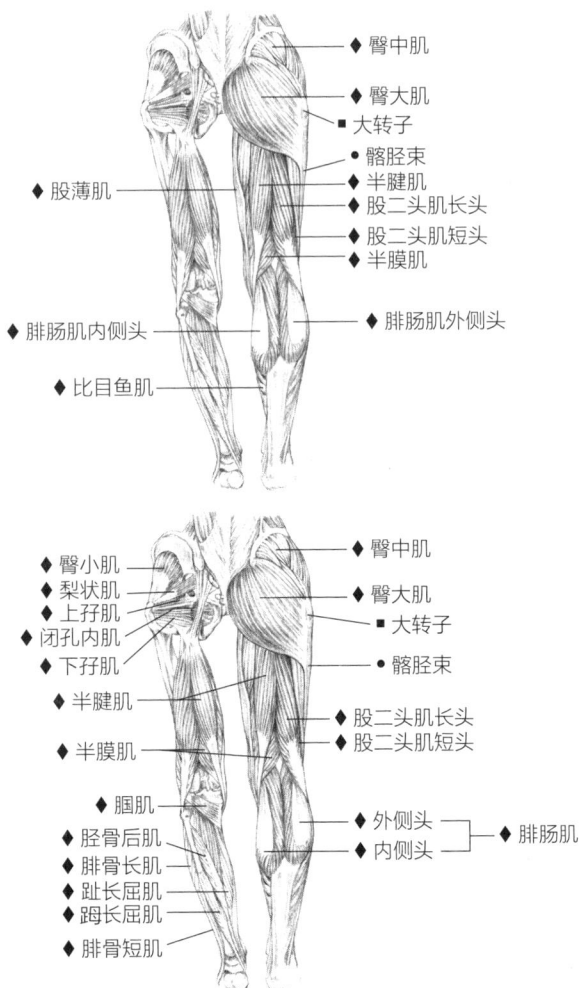

◆ 臀中肌

◆ 臀大肌

▪ 大转子

• 髂胫束

◆ 半腱肌

◆ 股二头肌长头

◆ 股二头肌短头

◆ 半膜肌

◆ 股薄肌

◆ 腓肠肌内侧头

◆ 腓肠肌外侧头

◆ 比目鱼肌

◆ 臀小肌

◆ 梨状肌

◆ 上孖肌

◆ 闭孔内肌

◆ 下孖肌

◆ 臀中肌

◆ 臀大肌

▪ 大转子

• 髂胫束

◆ 半腱肌

◆ 股二头肌长头

◆ 股二头肌短头

◆ 半膜肌

◆ 腘肌

◆ 胫骨后肌

◆ 腓骨长肌

◆ 趾长屈肌

◆ 姆长屈肌

◆ 腓骨短肌

◆ 外侧头 ⎤
　　　　　 ⎦ ◆ 腓肠肌
◆ 内侧头 ⎤

◆ 主要肌肉

▪ 主要骨骼

• 韧带、肌腱、结缔组织

下肢 - 臀部

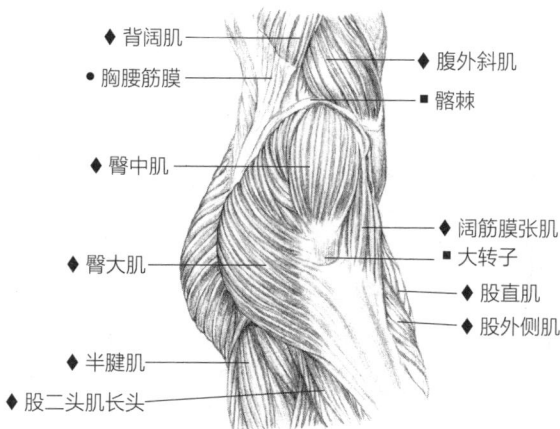

- ◆ 背阔肌
- • 胸腰筋膜
- ◆ 腹外斜肌
- ▪ 髂棘
- ◆ 臀中肌
- ◆ 阔筋膜张肌
- ▪ 大转子
- ◆ 股直肌
- ◆ 股外侧肌
- ◆ 臀大肌
- ◆ 半腱肌
- ◆ 股二头肌长头

下肢 - 臀部肌肉 - 深面解剖

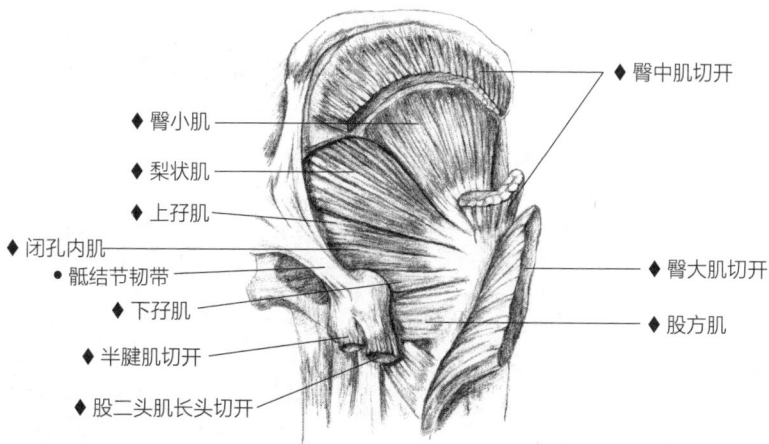

- ◆ 臀中肌切开
- ◆ 臀小肌
- ◆ 梨状肌
- ◆ 上孖肌
- ◆ 闭孔内肌
- • 骶结节韧带
- ◆ 下孖肌
- ◆ 臀大肌切开
- ◆ 股方肌
- ◆ 半腱肌切开
- ◆ 股二头肌长头切开

- ◆ 主要肌肉
- ▪ 主要骨骼
- • 韧带、肌腱、结缔组织

臀大肌属于浅层肌肉，臀中肌在臀大肌深面，将臀大肌切开后可以看到臀中肌，而臀小肌在臀中肌深面。

5.3 下蹲动作（深蹲）中的常见问题

腿部 – 下蹲 – 肌肉

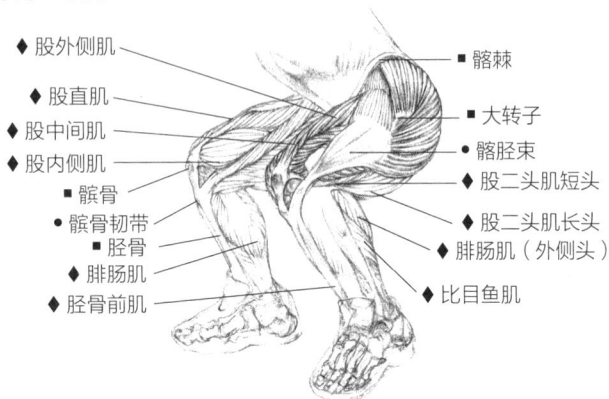

- ◆ 股外侧肌
- ◆ 股直肌
- ◆ 股中间肌
- ◆ 股内侧肌
- ■ 髌骨
- • 髌骨韧带
- ■ 胫骨
- ◆ 腓肠肌
- ◆ 胫骨前肌
- ■ 髂棘
- ■ 大转子
- • 髂胫束
- ◆ 股二头肌短头
- ◆ 股二头肌长头
- ◆ 腓肠肌（外侧头）
- ◆ 比目鱼肌

背部、腿部 – 硬拉 – 髋屈伸

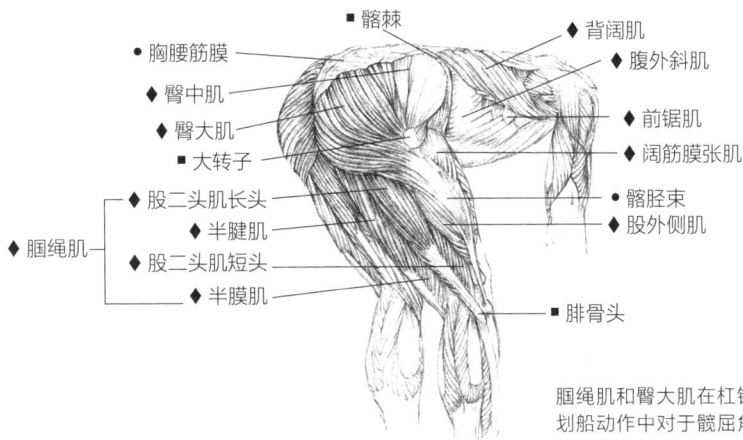

- ■ 髂棘
- • 胸腰筋膜
- ◆ 臀中肌
- ◆ 臀大肌
- ■ 大转子
- ◆ 股二头肌长头
- ◆ 半腱肌
- ◆ 股二头肌短头
- ◆ 半膜肌
- ◆ 腘绳肌
- ◆ 背阔肌
- ◆ 腹外斜肌
- ◆ 前锯肌
- ◆ 阔筋膜张肌
- • 髂胫束
- ◆ 股外侧肌
- ■ 腓骨头

腘绳肌和臀大肌在杠铃划船动作中对于髋屈角度意义很大。

- ◆ 主要肌肉
- ■ 主要骨骼
- • 韧带、肌腱、结缔组织

5.4 杠铃颈后深蹲的动作变化——杠铃颈前深蹲

腿部肌肉 – 正面

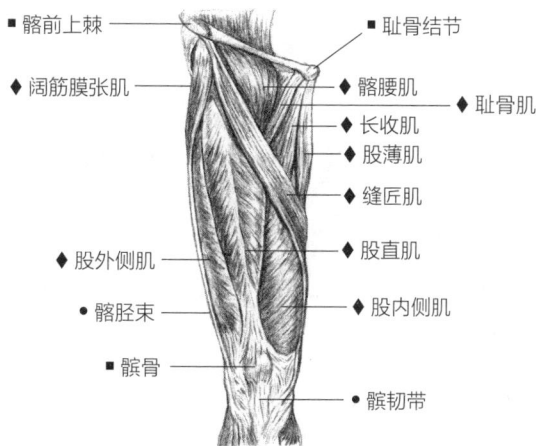

- ■ 髂前上棘
- ■ 耻骨结节
- ♦ 阔筋膜张肌
- ♦ 髂腰肌
- ♦ 耻骨肌
- ♦ 长收肌
- ♦ 股薄肌
- ♦ 缝匠肌
- ♦ 股外侧肌
- ♦ 股直肌
- • 髂胫束
- ♦ 股内侧肌
- ■ 髌骨
- • 髌韧带

5.7 腿举的动作变化——哈克深蹲

腿部肌肉 – 背面

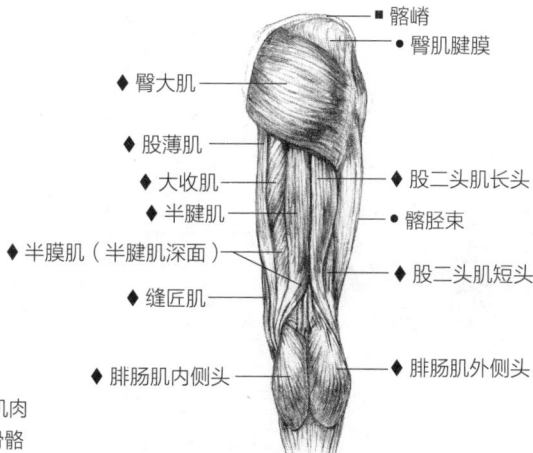

- ■ 髂嵴
- • 臀肌腱膜
- ♦ 臀大肌
- ♦ 股薄肌
- ♦ 大收肌
- ♦ 股二头肌长头
- ♦ 半腱肌
- • 髂胫束
- ♦ 半膜肌（半腱肌深面）
- ♦ 股二头肌短头
- ♦ 缝匠肌
- ♦ 腓肠肌内侧头
- ♦ 腓肠肌外侧头

- ♦ 主要肌肉
- ■ 主要骨骼
- • 韧带、肌腱、结缔组织

5.9 俯卧腿屈伸

腿部肌肉 – 侧面

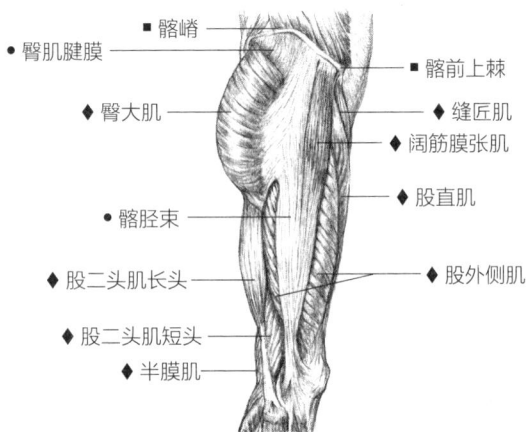

- ■ 髂嵴
- • 臀肌腱膜
- ■ 髂前上棘
- ◆ 臀大肌
- ◆ 缝匠肌
- ◆ 阔筋膜张肌
- ◆ 股直肌
- • 髂胫束
- ◆ 股二头肌长头
- ◆ 股外侧肌
- ◆ 股二头肌短头
- ◆ 半膜肌

下肢 – 臀部

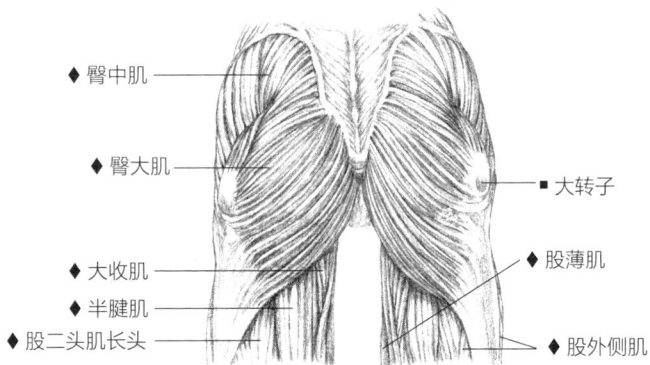

- ◆ 臀中肌
- ◆ 臀大肌
- ■ 大转子
- ◆ 大收肌
- ◆ 股薄肌
- ◆ 半腱肌
- ◆ 股二头肌长头
- ◆ 股外侧肌

- ◆ 主要肌肉
- ■ 主要骨骼
- • 韧带、肌腱、结缔组织

第6章　手臂肌肉训练

6.1　认识手臂

整体肩膀和手臂肌肉

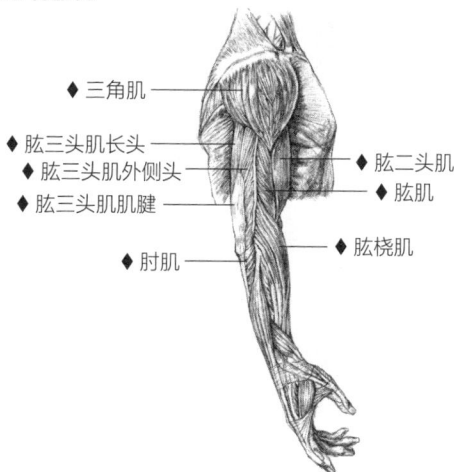

- ♦ 三角肌
- ♦ 肱三头肌长头
- ♦ 肱三头肌外侧头
- ♦ 肱三头肌肌腱
- ♦ 肘肌
- ♦ 肱二头肌
- ♦ 肱肌
- ♦ 肱桡肌

上肢　胳膊　右侧
三角肌和胸大肌切开后

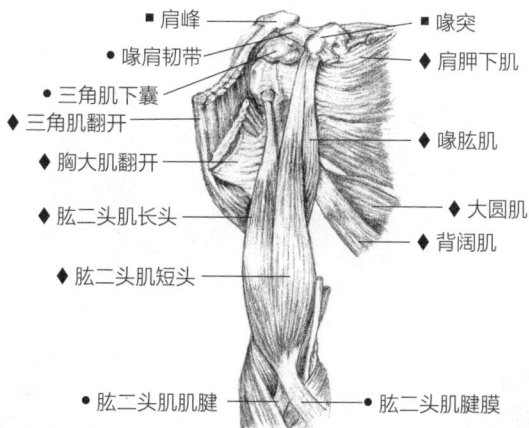

- ■ 肩峰
- • 喙肩韧带
- • 三角肌下囊
- ♦ 三角肌翻开
- ♦ 胸大肌翻开
- ♦ 肱二头肌长头
- ♦ 肱二头肌短头
- ■ 喙突
- ♦ 肩胛下肌
- ♦ 喙肱肌
- ♦ 大圆肌
- ♦ 背阔肌

- ♦ 主要肌肉
- ■ 主要骨骼
- • 韧带、肌腱、结缔组织

- • 肱二头肌肌腱
- • 肱二头肌腱膜

胳膊 右侧
肱三头肌
三角肌切开

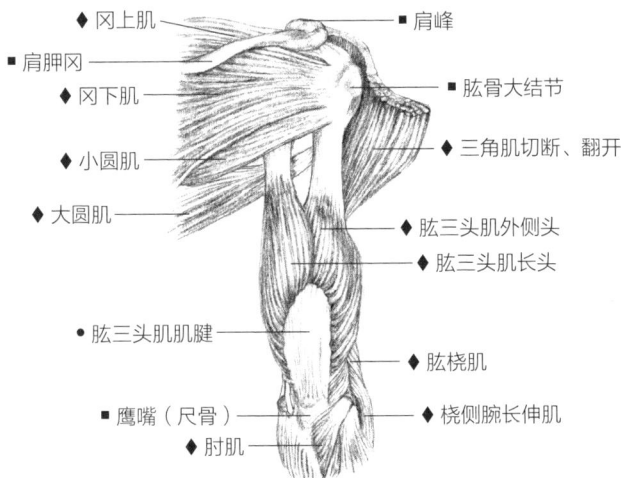

- ♦ 冈上肌
- ■ 肩峰
- ■ 肩胛冈
- ♦ 冈下肌
- ■ 肱骨大结节
- ♦ 小圆肌
- ♦ 三角肌切断、翻开
- ♦ 大圆肌
- ♦ 肱三头肌外侧头
- ♦ 肱三头肌长头
- • 肱三头肌肌腱
- ♦ 肱桡肌
- ■ 鹰嘴（尺骨）
- ♦ 桡侧腕长伸肌
- ♦ 肘肌

6.3 肱二头肌训练的动作变化和细节

胳膊

- ■ 桡骨
- ■ 肩峰
- ♦ 肱二头肌长头
- ■ 锁骨
- ■ 尺骨
- ■ 喙突
- ♦ 肱二头肌短头
- ■ 肩胛骨
- ♦ 肱三头肌长头

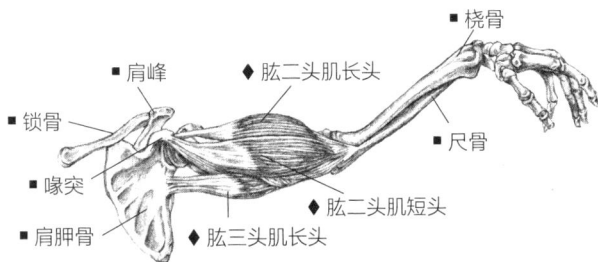

肱二头肌的短头、长头，以及肱三头肌长头都与肩胛骨（肩关节）的活动有关。

- ♦ 主要肌肉
- ■ 主要骨骼
- • 韧带、肌腱、结缔组织

胳膊
肱二头肌

肱二头肌止点在桡骨，所以肘关节（小臂）屈曲和旋外时，肱二头肌收缩增加。

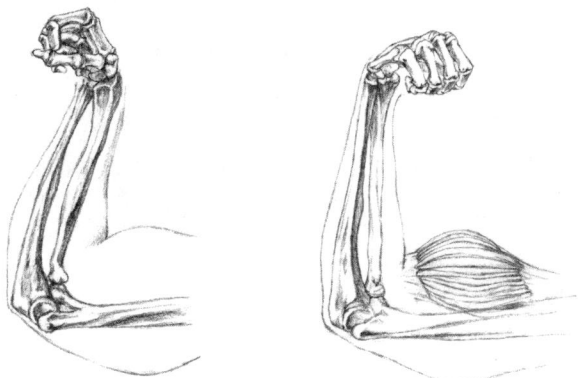

上肢手臂 - 肘关节

髁、粗隆，在解剖学术语中，都是突起的意思。粗隆就是粗糙的隆起，髁虽然也是突起，但是表面没有那么粗糙。

肱骨内上髁是前臂屈肌及旋前圆肌肌腱的附着处，人们俗称的"高尔夫球肘"就是这部分肌肉、肌腱的劳损、炎症。

肱骨外上髁是前臂伸肌肌腱的附着处，人们俗称的"网球肘"就是肱骨外上髁炎，因为常见于网球运动员，所以称为"网球肘"。打网球的时候需要在握紧球拍的状态下伸腕，这会让肌肉长期疲劳、劳损，造成伸肌损伤。网球肘初期表现为肘关节外上髁处不适，严重时则有可能影响抓握力。

■ 主要骨骼

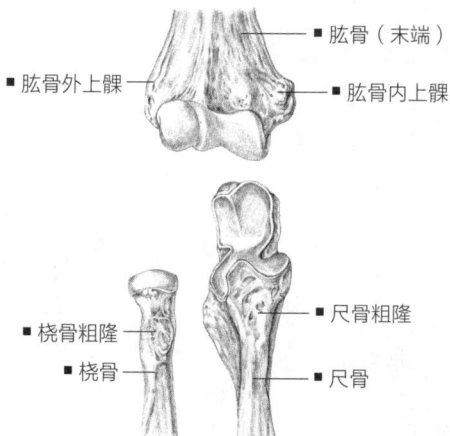

■ 肱骨（末端）

■ 肱骨外上髁

■ 肱骨内上髁

桡骨粗隆

■ 桡骨

■ 尺骨粗隆

■ 尺骨

桡骨粗隆是肱二头肌的止点，尺骨粗隆是肱肌的止点。

上肢手臂 – 肘关节

在肘关节的运动中，小臂不仅可以屈伸，而且可以旋转（旋前旋后），这得益于肘关节中肱桡关节和桡尺近侧关节的骨结构。桡骨和肱骨连接处构成了肱桡关节，桡骨的环状关节面就像像一个表面凹下去的象棋一样，而肱骨小头的凸起面则可以和它完美契合，为前臂的旋转提供了结构上的可能。前臂旋转本质上也发生在尺桡骨之间，这得益于桡骨环状关节面和尺骨的桡切迹，它们的关节面依旧凹凸契合。

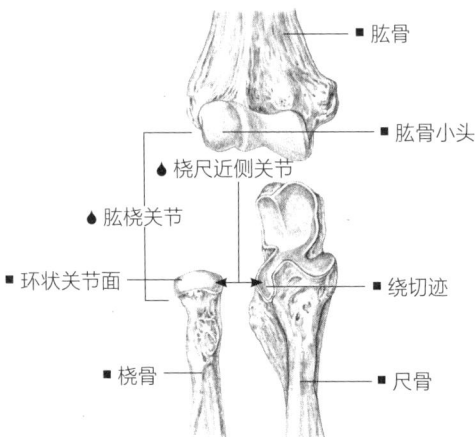

- 肱骨
- 肱骨小头
- 桡尺近侧关节
- 肱桡关节
- 环状关节面
- 绕切迹
- 桡骨
- 尺骨

上肢手臂 – 肘关节

肱尺关节属于滑车关节，滑车关节的特点就是在一个面上屈伸，例如指关节、膝关节。这类关节一侧的骨骼在结构上状呈滑车状，例如肱骨滑车，而相对应的关节面则呈滑车切迹状，其实就是一面凸起，一面凹陷，凹凸的关节面完美贴合，最终让关节只能在一个面上做屈伸。

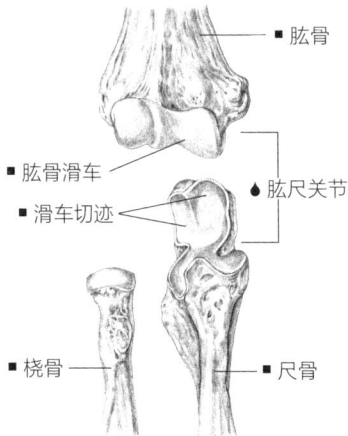

- 肱骨
- 肱骨滑车
- 肱尺关节
- 滑车切迹
- 桡骨
- 尺骨

- 主要骨骼
- 主要关节

上肢手臂 – 肘关节

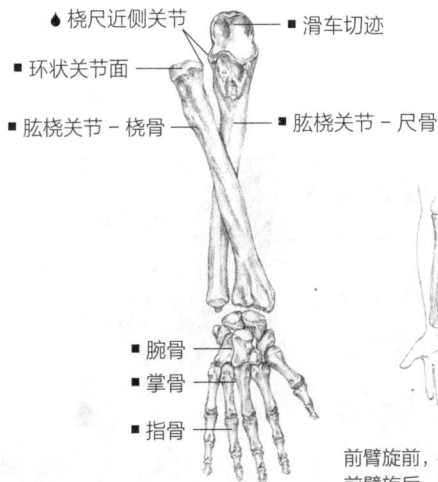

肘关节由三块骨头构成，分别是肱骨，也就是我们俗称的大臂，以及构成小臂的尺骨和桡骨。这三块骨头构成了三个关节，分别是肱尺关节、肱桡关节，以及桡尺近端关节。我们的肘关节之所以可以屈伸，小臂可以旋转，正是因为这三个关节结构独特。

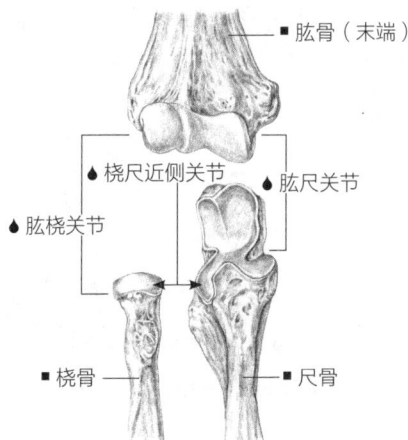

■ 肱骨（末端）

♦ 桡尺近侧关节

♦ 肱尺关节

♦ 肱桡关节

■ 桡骨

■ 尺骨

上肢手臂 – 肘关节

♦ 桡尺近侧关节

■ 滑车切迹

■ 环状关节面

■ 肱桡关节 – 桡骨

■ 肱桡关节 – 尺骨

■ 腕骨

■ 掌骨

■ 指骨

前臂旋前，手掌朝下，拇指朝内。
前臂旋后，手掌朝上，拇指朝外。

■ 主要骨骼
♦ 主要关节

6.6 肱三头肌——握距、握法和动作变化

**胳膊右侧
肱三头肌
长头切开**

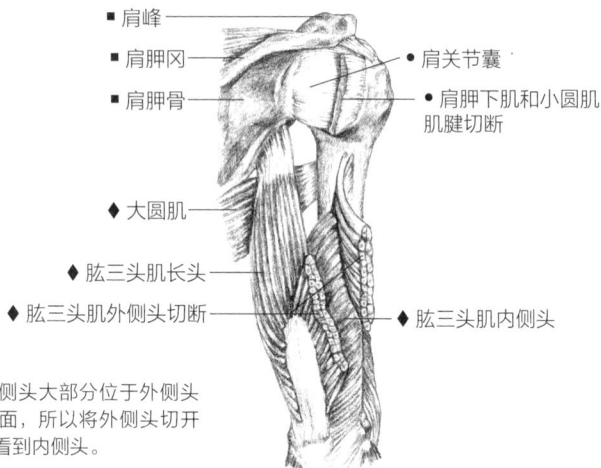

- 肩峰
- 肩胛冈
- 肩胛骨
- 肩关节囊
- 肩胛下肌和小圆肌肌腱切断
- ♦ 大圆肌
- ♦ 肱三头肌长头
- ♦ 肱三头肌外侧头切断
- ♦ 肱三头肌内侧头

肱三头肌内侧头大部分位于外侧头和长头的深面，所以将外侧头切开可以直观地看到内侧头。

**胳膊
肱三头肌**

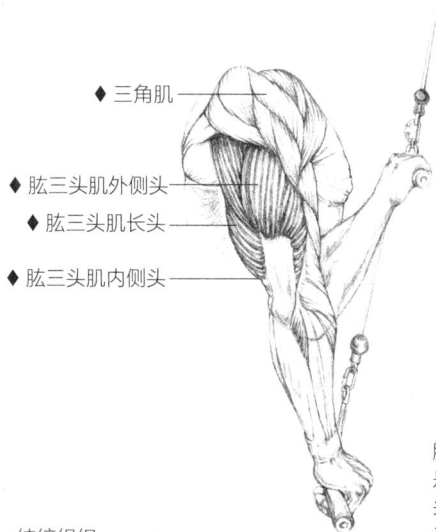

- ♦ 三角肌
- ♦ 肱三头肌外侧头
- ♦ 肱三头肌长头
- ♦ 肱三头肌内侧头

- ♦ 主要肌肉
- ■ 主要骨骼
- ● 韧带、肌腱、结缔组织

肱三头肌的主要作用就是伸肘，所以锻炼肱三头肌的动作都离不开肘关节的屈伸。

上肢
肩膀与大臂左侧

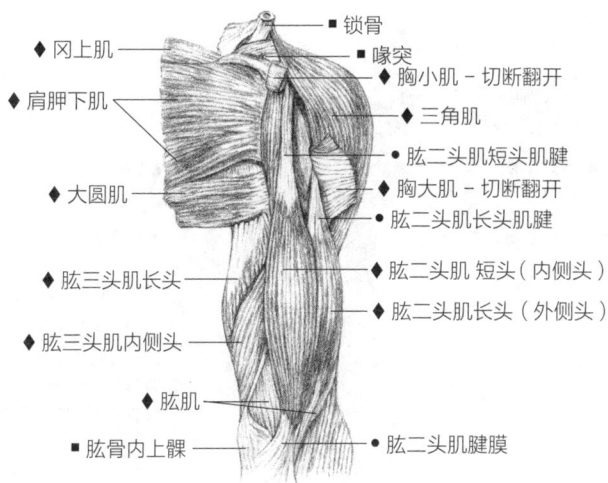

■ 锁骨
♦ 冈上肌
■ 喙突
♦ 胸小肌 - 切断翻开
♦ 肩胛下肌
♦ 三角肌
• 肱二头肌短头肌腱
♦ 胸大肌 - 切断翻开
♦ 大圆肌
• 肱二头肌长头肌腱
♦ 肱三头肌长头
♦ 肱二头肌 短头（内侧头）
♦ 肱二头肌长头（外侧头）
♦ 肱三头肌内侧头
♦ 肱肌
■ 肱骨内上髁
• 肱二头肌腱膜

♦ 主要肌肉
■ 主要骨骼
• 韧带、肌腱、结缔组织

第 7 章　核心区训练

7.1　认识腹部

腹部肌肉

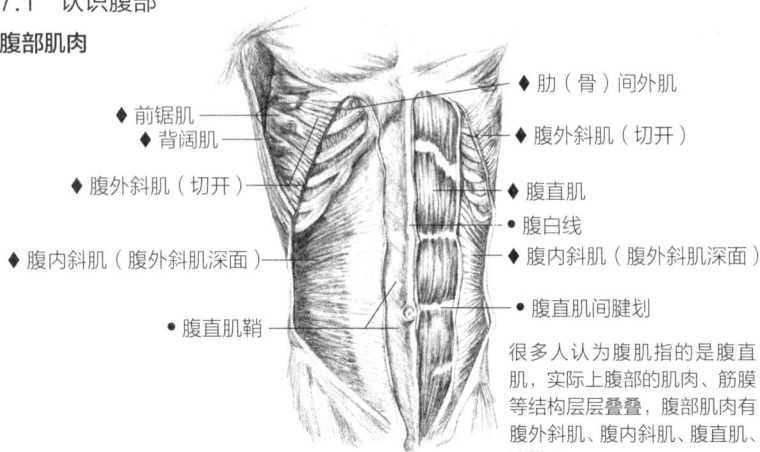

♦ 前锯肌
♦ 背阔肌
♦ 腹外斜肌（切开）
♦ 腹内斜肌（腹外斜肌深面）
• 腹直肌鞘

♦ 肋（骨）间外肌
♦ 腹外斜肌（切开）
♦ 腹直肌
• 腹白线
♦ 腹内斜肌（腹外斜肌深面）
• 腹直肌间腱划

很多人认为腹肌指的是腹直肌，实际上腹部的肌肉、筋膜等结构层层叠叠，腹部肌肉有腹外斜肌、腹内斜肌、腹直肌、腹横肌。

核心 - 腹直肌

腹部的肌肉群中，只有腹直肌的肌纤维是自上而下的。腹白线将腹直肌分成左右两部分，它位于腹壁前侧正中线上，是由两侧腱膜互相交叉而成的一条线。腹直肌被腹直肌鞘包裹，女性怀孕时出现的腹直肌分离，实际上指的就是腹白线变宽。

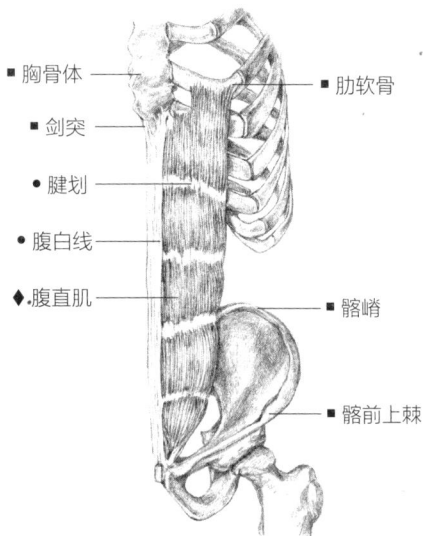

■ 胸骨体
■ 剑突
• 腱划
• 腹白线
♦ 腹直肌

■ 肋软骨
■ 髂嵴
■ 髂前上棘

♦ 主要肌肉

■ 主要骨骼

• 韧带、肌腱、结缔组织

腹部肌肉
深层解剖

想象一下将腹壁切开，埋藏在脂肪层以下的是腹外斜肌的腱膜，将它切开之后就是腹内斜肌的腱膜，而腹直肌就被包裹在腱膜之下，这部分腱膜就是腹直肌鞘前层，将前层切开后就会看到被包裹在其中的腹直肌。再将腹直肌切开、剥离，我们就会看到腹直肌鞘后层，它由腹外斜肌和腹横肌腱膜构成。左右两侧的腹直肌鞘前层、后层在中线交织以后，形成了腹白线。

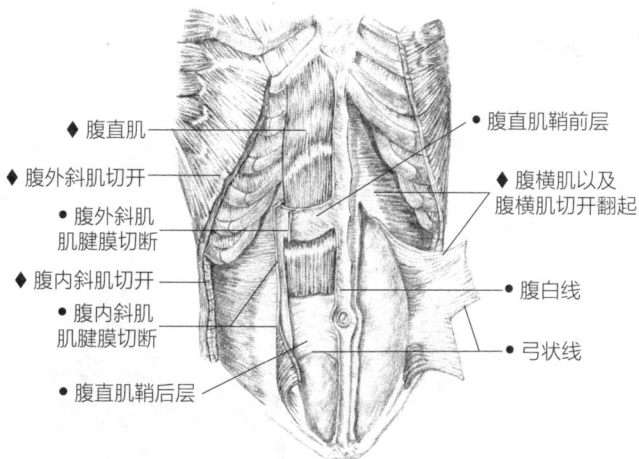

◆ 腹直肌
◆ 腹外斜肌切开
● 腹外斜肌肌腱膜切断
◆ 腹内斜肌切开
● 腹内斜肌肌腱膜切断
● 腹直肌鞘后层

● 腹直肌鞘前层
◆ 腹横肌以及腹横肌切开翻起
● 腹白线
● 弓状线

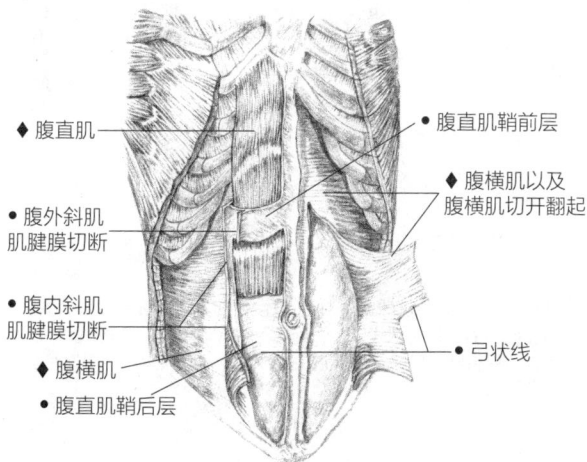

◆ 腹直肌
● 腹外斜肌肌腱膜切断
● 腹内斜肌肌腱膜切断
◆ 腹横肌
● 腹直肌鞘后层

● 腹直肌鞘前层
◆ 腹横肌以及腹横肌切开翻起
● 弓状线

腹直肌鞘就像一个有弹性的"口袋"一样，将腹直肌包裹在内，所以你也可以理解为，腹直肌鞘是"放"腹直肌的口袋，我们的衣服"口袋"是由两块布构成，腹直肌鞘就像两块布一样包裹着腹直肌，而腹直肌鞘分为前层和后层，腹直肌就包裹其中。

◆ 主要肌肉

● 韧带、肌腱、结缔组织

腹部肌肉
深层解剖

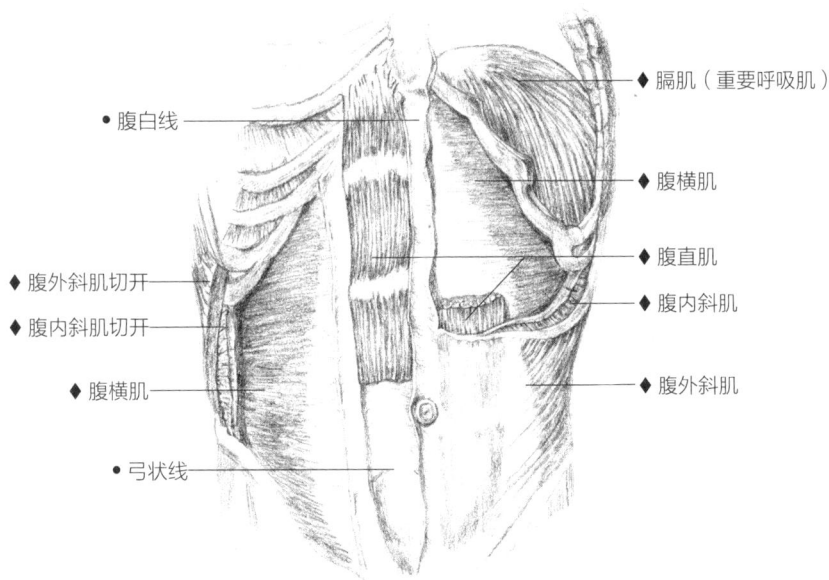

- 腹白线

♦ 膈肌（重要呼吸肌）

♦ 腹横肌

♦ 腹直肌

♦ 腹外斜肌切开

♦ 腹内斜肌切开

♦ 腹内斜肌

♦ 腹横肌

♦ 腹外斜肌

- 弓状线

弓状线的位置大致在肚脐和耻骨联合中间，腹直肌鞘在弓状线以上和以下略有区别，我们前面描述的都是弓状线以上，而在弓状线以下时，腹直肌鞘后层消失。你可以理解为弓状线以下只有腹直肌鞘前层，它由腹外斜肌、腹内斜肌、腹横肌的腱膜融合而成。

♦ 主要肌肉

- 韧带、肌腱、结缔组织

腹部－卷腹

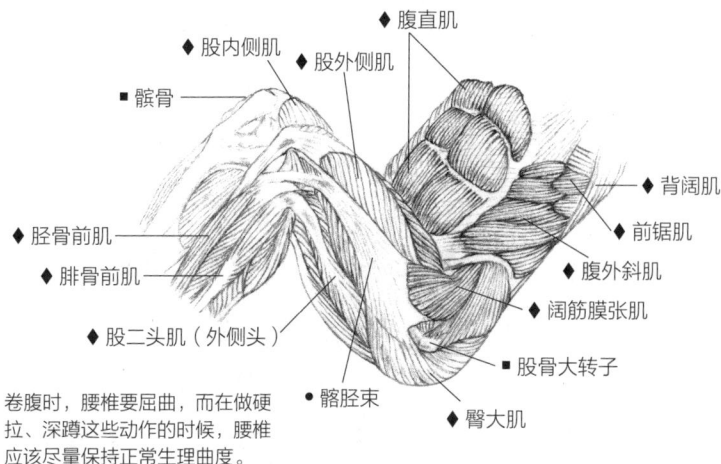

♦ 腹直肌

♦ 股内侧肌

♦ 股外侧肌

■ 髌骨

♦ 胫骨前肌

♦ 腓骨前肌

♦ 股二头肌（外侧头）

• 髂胫束

♦ 背阔肌

♦ 前锯肌

♦ 腹外斜肌

♦ 阔筋膜张肌

■ 股骨大转子

♦ 臀大肌

卷腹时，腰椎要屈曲，而在做硬拉、深蹲这些动作的时候，腰椎应该尽量保持正常生理曲度。

7.3 卷腹和仰卧起坐

腹部－主要屈髋肌

屈髋肌的特点是起点在髋骨（俗称胯骨），止点在股骨（俗称大腿骨）。髋屈伸的能力对于跑、跳等爆发力和力量训练十分重要。在做仰卧起坐时，尤其是下肢固定的仰卧起坐时，屈髋肌参与度增加。

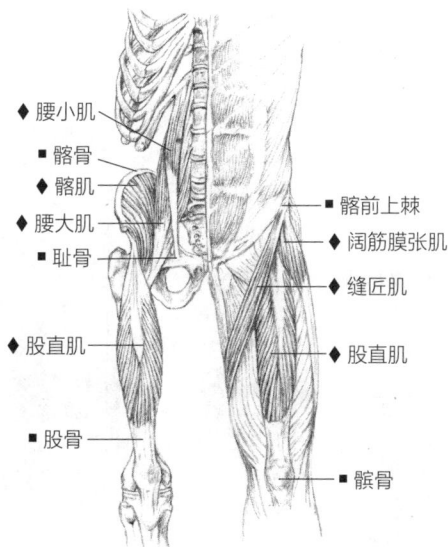

♦ 腰小肌

■ 髂骨

♦ 髂肌

♦ 腰大肌

■ 耻骨

♦ 股直肌

■ 股骨

■ 髂前上棘

♦ 阔筋膜张肌

♦ 缝匠肌

♦ 股直肌

■ 髌骨

♦ 主要肌肉

■ 主要骨骼

• 韧带、肌腱、结缔组织

腹部 – 呼吸肌

我们呼气时，膈肌上推、肋骨下降，肋间内肌和腹部肌群协同呼气。

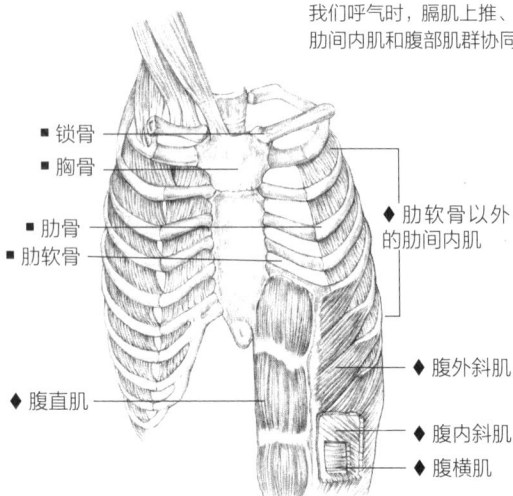

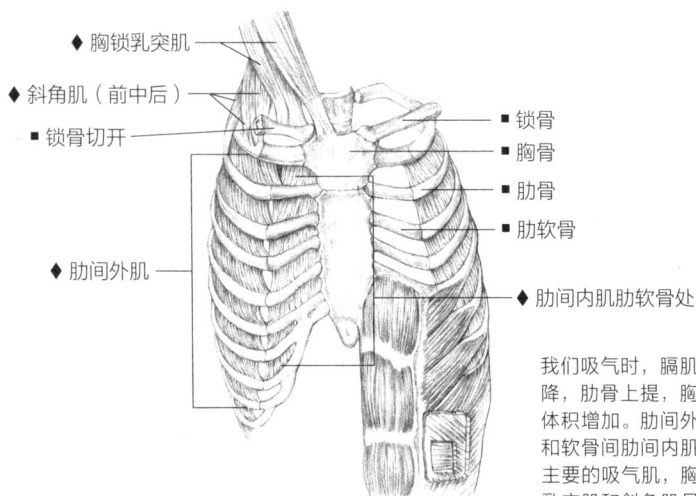

- ■ 锁骨
- ■ 胸骨
- ■ 肋骨
- ■ 肋软骨

- ◆ 肋软骨以外的肋间内肌
- ◆ 腹外斜肌
- ◆ 腹直肌
- ◆ 腹内斜肌
- ◆ 腹横肌

- ◆ 胸锁乳突肌
- ◆ 斜角肌（前中后）
- ■ 锁骨切开
- ◆ 肋间外肌

- ■ 锁骨
- ■ 胸骨
- ■ 肋骨
- ■ 肋软骨
- ◆ 肋间内肌肋软骨处

我们吸气时，膈肌下降，肋骨上提，胸廓体积增加。肋间外肌和软骨间肋间内肌是主要的吸气肌，胸锁乳突肌和斜角肌是辅助吸气肌。

- ◆ 主要肌肉
- ■ 主要骨骼

腹部肌纤维走向

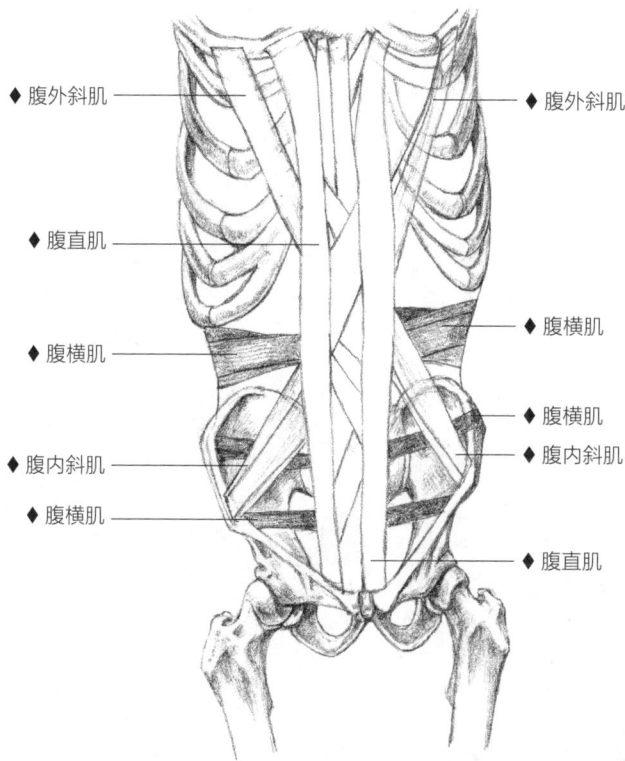

◆ 腹外斜肌
◆ 腹直肌
◆ 腹横肌
◆ 腹内斜肌
◆ 腹横肌

◆ 腹外斜肌
◆ 腹横肌
◆ 腹横肌
◆ 腹内斜肌
◆ 腹直肌

用"米"这个字就可以大致概括腹部肌肉群的走向，米字上面两点就是腹外斜肌，下面的撇捺就是腹内斜肌，横就是腹横肌，竖就是腹直肌。腹部还有很多富有弹性的腱膜，所以大家可以把整个腹部肌肉群 想象成一束一束张力丰富的弹力带 。

◆ 主要肌肉